Bill Hybels

Mach den ersten Schritt

Ermutigende Tipps für ein ansteckendes Christsein

Über den Autor

Bill Hybels ist Gründer und Pastor der *Willow Creek Community Church*, einer der größten Gemeinden Amerikas in einem Vorort von Chicago.
Seine Gemeindearbeit richtet sich besonders an Menschen, die der Kirchentradition ablehnend gegenüberstehen. Heute besuchen wöchentlich 18.000 Menschen die angebotenen Gottesdienste. Das evangelistische Programm reicht von Kleingruppenarbeit bis zu psychologischen Beratungsstellen. Mittlerweile hat die Bewegung auch international weite Kreise gezogen und *Willow Creek*-Gemeindeleiter-Seminare sind in Deutschland sehr gefragt. Zu den erfolgreichsten Büchern von Bill Hybels gehören „Der Gott, den du suchst", „Bekehre nicht – lebe!" und „Aufbruch zur Stille".

BILL HYBELS

Mach den ersten Schritt

Ermutigende Tipps
für ein ansteckendes Christsein

WILLOW
Willow Creek • Deutschland

GerthMedien

Titel der Originalausgabe:
Just Walk Across The Room

Bestell-Nr. 816 836
1. Auflage 2006

ISBN-10: 3-86591-836-0
ISBN-13: 978-3-86591-836-9

Übersetzerin: Antje Balters
Umschlaggestaltung: Hanni Plato
Umschlagfoto: corbis/Matthias Kulka
Satz: Die Feder GmbH, Wetzlar
Druck und Verarbeitung: GGP Media GmbH, Pößneck

Für die South-Haven-Bande.
Die belebende Stimmung bei euch
gibt meiner Seele mehr,
als ihr je wissen werdet.

Inhalt

Dank

Ich habe noch nie ohne die Hilfe eines großartigen Teams etwas von Bedeutung erreicht. Das vorliegende Buch bildet da keine Ausnahme. Von Anfang an hat mir Ashley Wiersma dabei geholfen, das Manuskript zu konzipieren und zu bearbeiten. Ihr Können und ihre Leidenschaft für diesen Stoff waren mir eine riesige Quelle der Inspiration. Garry Poole hat seine Entdeckungen über die „3E" selbstlos zur Verfügung gestellt, noch während er Pionierarbeit leistete und in *Willow Creek* neue Methoden der Nachbarschaftsevangelisation entwickelte. Scott Bolinder und das Team von *Zondervan* haben stets eine solche Begeisterung für dieses Buch gezeigt, dass jeder, der auch nur in ihre Nähe kam, davon angesteckt wurde. Dutzende meiner Freunde haben mir für dieses Buch einen Blick in ihr Innerstes eröffnet. Sie haben mir ihre persönlichen Geschichten zur Verfügung gestellt und mir erlaubt, diese zu veröffentlichen. Das ist eine so großzügige Geste, dass ich sie nicht so schnell vergessen werde.

Einführung

Vorletzten Sommer habe ich auf einem Segeltörn von der Wisconsin-Seite des Michigansees aus ein ebenso unerwartetes wie folgenschweres Zusammentreffen von Umständen erlebt. Ich war allein unterwegs, befand mich gerade in einer inneren Haltung der Anbetung und hatte etwas freie Zeit zur Verfügung. Ich war in einen kleinen Yachthafen eingelaufen, hatte das Boot vertäut und machte noch rasch ein bisschen klar Schiff, bevor ich dann zum entspannten Teil des Abends übergehen wollte. Als ich mich noch etwas intensiver mit den Schiffskarten beschäftigte, um meine Route für den nächsten Tag festzulegen, wurde mir klar, dass ich nur ungefähr 15 Kilometer von dem Gelände des Feriencamps entfernt war, in dem ich als Teenager mein Leben Jesus Christus anvertraut hatte.

Ich hatte im Laufe der Jahre mehrmals in diesem kleinen Hafen festgemacht, aber aus irgendeinem Grund, den nur Gott kennt, verspürte ich an diesem Tag den starken Impuls, genau diesen Ort noch einmal aufzusuchen, noch einmal auf dem Hügel zu stehen, auf dem ich zum ersten Mal Jesus begegnet war und ihn persönlich kennen gelernt hatte. Je länger ich darüber nachdachte, desto mehr Raum nahm dieser Gedanke ein, und schließlich beschloss ich, mich nach einer Fahrgelegenheit umzusehen. Als ich eine Telefonzelle gefunden hatte, rief ich in der einzigen Taxizentrale des Ortes an. Dort würde man sicher gern die ungefähr 40 Kilometer lange Tour übernehmen.

Die Frau in der Zentrale war jedoch stur und machte keinerlei Anstalten, von ihrem Standpunkt abzurücken. „Das ist viel zu weit da raus, Sir“, sagte sie mit Bedauern in der Stimme. „Solche Touren machen wir grundsätzlich nicht.“ Ich fing an, mit ihr zu feilschen, und bot ihr mehr Geld an, aber die Minuten verstrichen, und mir wurde langsam klar, dass ich meinem bedeutsamen Spaziergang auf der Straße der Erinnerung kein Stückchen näher kam.

„Wüssten Sie denn vielleicht jemanden, der bereit wäre, mich dorthin zu fahren?", fragte ich in fast flehentlichem Tonfall.

Und da sagte sie mit einem ganz neuen Optimismus in der Stimme, dass das durchaus möglich wäre und sich da vielleicht etwas machen ließe. Sie würde einen jungen Typen kennen, der zurzeit gerade eine ziemliche Pechsträhne hätte und wahrscheinlich für Geld so ziemlich alles machen würde. Wenn ich bereit sei, es mit ihm zu wagen, dann könnte sie mir ja mal seine Nummer geben.

Und weil ich nicht zu denen gehöre, denen man Risikoscheu nachsagt, bog eine knappe halbe Stunde später ein schrottreif aussehender Ford Explorer auf den Parkplatz des Yachthafens. Der Besitzer des Vehikels sah genauso heruntergekommen aus wie sein Fahrzeug – was mich nicht weiter überraschte, denn mein Anruf hatte ihn aus einem todesähnlichen Schlaf gerissen – so gegen 16 Uhr nachmittags. Wenn ich jemand wäre, der gern wettet, hätte ich viel Geld darauf gesetzt, dass der nicht tätowierte Teil seiner Körperoberfläche kleiner war als der tätowierte, aber ich war entschlossen, mir die Verlockung der vor mir liegenden Mission nicht vermiesen zu lassen.

Ich stieg also ein, und als wir losfuhren, stellte ich fest, dass alles, was an einem Auto eigentlich fest sitzen sollte, sich bewegte, klapperte, schepperte und jeden Augenblick abzufallen drohte. Witzigerweise war es auch so, dass die Teile des Wagens, die eigentlich beweglich sein sollten, genau das nicht waren – wie beispielsweise das Fenster auf der Beifahrerseite. Der Typ war aber eigentlich ganz nett, und ehrlich gesagt war ich auch einfach nur froh, endlich auf dem Weg zu meinem Ziel zu sein.

Die Tankanzeige stand auf leer, und als ich vorschlug, er solle doch an der nächsten Tankstelle halten, damit ich etwas Benzin kaufen könne, reagierte der Mann mit einem ungläubigen Blick. „Wirklich?", fragte er. „Nein … das kann ich aber nicht annehmen."

„Nun kommen Sie schon", bearbeitete ich ihn. „Sie helfen mir wirklich aus der Patsche und ich möchte mich dafür gern erkenntlich zeigen." Wir fuhren zu einer Tankstelle, und er stieg aus, um den Tank zu füllen.

„Also gut", sagte er, „dann tanke ich mal für zwei Dollar, okay?", so als wollte er mich um Erlaubnis bitten.

„Nein, kommen Sie schon, wir lassen es mal richtig krachen“, rief ich ihm zu. „Tanken Sie für zehn Dollar.“

Als er mir scherzend erzählte, er habe in den sechs Monaten, seit der Wagen in seinem Besitz sei, noch nie voll getankt, einigten wir uns darauf, genau das jetzt zu tun.

Als wir dann wieder unterwegs waren, grinste er übers ganze Gesicht. „Fährt sich mit vollem Tank ganz anders!“

„Sorgen Sie nur einfach dafür, dass der Wagen auf der Straße bleibt“, entgegnete ich lachend.

Ein paar Minuten später erreichten wir dann die Zufahrt zu dem ehemaligen Feriencampgelände, und er fragte, was er machen solle, solange ich dort zu tun hätte. Ich merkte, dass er etwas verunsichert war und sich nicht erklären konnte, wieso ich einen völlig Fremden angeheuert hatte, um mich den ganzen Weg hinaus zu dem verlassenen Campgelände fahren zu lassen.

„Es wird ein paar Minuten dauern, weil ich ein Stück laufen muss. Ich habe dort drinnen nämlich etwas zu erledigen“, erklärte ich. „Warten Sie doch einfach so lange hier im Wagen – spätestens in einer Viertelstunde bin ich wieder da, und dann können Sie mich zurückfahren.“ Das ergab für ihn offenbar zumindest so viel Sinn, dass er kurz nickte. Ich öffnete also die Tür und stieg aus.

Ich entfernte mich immer weiter von dem Auto und legte die etwa 300 Meter bis zu der Stelle, an der ich zum ersten Mal der Gnade begegnet war, trabend zurück. Als ich mich dann dem betreffenden Punkt von der Hügelseite aus näherte und mir die Sonne ins Gesicht schien, wurde ich immer langsamer, und dann war plötzlich alles wieder da. Ja, das war genau die Stelle.

• • • • •

Als ich 17 Jahre alt war, hatte ich für mein jugendliches Alter eigentlich schon ziemlich viel erlebt. Schon damals wusste ich so viel, dass es mehr geben musste als eine Anhäufung von tollen Spielsachen, die verzweifelte Suche nach Anerkennung und das rastlose Streben nach Erfolg. Die geistliche Erfahrung, die ich damals in dem Feriencamp gemacht hatte, war nicht durch eine aufwühlende Andacht ausgelöst oder von jemandem verursacht worden, der mir drei tiefgründige Fragen gestellt hatte. Nein, ich begegnete Jesus Christus, als ich eines Abends auf meinem Weg von der Versammlungshalle zu der winzigen Hütte war, in der ich zusammen mit anderen Jugendlichen untergebracht war, und mir plötzlich ein einzelner Bibelvers einfiel, den ich als Kind auswendig gelernt hatte. Dieser Vers ließ mich einfach nicht mehr los: „Wir selbst hatten keine guten Taten vorzuweisen, mit denen wir vor ihm hätten bestehen können. Nein, aus reinem Erbarmen hat er uns gerettet."

Er hat uns gerettet. Er ... hat ... uns ... gerettet.

Kurz nach neun an diesem Abend trafen mich diese Worte, die ich schon so oft gehört und gelesen hatte, ganz neu und diesmal mitten ins Herz. War es wirklich möglich, dass Gott so viel an mir lag, dass er selbst dafür Sorge trug, mich zu retten? Sogar mich?

Zum ersten Mal in meinem ja noch ziemlich jungen Leben war ich urplötzlich mit meinem größten Zweifel konfrontiert: *Unmöglich! Bedeute ich Gott wirklich so viel, dass er mir die Errettung schenken will – umsonst?* Bis zu diesem Augenblick ließ sich eigentlich so ziemlich alles an meiner Existenz in drei Worten zusammenfassen: „Verdiene es dir!" Mein Vater hatte mir eine ungeheuerliche Arbeitsethik eingeimpft. Er hatte das „Verdiene es dir" gebetsmühlenartig mehrmals täglich wiederholt, sodass ich es wirklich verinnerlicht hatte. „Du musst dir jeden Penny, den du kriegst, wirklich verdienen", sagte er immer. „Auch deinen Stammplatz in der Basketballmannschaft musst du dir verdienen. Du verdienst dir gute Noten. Alles, wirklich alles musst du dir verdienen. Umsonst ist nur der Tod!"

Ich erinnere mich noch genau, dass ich damals dachte: *Ich habe mein Leben lang versucht, Gott zu beeindrucken. Ich habe mich unglaublich angestrengt, ihm stolz meine guten Taten zu präsentieren – meine Rechtschaffenheit, meine harte Arbeit, meine Leistungen. Und ehrlich gesagt habe ich mich ständig gefragt, ob ich jemals dem Maßstab Gottes gerecht werden und er mich annehmen kann.*

An jenem Abend damals in Ostwisconsin gab mir der Heilige Geist das, was ich brauchte, um den Bibelvers aus Titus 3, Vers 5 nicht nur zu verstehen, sondern wirklich zu begreifen, und ich begegnete Jesus Christus auf ganz und gar authentische, reale Weise. Ich erinnere mich noch ganz genau, wie ich ihm die Tür meines Herzens weit aufstieß, weil ich plötzlich so sehr über seine Gnade staunte. Ich weiß ja nicht, wie es Ihnen gegangen ist, aber ich persönlich konnte damals die Auswirkungen meiner Errettung körperlich spüren.

Ich rannte jedenfalls sofort zu meinen Kameraden in die Hütte – absolut begeistert über meine Entdeckung und bewaffnet mit einer ganzen Reihe von „Leute, wusstet ihr eigentlich ...?"-Aussagen über die Gnade, auf die ich gerade gestoßen war. Weil mir ein Riesenlicht aufgegangen war, ging ich irgendwie automatisch davon aus, dass meine Kameraden noch im Dunkeln saßen.

„Ja, klar, Bill, das wissen wir alles schon", versicherten sie mir. „Geh einfach zu Bett."

In der dunklen Stille der überfüllten Hütte dachte ich damals: *Das habe ich bis jetzt nie begriffen.* Und seit jenem Abend – bis zum heutigen Tag – ist mir die Kraft der Gnade eigentlich immer noch ein Stück weit unbegreiflich.

• • • • •

Mit dem nicht sonderlich professionellen Fahrer im Nacken, der im Wagen auf mich wartete, stand ich nun ein paar Minuten lang an dieser historischen Stätte meines Lebens und dankte dem Gott des Universums dafür, dass er mich damals gefunden hatte. Ich dankte ihm dafür, dass er mir in jenem ganz besonderen Augenblick ausgerechnet diesen Vers hatte wichtig werden lassen, und dafür, dass er dadurch die Dreh- und Angelpunkte meiner Lebensgeschichte von Grund auf verändert hatte. Ich dankte ihm dafür, dass er meinem Leben eine neue Richtung gegeben hatte, und zwar von der Geschäftswelt in die Welt der Kirchen- und Gemeindearbeit. Ich dankte ihm dafür, dass er mir eine Frau geschenkt hat, die ebenfalls Christin ist, und für zwei wunderbare Kinder, die inzwischen auch schon erwachsen sind und im Dienst Gottes und seiner Gemeinde stehen.

Und als wäre das alles noch nicht genug, hat er mir auch noch viele gute Freunde geschenkt, herausfordernde Probleme, mit denen ich mich auseinandersetzen kann, und eine unwiderstehliche Vision, der ich folge.

Was für eine Gnade!

Die Liste all der Dinge, für die ich dankbar bin, schien schier endlos zu sein, als mir immer mehr Dinge einfielen, die Gott mir seit jenem denkwürdigen Abend in dem Feriencamp geschenkt hat. Ich stand dort also einfach auf dem Hügel, wischte mir die Tränen ab und dachte: *Und all das hat genau hier, an dieser Stelle, angefangen. Danke, Vater! Danke!*

Ich fragte mich, ob mein Fahrer wohl immer noch wartete oder ob er sich unter Umständen bereits aus dem Staub gemacht hatte, also riss ich mich los und trabte zum Parkplatz zurück. Ich glaube, ich bin noch nie so erleichtert darüber gewesen, ein so abgewracktes Auto zu sehen. Nachdem ich wieder in den uralten Explorer eingestiegen war, startete mein Fahrer den Wagen, und wir machten uns auf die Rückfahrt zum Yachthafen.

Wir waren noch keine zwei Minuten unterwegs, als der Fahrer zu mir herüber schaute und sagte: „Was hatte denn das zu bedeuten?“

Ich wollte seinen Blick erwidern, aber er schaute schon wieder geradeaus auf die Straße. „Sie meinen, dass ich da hinten auf dem Hügel gestanden habe?“

„Also, ich muss schon sagen, das kann einem doch wirklich etwas seltsam vorkommen, oder?“, meinte er. „Ich dachte, dass Sie dort vielleicht mit jemandem verabredet wären oder so, aber Sie haben sich all die Mühe gemacht, nur um allein da oben auf dem Hügel zu stehen? Was hatte denn das zu bedeuten?“

„Wollen Sie das wirklich wissen?“, erwiderte ich. Als er daraufhin nickte, sagte ich ihm, dass ich den Wunsch gehabt hätte, noch einmal an genau der Stelle zu stehen, an der ich Gott begegnet sei.

„Ach, nee.“ Wenigstens verbarg er seinen Zynismus einigermaßen gut. „Und wie hat man sich so was vorzustellen?“, fragte er.

Ich erzählte ihm daraufhin, wie ich damals auf dem Hügel die wohl einschneidendste und großartigste Erfahrung meines Lebens gemacht hatte. Ich erklärte ihm, dass ich christlich erzogen worden sei, zu Gott und auch seiner Gemeinde gehörte, aber eigentlich die ganze Zeit versucht hatte, mich aus eigener Kraft zu verbessern, immer in der Hoffnung, Rechtschaffenheitsrekorde aufzustellen und mir dadurch Gottes Gunst zu verdienen. „Für mich ist damals auf dem Hügel alles anders geworden. Es ist die Stelle, an der ich erfahren habe, dass alles, was ich leistete, was es auch sein mochte, mich niemals näher zu Gott bringen konnte."

Meine Bemerkung hing einen Augenblick lang in der Luft, während ich auf eine Reaktion wartete, die mir signalisierte, dass ich weiterreden solle. Und dann legte er ganz plötzlich los. „Aber ... wie um alles in der Welt sollte es denn sonst gehen?"

Mir gefiel seine Offenheit, deshalb erzählte ich ihm, dass sich für mich alles durch einen einzigen Bibelvers geklärt habe. „Bei mir war es ein Vers aus dem Titusbrief ... Titus 3, Vers 5, um genau zu sein, wo es heißt, dass Christus uns nicht wegen unserer guten Taten gerettet hat, sondern einzig und allein aus Gnade."

Wieder Schweigen. Und dann meinte er mit etwas unsicherer Stimme: „Das is'n Hammer, oder?" Das klang eher wie eine Feststellung als wie eine Frage.

Dann erkundigte er sich, was ich denn getan hätte, nachdem mich dieser Vers dermaßen getroffen und angesprochen hätte. Ich erklärte, ich hätte mich innerlich ganz für Gott geöffnet, ihm meinen eigenen Willen ausgeliefert und ihn um Vergebung gebeten für all das, was ich durch meine falsche innere Haltung bei mir und anderen angerichtet hätte. Danach hätte ich ihn dann noch gebeten, mir dabei zu helfen, mein Leben durch sein großartiges Geschenk der Gnade zu führen, statt durch eigene Anstrengung und Leistung.

Als ich meine Geschichte beendet hatte, fragte ich mich, wo er wohl geistlich gesehen stand. Das darauf folgende Schweigen beendete er mit den Worten: „Sehen Sie doch mal mich an. Ich bin ein echter Loser. Nur ein elender Loser. Ist es denn möglich, dass so was auch einem wie mir passiert?" Ich konnte spüren, dass seine Worte wirklich aus tiefstem Herzen kamen.

Was für ein besonderer Augenblick, dachte ich, als ich meine Gedanken sortierte und mich sammelte. „Also, zunächst mal sind Sie ganz bestimmt kein Loser", versicherte ich ihm. „Sie sind Gott so wichtig, dass er Ihnen schon nachgeht, seit Sie geboren wurden. Und Sie können genau so eine Beziehung zu Gott haben, wie sie für mich damals als Teenager begann. Es kann auch Ihnen jederzeit dasselbe passieren – jederzeit und überall. Wenn Sie das Geschenk seiner Gnade annehmen, dann werden Sie ein ganz neuer Mensch, und er führt und begleitet Sie für den Rest Ihres Lebens."

Als wir wieder beim Yachthafen ankamen, bezahlte ich ihn ausgesprochen großzügig und bedankte mich für seine Bereitschaft, mir zu helfen. Er wandte sich zum Gehen, sagte dann aber noch: „Ich hätte nie gedacht, dass der heutige Tag so verlaufen würde. Vielen Dank für das, was Sie mir gesagt haben. Wissen Sie, es gibt da einen Pastor, der da, wo ich wohne, eine neue Gemeinde gründet. Er kommt immer wieder bei mir vorbei und sagt, dass in seiner Gemeinde das Evangelium ganz neu und anders als gewohnt verkündet wird, und vielleicht gefällt es mir da ja tatsächlich. Der Pastor ist irgendwie 'n ganz cooler Typ, aber bis jetzt bin ich noch zu stur gewesen, um da mal vorbeizuschauen. Vielleicht seh ich mir die Sache dieses Wochenende mal an."

• • • • •

Als ich gegen Abend wieder an Bord meines Bootes ging, setzte ich mich erst einmal hin und dachte noch einmal an die vergangenen anderthalb Stunden. Mir gingen so viele Fragen durch den Kopf: *Was hat das alles eigentlich zu bedeuten, Gott? Wieso habe ich diesen Impuls verspürt, ausgerechnet heute in das Feriencamp zu fahren, nachdem ich doch schon öfter in diesem Hafen war? Wieso habe ich diesen Plan so hartnäckig verfolgt, obwohl nicht einmal ein Taxi zu bekommen war, um dorthin zu kommen? Wieso habe ich mich einverstanden erklärt, einen wildfremden Menschen anzurufen und zu fragen, ob er bereit sei, mich ans andere Ende der Stadt zu fahren? Und wie um alles in der Welt habe ich mich in so ein Auto setzen können?*

Meine Fragen gipfelten schließlich in folgendem Gedanken: *Aber wäre es andererseits nicht auch toll, wenn ich den jungen Mann später im Himmel noch besser kennen lernen würde?*

Ob es bei diesem Erlebnis in erster Linie um mein eigenes Bedürfnis ging, noch einmal meine unglaubliche Lebenswende Revue passieren zu lassen, oder darum, auf einem Yachthafenparkplatz den ersten Schritt auf jemanden zuzugehen, der gerade eine Pechsträhne hatte, um diesem Menschen neue Hoffnung zu geben, weiß ich nicht so genau. Aber eines habe ich bei dieser ganzen Sache gelernt: Die großen Augenblicke des Lebens ergeben sich aus unserer ganz einfachen Reaktion auf Impulse, die Gott uns gibt – damit meine ich Anstöße von Gott, die immer darauf ausgerichtet sind, zu finden, was verloren ist, und zu befreien, was versklavt und gefangen ist.

Zu dem Abenteuer eines solchen Zusammenwirkens mit Gott gehört auch, dass man dadurch Menschen das größte Geschenk macht, das es überhaupt gibt – das Geschenk der erstaunlichen Gnade – Menschen wie du und ich, Menschen, die es nicht verdient (und damit so ganz und gar nicht gerechnet) haben.

TEIL 1

Das größte Geschenk

KAPITEL 1

Der entscheidende erste Schritt

10.000 Schritte. Das ist ungefähr die Strecke, die man an einem ganz normalen Tag zwischen Sonnenaufgang und Sonnenuntergang zurücklegt. Zusammengerechnet sind das in einem durchschnittlichen Leben ungefähr 185.000 Kilometer – oder mehr als vier Erdumrundungen.[1]

Daraus ergibt sich eine zentrale Frage: Nutzen Sie diese Schritte weise?

Gehen wir einmal davon aus, dass man einen durchschnittlichen Raum mit etwa zehn Schritten durchqueren kann. Die Frage, die ich im Folgenden zu beantworten hoffe, lautet: Was wäre, wenn zehn Schritte – das ist nur ein Tausendstel der täglichen Durchschnittsstrecke – Auswirkungen auf die Ewigkeit hätten?

Wenn ja, dann könnte dieser Umstand doch durchaus etwas daran ändern, wie Sie gehen.

Dieser Zusammenhang wurde mir vor vielen Monaten bei einem Mittagessen im Süden des Landes ganz plötzlich bewusst. Hunderte von Menschen unterschiedlichster Herkunft und Rassen hatten sich im Saal eines Hotels versammelt, und ich hatte das Gefühl, diese Veranstaltung würde für uns alle eine interessante Erfahrung werden. Als alle Teilnehmer, mit denen ich an einem Tisch saß, beisammen waren, stellte ich fest, dass unsere Unterschiedlichkeit noch weit über Rasse, Altersspanne, Hintergrund, Beruf und Religionszugehörigkeit hinausging.

Der Moderator der Veranstaltung sagte ein paar einführende Worte und bat dann jeden Teilnehmer, sich vor dem Essen kurz vorzustellen – woher er kam, was er beruflich machte und weshalb er an dieser Veranstaltung teilnahm. Währenddessen entdeckte ich an meinem Tisch, genau mir gegenüber, einen hoch gewachsenen Afroamerikaner. Als er an der Reihe war, sich vorzustellen, ging aus seinem Namen hervor, dass er Moslem sein musste. Irgendwann später dann, das Programm war etwa zur Hälfte vorbei, trafen sich unsere Blicke über den Tisch, und mitten in lebhaftem Gesprächslärm und klapperndem Geschirr formulierte er lautlos die Worte: „Ich mag Ihre Bücher!“

Automatisch drehte ich mich um, um nachzuschauen, ob da vielleicht noch ein anderer Autor an den Tisch getreten war. Als ich feststellte, dass das nicht der Fall war, wandte ich mich dem Mann wieder zu, zeigte mit fragender Miene auf mich selbst und entgegnete ebenso lautlos: „Meinen Sie mich?“

Mit einem breiten Grinsen erwiderte er – jetzt mit Stimme: „Ja! Lassen Sie uns nach dem Essen reden.“

Ja – ich war jetzt wirklich neugierig –, *das machen wir.*

Die Veranstaltung nahm ihren Lauf, während ich mir den Kopf darüber zerbrach, welche vernünftige Erklärung es wohl dafür geben mochte, dass dieser doch eindeutig moslemische Mann meine eindeutig christlichen Bücher gelesen hatte.

Nach dem Essen winkte er mich zu sich und begann sogleich, die Puzzleteile zusammenzufügen. „Mir ist inzwischen klar, dass meine Bemerkung Sie wahrscheinlich etwas irritiert hat, weil Sie mich für einen Moslem halten“, begann er.

„Ich versuche zwar in der Regel, in Situationen wie dieser unvoreingenommen zu sein“, entgegnete ich lachend, „aber ich muss gestehen, dass ich, was Sie angeht, ziemlich neugierig bin.“

Als er mir seine Geschichte erzählte, ging mir wieder ganz neu auf, welche Kraft die persönliche Evangelisation hat. Die Erkenntnisse, die Gott mir durch den Kontakt und das Gespräch mit diesem Mann schenkte, warfen ganz neues Licht darauf, wie der Heilige Geist im Leben von Christen wirkt, wenn ihre Beziehung zu Gott dynamisch und lebendig bleibt. Nach dieser Begegnung dachte ich drei Wochen lang über das nach, was der Mann gesagt hatte, und wurde dabei immer ehrfürchtiger in Bezug auf das, was im Leben von Menschen, die Jesus nachfolgen, passieren muss, damit ihr Leben Auswirkungen auf das anderer Menschen hat.

• • • • •

Der besagte Mann, der bei dem Essen mit mir zusammen an einem Tisch gesessen hatte, war den größten Teil seines Lebens Moslem gewesen. Er betonte, dass die Tatsache, ein afroamerikanischer Moslem im Süden der USA zu sein, und das auch noch in der Branche, in der er zurzeit tätig war, sein Leben oft ziemlich ungemütlich machte.

„Es ist oft wirklich nicht leicht", meinte er. „Sie können sich ja wahrscheinlich vorstellen, dass ich bei geselligen Zusammenkünften oft meine liebe Mühe gehabt habe. Und in meinem Beruf muss man sich auf vielen Cocktailpartys und anderen Abendveranstaltungen sehen lassen. Ich habe dabei so meine ganz eigene Vorgehensweise entwickelt. Ich komme so spät wie irgend möglich, nehme dankend etwas zu essen und ein Getränk an und konzentriere mich dann ganz darauf, Geschäftskontakte zu knüpfen, soweit das möglich ist. Irgendwann stehe ich dann unweigerlich allein da, irgendwo an eine Wand gelehnt oder einsam in einer Ecke. Sobald ich das Gefühl habe, dass ich jetzt, ohne gegen die Etikette zu verstoßen, gehen kann, leite ich diskret meinen Abgang ein und verlasse die Party. Das ist einfach etwas, womit ich zu leben gelernt habe. Ich bin es gewohnt.

Eines Abends war ich wieder einmal auf einer solchen Party. Wie üblich, gab es auch hier verschiedene Grüppchen von Menschen, die zusammenstanden und miteinander plauderten. Ich gehörte zu keinem dieser Grüppchen, aber das war ich, wie gesagt, ja schon gewohnt.

Irgendwann entdeckte ich dann auf der gegenüberliegenden Seite des Raumes einen Mann, der in ein Gespräch mit ein paar Personen seinesgleichen vertieft war, wenn Sie so wollen. Plötzlich ließ er seinen Blick durch den Raum schweifen und entdeckte dabei mich, wie ich da am anderen Ende des Raumes allein in einer Ecke stand. Und dann passierte Folgendes: Er löste sich aus seinem Gesprächsgrüppchen, kam quer durch den Raum direkt auf mich zu, streckte mir seine Hand entgegen und stellte sich vor.

Und wissen Sie, das kam alles so locker und ungekünstelt, irgendwie ganz natürlich", fuhr der Moslem fort. „Wir unterhielten uns dann darüber, was wir beruflich so machten, über unsere Familien, die Geschäfte und über Sport. Irgendwann kamen wir dann auf Glaubensdinge zu sprechen. Ich riskierte es, mich als Moslem zu ‚outen‘ – und ich war ehrlich gesagt etwas unsicher, wie er wohl darauf reagieren würde. Er sagte allerdings nur, dass er Jesus Christus nachfolge, aber zu seiner Schande gestehen müsse, dass er so gut wie gar keine Ahnung vom Islam habe. Sie können sich vielleicht denken, wie überrascht ich war, als er mich fragte, ob ich ihm nicht den Gefallen tun könnte, ihm irgendwann bei einer Tasse Kaffee die Grundaussagen des Islam zu erklären. Können Sie sich das vorstellen? Er sagte, er sei von Natur aus ein neugieriger Mensch und interessiere sich wirklich für meinen Glauben und für die Gründe, weshalb ich Moslem sei.

Als wir uns das nächste Mal trafen, waren meine Zweifel an der Echtheit seines Interesses für meinen Glauben schnell zerstreut. Er gab sich wirklich Mühe, mein Leben und meinen Glauben zu verstehen. Von da an trafen wir uns meist mindestens einmal pro Woche, und jedes Mal, wenn ich ihm gegenübersaß, war ich wieder verblüfft darüber, was für ein interessierter, aufmerksamer und einfühlsamer Zuhörer er war.

Und dann habe ich bei einem unserer Treffen sogar die Chance genutzt, ihn nach seinem Glauben zu fragen. Ich war als Kind christlich erzogen worden, hatte mich aber wieder von Gott abgewandt, vom gesamten Glauben, ja von allem, was damit zu tun hatte, weil es in der Gemeinde, in die wir gingen, unglaubliche Rassenvorurteile gab. Mit einer solchen Art von Christentum wollte ich nichts zu tun haben, geschweige denn selbst dazugehören.

Als ich mir jetzt seine Geschichte anhörte, beschrieb er sehr geduldig, warum er sein Leben an diese Person namens Jesus Christus ausgeliefert hatte. Ich konnte kaum glauben, wie einfach es war, über dieses Thema zu reden – wie respektvoll und sensibel er mir seine Liebe zu Gott nahe brachte. Trotz unserer tief greifenden Glaubensunterschiede wurden wir schnell Freunde.

Eine Zeit lang trafen wir uns weiter regelmäßig, um über die unterschiedlichen Schattierungen unserer Glaubenserfahrungen zu sprechen. Manchmal bat er um ein paar Tage Bedenkzeit, um sich Antworten auf meine Fragen zu überlegen; dann wieder wusste er ganz genau, was mir Mühe bereitete, und schien genau die passenden Worte zu finden, um das Durcheinander zu entwirren. Und schließlich kam der Tag – ich erinnere mich noch, dass ich allein war, als es passierte –, da fühlte ich mich innerlich gedrängt, zu Gott zu beten. Ich kniete mich neben mein Bett und sagte Gott alles, was ich empfand, und am Ende vertraute ich mein Leben Jesus Christus an. Und innerhalb einer Woche veränderte diese eine Entscheidung wirklich alles in meinem Leben! Wirklich jede kleine Einzelheit."

• • • • •

Ich war innerlich von diesem Lebensbericht sehr berührt. Die Geschichte war wirklich ergreifend! Von meinen Büchern hatte er im Leitungskreis seiner Gemeinde gehört, in den er vor kurzem berufen worden war. Seine Schritte im Glauben zeigten auch bereits erste Auswirkungen in seiner Familie, denn einige seiner Angehörigen beschäftigten sich mittlerweile ebenfalls intensiv mit dem christlichen Glauben und hatten konkrete Schritte in diese Richtung unternommen. Er hatte wirklich ein völlig neues Leben begonnen – eines, das in die Gemeinschaft, die Kraft und die rettende Gnade Jesu Christi eingebettet war.

Als ich irgendwann an einem schwülen Nachmittag im tiefen Süden der USA im Saal eines sterilen Hotels stand, der sich langsam leerte, da hielt ich meinen ganz eigenen, privaten Dankgottesdienst ab, in dem ich Gott dafür dankte, dass er diesen Mann gerettet hatte. Ich dankte Gott dafür, dass er das Leben dieses Mannes und damit wahrscheinlich auch das seiner unmittelbaren Familie für immer verändert hatte.

Und das alles, weil ein Mann sich die Mühe gemacht hatte, den ersten Schritt zu unternehmen und auf jemanden zuzugehen.

Unbekanntes Terrain betreten

Ich höre auf meinen Reisen und bei meiner Arbeit für *Willow Creek* jede Woche Dutzende von Geschichten darüber, dass sich jemand für ein Leben mit Jesus entschieden hat. Es gibt sie in den unterschiedlichsten Formen und Facetten, von allen möglichen unterschiedlichen Männern, Frauen und Kindern, und jedes Mal, wenn ich eine höre, ist das wieder ein Grund zum

Feiern! Aber als ich an jenem Tag wieder im Flugzeug saß, das mich in die nächste Stadt bringen sollte, schoss mir ein interessanter Gedanke durch den Kopf, der weiteres Nachdenken wert war: *Was wäre, wenn es wirklich so einfach wäre, das Schicksal eines Menschen umzulenken, indem man den ersten Schritt auf ihn zu macht?*

Ich glaube, Gott wollte mir mit dieser Geschichte etwas deutlich machen, und das hatte mit viel mehr zu tun als nur damit, dass ein Mann zum Glauben an Jesus Christus gekommen war. Es war, als würde Gott selbst sagen: „Wenn du dir ein wenig Zeit nimmst, um über diese Geschichte nachzudenken, dann schenke ich dir eine Idee, die dich sehr lange motivieren wird."

Und noch während ich darüber nachdachte, konnte ich mir ganz genau vorstellen, wie sich die Situation aus der Perspektive des Christen auf der besagten Cocktailparty dargestellt hatte. Er verlebte einen geselligen Abend und war mit etwas beschäftigt, das ich immer als „Wohlfühlgespräche im vertrauten Kreise" bezeichne. Er war Teil einer Gruppe, in der ihm der Umgang mit den anderen leicht fiel. Es war für ihn nicht schwer, sich dort einzubringen. Die Situation hatte absolut nichts Bedrohliches, und es war eher unwahrscheinlich, dass etwas Riskantes oder Unerwartetes passieren würde. Er hätte deshalb auch allen Grund gehabt, in diesem Wohlfühlkreis zu bleiben, einem Ort, den wir wohl alle kennen und gelegentlich genießen.

Aber weil da ein Mann offensichtlich ungewollt allein und isoliert in der Ecke stand und ihm das Unbehagen ins Gesicht geschrieben stand, verließ der Christ diesen Wohlfühlbereich und machte den ersten Schritt, indem er auf den anderen zuging. Es war wie ein Gedankenblitz gewesen, als er den Heiligen Geist aufmunternd sagen hörte: „Wieso gehst du nicht da rüber zu dem Mann und gibst ihm einfach freundschaftlich die Hand? Vielleicht hat er ja Lust, sich zu unterhalten, oder er braucht ein wenig Aufmunterung – wer weiß, was sich daraus ergibt?"

Noch während ich darüber nachdachte, wurde mir bewusst, dass der besagte Mann durch die Führung des Heiligen Geistes nicht nur etwas gesehen und gehört hatte, sondern er hatte außerdem etwas empfunden, das ihn veranlasste, aktiv zu werden. Der Geist Gottes, der in ihm lebte, bewirkte ein solches Mitgefühl mit diesem Mann, der da ganz allein und ausgeschlossen stand, dass der Christ sich bei seinem Wohlfühlkreis entschuldigte und in Richtung „unbekanntes Terrain“ ging, wie ich es nenne.

Dieser Bereich ist fremdes, unerforschtes Gebiet. Der Christ hatte keine Ahnung, was passieren würde, wenn er dem Unbekannten die Hand gab. Er hatte keine Ahnung, in welche Richtung sich ein mögliches Gespräch entwickeln würde, ja, er war nicht einmal sicher, ob es überhaupt zu einem Gespräch kommen würde. Er war unsicher, wie der andere auf ihn reagieren würde, aber mittlerweile war er bereits fest entschlossen. Er wollte jetzt wissen, was Gott vorhatte. (Meiner Meinung nach tut Gott innerhalb des unbekannten Terrains die wunderbarsten Dinge.)

Mir fiel keine andere Geschichte ein, die eine so nachhaltige Wirkung auf mich gehabt hätte. Aber woran lag das? Ich nervte Gott weiter. *Was ist an dieser Geschichte so Besonderes?*

Ich kam zu dem Schluss, dass sie so viel Kraft hatte, weil sie mir den Rahmen für etwas lieferte, worüber ich schon seit meiner eigenen Entscheidung vor über 30 Jahren nachgedacht hatte: Persönliche Evangelisation kann wirklich so einfach sein, dass man nur den ersten Schritt auf jemanden zuzugehen braucht. Ein paar ganz gewöhnliche, vom Heiligen Geist gelenkte Schritte können wahrhaft außergewöhnliche Auswirkungen haben.

Wie Jesus den ersten Schritt gemacht hat

Aber das, was Gott mir hier zeigte, hatte noch einen sehr interessanten Nebenaspekt. Es war, als würde er zu mir sagen: „So, und jetzt nimmst du ganz neu für dich an, was mein Sohn getan hat.“

Wenn wir diesem Bild im Folgenden einmal gemeinsam nachgehen, werden Sie mir wahrscheinlich Recht geben, dass die erste Beziehungsevangelisation damit begann, dass jemand den ersten Schritt gemacht und den „Raum“ durchquert hat – und zwar einen sehr großen Raum. An einem bestimmten Punkt in der Weltgeschichte hat nämlich Jesus Christus die wunderbare Gemeinschaft der Dreieinigkeit und die Anbetung und Verehrung der Engel verlassen; er wurde ein Mensch aus Fleisch und Blut und kam zu uns auf die Erde, um Menschen wie Ihnen und mir die Hand zu reichen – und viele von uns waren gerade dabei, ihr Leben zu verpfuschen.

Paulus fasst in seinem Brief an die Gemeinde in Rom die Schritte zusammen, die Jesus zu unserer Erlösung getan hat: Als wir hilflos in den Fängen der Sünde zappelten, verließ Jesus den ultimativen Wohlfühlkreis – den Himmel nämlich –, um Raum und Zeit zu durchschreiten und uns zu retten. Jesus unternahm bewusst diesen Schritt in die Gottlosigkeit und umfasste all das Schlimmste, was dieser Planet zu bieten hatte, mit Annahme und Liebe und Vergebung. Und auf wundersame Weise bewirkte der Tod Christi für die rebellierenden und von Sünde gezeichneten Menschen eine Amnestie für alle (nachzulesen in Römer 5,8).

Überlegen Sie doch mal: Sein Leben für einen ehrenhaften, edlen, guten Menschen zu opfern, ist ja schon etwas Unglaubliches, aber es ist doch etwas ganz anderes, sein Leben für Strolche wie uns hinzugeben, oder? Es war ein absolut unverdienter und unerwarteter Akt. Und etwas entsprechend Umwälzendes gilt jetzt für die Menschen, die Jesus nachfolgen: Wir machen den ersten Schritt auf andere zu, weil er den entscheidenden ersten Schritt auf sich genommen hat.

Wenn Sie sich jemals gefragt haben, wieso Gott so weit gegangen ist, um seine Liebe zu uns unter Beweis zu stellen, dann stehen Sie mit dieser Frage sicher nicht allein da, sondern befinden sich in guter Gesellschaft. Um einer möglichen Verwirrung unter seinen damaligen Zuhörern über den Grund seines Hierseins vorzubeugen, sagte Jesus: „Ich bin gekommen, um zu suchen und zu finden, was verloren ist."

Darum geht es. Das Einzige, worum es Jesus ging, waren die Menschen. Und daran hat sich bis heute nichts geändert. Menschen, die krank sind. Menschen, die einsam sind. Menschen, die rastlos, niedergeschlagen und ohne Hoffnung sind. Menschen, die verstrickt sind in zerstörerische Gewohnheiten und zerstörerische Beziehungen.

Ich muss dabei an eine Geschichte aus dem 8. Kapitel des Johannes-Evangeliums denken, als Jesus im Vorhof des Tempels auftaucht, und alle, die dort versammelt sind, warten darauf, dass er zu ihnen spricht. Da taucht plötzlich eine Gruppe von Pharisäern auf, die eine Frau mit moralisch fragwürdiger Vergangenheit vor Jesus zerren. Man hat diese Frau gerade *in flagranti* beim Ehebruch ertappt. Stellen Sie sich nur einmal vor, wie schrecklich es für sie gewesen sein muss, so vor die Öffentlichkeit gezerrt zu werden, wo dann ebenfalls in aller Öffentlichkeit vor all den Leuten ihre schlimmsten Vergehen aufgedeckt werden. Ehebruch ist ein schwerwiegendes Vergehen, argumentieren die Pharisäer, und in Übereinstimmung mit dem Gesetz Gottes aus der Zeit Moses wird Jesus ihnen doch sicher darin zustimmen, dass die Frau wegen dieser haarsträubenden Sünde zu Tode gesteinigt werden muss.

Die Pharisäer wissen, dass Jesus jetzt in der Klemme steckt, und dem Bibeltext ist zu entnehmen, dass sie eine Art morbide Freude empfinden, als sie den in ihren Augen selbst ernannten Messias in ein moralisches Dilemma zwingen: Wenn er die Frau laufen lässt, dann leugnet er die Gültigkeit des Gesetzes. Wenn er aber zulässt, dass sie gesteinigt wird, könnte man ihm Unbarmherzigkeit vorwerfen – oder sogar, dass er ein Feind der römischen Regierung sei; denn das ist damals die einzige Instanz, die Todesstrafen verhängen und vollstrecken darf.

Aber was Jesus dann tut, ist einfach nur faszinierend. „Ich nehme an, dass ihr sie steinigen werdet“, beginnt er. „Wenn das der Fall ist, dann lasst uns diese ganze Sache wenigstens ordentlich erledigen. Macht ruhig weiter und steinigt sie, aber stellt euch in einer Reihe auf, und diejenigen von euch, die noch nie eines Vergehens schuldig geworden sind, dürfen auch ganz vorne stehen. Ihr werft dann euren Stein zuerst.“

Es ist ganz offensichtlich, dass der Plan, den Jesus hier vorbringt, den Pharisäern den Tag versaut. Und verständlicherweise haben die gesetzesliebenden Pharisäer auch keine passende Antwort auf den Vorschlag von Jesus. Einer nach dem anderen lassen sie ihren Stein in den Sand plumpsen und gehen weg.

Am Ende ist Jesus allein mit der Frau, die in diesem Augenblick zum ersten Mal einen Eindruck von Vergebung und Gnade bekommt. Obwohl er jedes Recht gehabt hätte, sie anzugreifen und wegen ihres fragwürdigen Lebenswandels zu kritisieren, wird in der Bibel berichtet, dass er sich völlig anders verhält. Er wendet sich ihr nämlich ohne Vorwurf zu und sagt:

„Ich verurteile dich nicht – wirklich nicht. Deshalb bin ich nicht hier geblieben. Ich bin gekommen, um dich aus deinem Scheitern zu erlösen und nicht, um dich für deine Fehler zu bestrafen. Und jetzt geh – und sündige nicht mehr. Fange noch heute ein ganz neues Leben an! Falle nicht in deine alten zerstörerischen Gewohnheiten zurück. Ich werde dir helfen, ein neues Leben zu führen, und dieses neue Leben beginnt hier und jetzt."

Kann man besser beschreiben, was Gott am Herzen liegt – er möchte die Menschen zur Freiheit einladen und sie nicht strafen. Ohne das sündhafte Verhalten der Frau unter den Teppich zu kehren, sagt Jesus: „Jeder hat schon mal falsche Wege eingeschlagen. Jeder braucht Vergebung und Befreiung und Heilung. Jeder muss die Liebe kennen lernen, die nur mein liebender Vater hat. Und genau aus diesem Grund bin ich gekommen." Und mit gewohnter Entschlossenheit verlässt er den Tempelvorhof, unerschütterlich davon überzeugt, dass seine Vision von der Wiederherstellung der Menschen eines Tages Wirklichkeit werden wird.

Und bis heute bestätigen Sie, dass Sie diesen wichtigsten Auftrag Jesu verstanden haben, indem Sie Menschen lieben, ihnen dienen und ihnen den Weg zum Glauben an Gott zeigen. Sie bestätigen es, indem Sie Menschen, die sich verirrt haben, den richtigen Weg zeigen, indem Sie sich zerbrochenen Menschen zuwenden und grundsätzlich Menschen dabei helfen, alle ihre geistlichen Möglichkeiten voll und ganz auszuschöpfen und zu entfalten.

Auf den Himmel eingestellt

Vor ein paar Jahren war ich einmal als Copilot in einem Privatjet auf dem Flug von der Westküste zurück nach Chicago unterwegs. Der Pilot war ein Mann, mit dem ich schon ein paar Mal zuvor geflogen war. Jedes Mal, wenn wir die Reiseflughöhe erreicht hatten und der Autopilot eingeschaltet war, führten wir sehr offene Gespräche über alle möglichen Themen.

An diesem besagten Abend ging es in unserem Gespräch in erster Linie um das, was wir auf dem Flug zu erledigen hatten.

Wir sprachen über Technik und die Wetterbedingungen, über unsere Flughöhe, meist ausgelöst durch die Bodenkontrolle, die uns regelmäßig mit aktuellen Informationen und Daten versorgte. Als wir dann aber immer noch anderthalb Stunden Flugzeit vor uns hatten, bat ich Gott im Stillen um sein Eingreifen. *Bitte hilf mir, das Gespräch auf wesentlichere Themen zu lenken.*

Nachdem die Bodenkontrolle uns wieder einmal aktualisierte Informationen durchgegeben hatte, wagte ich mich dann auf „unbekanntes Terrain" vor und fragte den Piloten, ob er jemals einen Flug unternehmen würde, ohne auf die Anweisungen und Informationen der Bodenkontrolle zu hören. Ob er überhaupt je in Betracht ziehen würde – auch nur einen Augenblick lang –, den Funk abzuschalten und den Flug ganz allein und ohne Hilfe zu lenken.

Seine Antwort kam wie aus der Pistole geschossen. „Natürlich würde ich das nicht tun!", sagte er lachend. „Das wäre doch total verrückt – ich brauche alle Informationen und jede Hilfestellung, die ich bekommen kann ... vor allem bei diesem Wetter."

Ich betete um genügend innere Sicherheit und meinte dann: „Ob Sie es glauben oder nicht, manche Leute fliegen durch ihr gesamtes Leben ohne Funkkontakt mit dem Himmel. Sie bekommen null Input von Gott. Sie bekommen keinerlei Orientierung und Leitung, keine Anweisung und keinen Rat. Häufig geraten sie im Blindflug in schlechtes Wetter und stürzen am Ende ab. Sie würden staunen, wenn Sie wüssten, wie viele Leute das so machen."

Jetzt herrschte Schweigen im Cockpit, während ich abwartete und betete.

Kurz darauf entgegnete er mit sehr ernster Stimme: „Das ist wahrscheinlich ziemlich dumm, was?"

Ich stimmte ihm zu, dass es sicher bessere Ansätze gäbe, das Leben anzugehen, und war dann einfach nur erstaunt darüber, wie sich auf der Reststrecke nach Chicago ein einstündiger Dialog zum Thema „Erlösung" entspann. „Und wie stellt man diesen Funk ein?", fragte er irgendwann. Das war eine Frage, die ich ihm ganz direkt und schnörkellos beantworten konnte.

• • • • •

Ein paar Tage später dachte ich noch einmal daran zurück, wie mutig ich auf dem Flug gewesen war. Das ist längst nicht immer so, aber als ich dann etwas genauer nachdachte, fand ich eine Erklärung dafür, weshalb ich immer häufiger diesen Mut habe. Ich glaube wirklich an die Botschaft Jesu von der Erlösung. Ich predige sie nicht nur, sondern ich glaube sie auch selbst! Ich glaube wirklich und wahrhaftig, dass jeder Mensch, den ich kenne, der vom Weg abgekommen ist und sich verirrt hat, ein sehr viel besseres Leben führen könnte, wenn Gottes Liebe, Gnade und Erlösung in seinem Leben zum Einsatz kämen.

Glauben Sie das ebenfalls? Mir hat einmal ein Mann erzählt, dass er nie mit anderen Menschen über seinen Glauben spricht oder ihnen von Jesus erzählt. Das fand ich höchst interessant und fragte ein bisschen nach, wieso er das so konsequent handhabe.

Seine Antwort auf diese Frage schockierte mich dann wirklich. Er sagte nämlich: „Ich möchte niemandem die Last Gottes zumuten."

Wow. Das war absolut nicht der Gott, den ich kannte. Der Gott, den ich kenne, hat mein Leben mit Liebe, Annahme und Gnade erfüllt und mich mit 17 Jahren auf eine startbereite Rakete geschnallt, von der ich mich bis heute nicht wieder abgeschnallt habe. Und das habe ich auch in nächster Zukunft nicht vor!

Aber dadurch sind wir bei einem interessanten Gedanken angelangt, über den man ruhig ein wenig nachdenken kann: Wie ist eigentlich der Gott, den Sie kennen?

Ist er voller Erbarmen und Mitgefühl? Ist der Gott, den Sie kennen, geheimnisvoll, überraschend, faszinierend? Ist er ewig derselbe und doch immer wieder brandneu? Inspiriert er Sie mit seinen großartigen Gedanken darüber, wieso es gerade auf Ihr Leben wirklich ankommen kann? Ist er treu?

Meiner Erfahrung nach sind die Menschen, die den ersten Schritt auf andere zutun, zuvor durch eigene Erfahrungen zu der Überzeugung gelangt, dass der Gott, den sie kennen, es wert ist, kennen gelernt und dann gekannt zu werden! Sie haben eine innere Haltung entwickelt, die besagt: „Natürlich möchte jeder Mensch, den ich kenne, eine solche Beziehung zu Gott haben! Ich bin absolut sicher, dass ihnen das, was ich hier erlebe, ebenfalls gefallen würde …"

Wenn Sie in den Gott, den Sie kennen, geradezu verliebt sind, dann möchte ich Sie bitten, einmal auf Ihr Leben zurückzublicken, und zwar auf die Zeit, als Sie noch nicht Christ waren. Rufen Sie sich diese Zeit noch einmal in Erinnerung, in der Sie morgens aufstanden und Ihnen einmal mehr klar war, dass Sie niemanden hatten, mit dem Sie sich über Ihren Tag austauschen konnten. *Na, den hier werde ich wohl auch wieder allein hinter mich bringen,* haben Sie damals vielleicht gedacht. Es gab lange Phasen, in denen Sie allein waren, ohne Worte von oben und auch ohne dass etwas Übernatürliches in Ihre langweilige Alltagswelt hereinbrach. Sie brachten damals die Stimme Ihres Gewissens zum Schweigen und hatten keine Ahnung, dass Sie Zugang zu der Gnade hatten, durch die all Ihre Schuld bedeckt werden konnte, wenn Sie nur darum bäten.

Wenn Sie durch Gottes Geschenk eines neuen Lebens endlich in der Realität gelandet sind – wie das bei mir Gott sei Dank der Fall war – und wenn Ihr Leben Ihrer Liebe zu dem Gott, den Sie kennen gelernt haben, Ausdruck verleihen soll, dann nehmen Sie allen nur denkbaren Mut zusammen, um so viele Menschen wie möglich mit dem Gott bekannt zu machen, der sie bedingungslos in seiner Gnade und durch seine Gnade zu einem Leben in Fülle einlädt!

Das beste Geschenk

Mein Glaube war nicht immer so sicher und fest, aber als ich mit Anfang 20 Student am *Trinity College* war, gab Professor Gilbert Bilezikian Vorlesungen, die eine echte Inspiration für mich waren. Er deckte darin Irrtümer und falsche Vorstellungen auf und zwang mich zum Handeln. Einmal sagte Bilezikian zu einer Gruppe von uns Studenten: „Irgendwann werden Sie Ihr Leben irgendetwas widmen, und zwar Sie alle, denn das tut jeder Mensch. Sie werden entweder versuchen, Vergnügen oder Besitz, Beliebtheit und Anerkennung zu erlangen oder immer mehr Macht anzuhäufen. Was auch immer es sein mag – Sie richten Ihr Leben an irgendetwas aus."

Während er weitersprach, stellte ich mir selbst ein paar Fragen. Welchem Anliegen oder Zweck widmete ich eigentlich mein Leben? Was war das Eine, wofür ich lebte? Ich begann, mich zu fragen, ob ich mir wirklich so viele Gedanken um andere machte, wie ich behauptete, oder ob ich meinen Eigennutz nur mit einer ansprechenden Fassade tarnte. Mich schauderte innerlich, als ich mir selbst ehrlich eingestehen musste, was mich gedanklich und auch sonst am meisten fesselte. Es war jedenfalls nichts Rühmliches.

In dieser Phase meines Lebens liebäugelte ich eigentlich mit dem Gedanken, als Geschäftsmann Karriere zu machen und viel Geld zu verdienen, aber Bilezikians Worte berührten mich innerlich immer mehr, und ich fühlte mich ganz plötzlich stark zu einer bestimmten Sache, einem konkreten Anliegen hingezogen: zu Menschen, und zwar Menschen, die eine Zukunft und Ewigkeit ohne Jesus vor sich haben. Menschen, die ausgegrenzt, isoliert und ohne Hoffnung sind. Menschen, die für Leistungen leben, welche ihnen jedoch nie Erfüllung bringen, für Anerkennung, die sie doch nie befriedigt, und für Geld, das ihnen kein echtes Glück bringt.

Ich wollte mein Leben so angehen wie Jesus: Er hat sich nicht von Geschäftsgewinnen oder Geld oder Ruhm auffressen lassen, sondern er war einzig und allein auf eines ausgerichtet, worauf er sich auch völlig konzentrierte: auf Menschen – auf verlorene und gefundene, junge und alte, reiche und arme, beliebte und ausgegrenzte. Es hat weder vor noch nach Jesus jemanden gegeben, der dermaßen auf Menschen „versessen" war. Und in der für ihn typischen sehr direkten Art erinnerte Bilezikian mich nun daran, dass Jesus sich wünscht, dass die Menschen, die ihm nachfolgen möchten, diese Versessenheit mit ihm teilen.

„Echte Nachfolger Christi, die es wirklich kapiert haben", sagte er, „verschenken sich selbst an Menschen. Und was am wichtigsten ist: Sie tun das, indem sie Menschen auf den Glauben an Jesus Christus hinweisen. Das ist das Höchste und Beste, was wir mit unserem Leben machen können – es als Wegweiser zu nutzen, durch den Menschen auf Gott hingewiesen werden." Dr. B. fasste mein gesamtes Glaubenssystem in einem brillanten Gedanken zusammen: „Wenn Sie wirklich daran glauben, dass die Gnade Gottes Menschen erlösen, befreien und verändern kann, dann ist das beste Geschenk, das Sie jemandem machen können, ihm zu erklären, wie er mit Gott in Beziehung treten kann."

Es ist, als ob Jesus zu den Menschen, die ihm nachfolgen, sagt: „Ich möchte, dass ihr all das, was ich damals getan habe, als ich den ersten Schritt durch Raum und Zeit gemacht habe, jetzt auch tut. Versucht jeden Tag jeden Menschen, dem ihr begegnet, auf mich hinzuweisen. Lebt so, als würdet ihr tatsächlich daran glauben, dass eure Eltern, Kollegen und Nachbarn besser dran wären, wenn sie meinen Vater kennen würden – wenn sie Empfänger und Nutznießer seiner Weisheit und Führung wären. Werdet Menschen, die den ersten Schritt auf andere Menschen zumachen, Menschen, die mir nachfolgen und tun, was ich getan habe! Seid Menschen, die bereit sind, jede Gelegenheit zu ergreifen, die ich ihnen gebe – nicht, weil Schuldgefühle, Angst oder Pflichtgefühl sie dazu zwingen, sondern einfach nur, weil sie meinem Vorbild folgen und weil ihr Herz leidenschaftlich für diese Menschen schlägt."

Heute ist mir klar, wie Recht Bilezikian hatte. Wenn ich mit Menschen spreche und sie bitte, einmal ihren Glaubensweg zu rekapitulieren, dann landen sie immer bei der Erkenntnis, dass Jesus nicht der Einzige gewesen ist, der Schritte zu ihrer Rettung unternommen hat. Fast immer und ausnahmslos erzählen mir Menschen, die Jesus nachfolgen, dass es in ihrer Glaubensgeschichte irgendwo jemanden gegeben hat, der das Risiko eingegangen ist, den ersten Schritt auf sie zuzugehen, um Gottes Interesse, seine Freundlichkeit und seine Liebe widerzuspiegeln. Irgendjemand hat irgendwann irgendwo die Entscheidung getroffen, das Geschenk, das er selbst erhalten hat, an jemand anderen weiterzugeben – der besagten Person nämlich, einem Menschen, der bislang nichts mit Gott zu tun hatte.

Wenn Sie sich dafür entscheiden, aus Glauben zu leben, statt auf der Grundlage dessen, was Sie sehen, wenn Sie auf diese Weise erste Schritte auf andere zugehen, wenn Sie sich ganz einbringen und dadurch signalisieren, dass Sie sich sorgen und Interesse an Menschen haben, die Gemeinschaft brauchen, dann geschieht in Ihnen etwas, das sehr viel Ähnlichkeit mit dem hat, was in Jesus geschieht. Nach Aussage des Apostels Paulus war Jesus „in allem Gott gleich, und doch hielt er nicht gierig daran fest, so wie Gott zu sein. Er gab alle seine Vorrechte auf und wurde einem Sklaven gleich. Er wurde ein Mensch in dieser Welt und teilte das Leben der Menschen. Im

Gehorsam gegen Gott erniedrigte er sich so tief, dass er sogar den Tod auf sich nahm, ja den Verbrechertod am Kreuz."[2]

Lassen Sie es mich noch einmal wiederholen: Das beste Geschenk, das Sie jemandem machen können, besteht darin, ihn mit dem Gott bekannt zu machen, der seinem eigenen Sohn aufgetragen hat, diese unvorstellbare Entfernung zu überbrücken, um Sie zu erlösen. Und wenn Sie zulassen, dass in Ihrem Leben Menschen das Wichtigste sind, dann werden Sie feststellen, dass Sie bereit sind, eine Straße zu überqueren und in ein Restaurant zu gehen, eine Treppe hinaufzugehen, einen Umkleideraum zu durchqueren, oder was auch immer, wenn Jesus Sie dazu auffordert! Sie sind dann bereit, Ihren Wohlfühlbereich zu verlassen und sich seiner Führung anzuvertrauen, weil Sie sich an die Tatsache erinnern, dass auch Jesus einmal das gesamte Universum durchschritten hat, um Sie zu retten – derselbe Jesus, von dem bekannt war, dass er hin und wieder intensive Gemeinschaft mit Menschen hatte, dann aber auch beharrlich und immer wieder, ohne sich zu entschuldigen, seinen Wohlfühlkreis verließ, um auf andere Menschen zuzugehen und ihnen den Weg zum Vater zu zeigen.

Heute sagt er zu allen Menschen, die ihm auf der ganzen Erde nachfolgen: „Bringt meine Liebe zu den Menschen! Und tut das, was ich getan habe."

Gehen Sie los!

Als mein Sohn in der fünften oder sechsten Klasse war, spielte er in einer Fußballmannschaft mit. Und obwohl Todd für sein Alter ein talentierter Sportler war, schüchterte ihn Mannschaftssport irgendwie ein bisschen ein.

In den folgenden drei Jahren war ein Geschäftsmann namens Brian Todds Trainer; er war ein toller Typ, der Kinder wirklich gern hatte. Wie durch ein Wunder baute er bei unserem sonst eher zurückhaltenden und sensiblen Sohn Hoffnung und Selbstvertrauen auf und signalisierte Todd, dass aus ihm einmal ein klasse Fußballspieler werden könnte.

Drei Jahre lang stand ich bei fast jedem Spiel an der Seitenlinie. Meine Frau Lynne, meine Tochter Shauna und ich feuerten Todd an, zusammen mit anderen Eltern, die ebenfalls ihre kleinen Kerle anfeuerten. Wir waren alle in dem schrecklichen Gebrüll vereint, das Familienangehörige bei Fußballspielen eben so von sich geben. Nach dem Spiel standen wir in aller Regel noch ein bisschen mit den anderen Eltern und Familien zusammen, die wir aus der *Willow Creek*-Gemeinde kannten.

Eines Nachmittags war Brian in der Mitte des Spielfeldes damit beschäftigt, Hütchen abzubauen und in seinem Kombi zu verstauen – nachdem er vor dem Training bereits einen langen Arbeitstag hinter sich hatte –, um dann endlich nach Hause zu kommen und wirklich Feierabend zu machen. Genau in diesem Augenblick hatte ich den Eindruck, dass der Heilige Geist zu mir sagte: „Geh zu ihm hin und hilf ihm beim Einräumen, Hybels. Verlasse das sichere kleine Grüppchen, in dem du dich gerade aufhältst und so wohl fühlst, und schau mal, ob du Brian ein bisschen besser kennen lernen kannst." Ich habe die ganze Szene noch so genau vor Augen, als wäre es erst gestern gewesen.

Als ich dann in Brians Richtung ging, legte ich mir schon mal zurecht, was ich sagen wollte. Es sollte etwas möglichst Interessantes sein.

Nachdem ich mich vorgestellt hatte, plauderten wir ein bisschen über die Kinder aus der Mannschaft, über das, was Brian beruflich machte, und irgendwann auch über meine Tätigkeit. Er brach nicht gerade in Begeisterungsstürme aus, als er erfuhr, dass ich Pastor bin, aber wir unterhielten uns von diesem Zeitpunkt an eigentlich immer ein wenig nach dem Training oder nach Spielen.

Jedes Mal, wenn wir miteinander redeten, bedankte ich mich bei Brian für den positiven Einfluss, den er auf meinen Sohn hatte. „Ich bin sehr dankbar dafür und weiß zu schätzen, wie viel Zeit Sie hier ehrenamtlich einsetzen, um diese Kinder zu trainieren – und das, obwohl Sie selbst zeitlich ziemlich eingespannt sind", meinte ich. „Ich finde es wirklich toll, was Sie hier machen, Brian. Vielen Dank dafür."

Ostern bekam ich vom Heiligen Geist wieder den Impuls, über den Platz auf Brian zuzugehen. Zu Ostern bieten wir in *Willow Creek* nämlich immer einen Festgottesdienst speziell für Gäste an, und diesmal ging ich auf ihn zu, um auszuloten, ob Brian vielleicht gern in den Ostergottesdienst kommen würde. Bei jedem Schritt nahm ich noch ein bisschen mehr Mut zusammen, und als ich bei ihm angekommen war, fragte ich ihn, ob er sich vorstellen könne, einmal als mein Gast in die *Willow Creek*-Gemeinde zu kommen – nur ein Mal.

Seine Reaktion machte auf der Stelle alle meine Hoffnungen zunichte. „Mensch, Bill. Ich wusste, dass es irgendwann so kommen würde! Ich wusste, dass wir eines Tages an diesem Punkt landen würden. Sehen Sie mal, ich weiß eine Menge über ‚Willow Creek' – jede Woche stehe ich mindestens einmal in einem Stau, der durch Gemeindebesucher verursacht wird. Ich finde das echt frustrierend. In meinem Leben ist kein Platz für Gott und wir können die ganze Angelegenheit getrost von unserer Themenliste streichen." (Na, zumindest sagte er offen, was Sache war.)

„Also gut, Brian", meinte ich und versuchte, dazu beizutragen, dass er sich wieder entspannte. „Ich verspreche Ihnen: Ich werde Sie weder drängen noch Druck ausüben. Ich werde Ihre Wünsche auf jeden Fall respektieren."

In dem darauf folgenden Jahr ging ich dann Woche für Woche nach dem Training zu ihm hin, um ihm beim Einräumen der Bälle und Hütchen zu helfen. Wie klein mir diese Schritte vorkamen ... war ich ihm überhaupt eine Hilfe?

„Na, wie war Ihre Woche?", fragte ich ihn beispielsweise. Und dann unterhielten wir uns über seine Firma und seine Arbeit und über das, was ihn beruflich gerade so beschäftigte. Danach erkundigte er sich dann immer bei mir, wie meine Woche gewesen sei. Ich glaube, mein Vorsatz, nicht zu drängeln, erfüllte wirklich seinen Zweck: Ich trat Brian nicht mehr mit ungebetenen Einladungen in die Gemeinde zu nahe. Mir allerdings kam diese ganze Erfahrung wie eine Übung in geistlichem Wassertreten vor.

Irgendwann gab mein Sohn das Fußballspielen auf und Brian und ich verloren uns aus den Augen. Ehrlich gesagt ging ich davon aus, dass ich ihm nie wieder begegnen würde. Ein paar Jahre später geriet jedoch Brians gesamtes Leben auf dramatische Weise aus den Fugen. Seine Firma ging Pleite und seine Familie zerbrach. Plötzlich und unerwartet hielten Schmerz und Verzweiflung Einzug in seinem Leben und machten sich darin breit.

Eines Nachmittags griff er dann zum Telefon und rief mich an, um zu fragen, ob er bei mir vorbeikommen könne, um mit mir zu reden. „Ich möchte auf keinen Fall zu einem Gottesdienst kommen“, stellte er klar. „Ich muss nur mal über ein paar Sachen sprechen.“

Nach diesem ersten Treffen in meinem Büro trafen Brian und ich uns zwar noch ein paar Mal, aber ich konnte nicht feststellen, dass uns diese Gespräche irgendwie weiterbrachten, und irgendwann meldete er sich dann gar nicht mehr. Obwohl ich mich fragte, wie er wohl mit seinem Leben zurechtkam und ob er seinen Schmerz aushalten und damit fertig werden konnte, respektierte ich seinen Wunsch, selbst das Tempo in unserer Beziehung zu bestimmen.

Monate später stand ich vor einer Gruppe von frisch entschiedenen Christen, die sich taufen lassen wollten und zum Taufgespräch gekommen waren. Als ich die Bedeutung, den Zweck und die Wichtigkeit der Wassertaufe erklärte, fiel mein Blick auf einen Mann links vor mir, direkt in der ersten Reihe. Es war Brian. *Der hat doch keine Ahnung, wo er hier ist!,* dachte ich. *Er ist in einem Taufvorbereitungsgespräch! Wie ist er hier nur hineingeraten?* Ich gewann meine Fassung gerade so weit und so lange zurück, dass ich meine Ausführungen beenden konnte, wobei ich mir besonders große Mühe gab, so zu reden, dass ein Typ wie Brian nicht ein für alle Mal vom Glauben abgeschreckt war. Für mich war jedenfalls undenkbar, dass er schon so weit sein konnte, sich taufen zu lassen!

Nach der Veranstaltung ging ich auf Brian zu und fragte ihn, ob wir zu unseren Autos gehen könnten, die auf dem Parkplatz der Gemeinde standen. „Ich muss nämlich los“, sagte ich, „aber vielleicht können wir ja auf dem Weg noch ein bisschen plaudern.“ Sobald wir uns von den anderen entfernt hatten, blieb ich stehen und sah Brian in die Augen.

„Was um alles in der Welt hatten Sie denn in diesem Taufgespräch zu suchen?“, fragte ich.

Seine Antwort machte mich wirklich sprachlos.

„Vor ein paar Monaten habe ich mich während eines Gottesdienstes in die Gemeinde geschlichen und mich ganz hinten hingesetzt. Sie haben in Ihrer Predigt darüber gesprochen, dass man nicht länger versuchen soll, sein Leben aus eigener Kraft zu verbessern. Stattdessen solle man auf die Gnade Gottes setzen. Sie haben darüber gesprochen, wie wichtig es ist, dass wir uns für Gott öffnen, indem wir für uns persönlich in Anspruch nehmen, was sein Sohn Jesus Christus getan und für uns bewirkt hat. Und an diesem Tag habe ich Jesus mein Leben anvertraut, Bill. Also, lange Rede kurzer Sinn, ich war heute Abend in diesem Taufvorbereitungsseminar, weil ich mich taufen lassen möchte."

Er strahlte übers ganze Gesicht, während mir der Unterkiefer herunterklappte. Ich konnte mein Erstaunen nicht verbergen. „Sie wollen mich veräppeln, oder? Sie versuchen mich bestimmt auf den Arm zu nehmen, stimmt's?" Ich stand einfach nur da und starrte ihn bestimmt zwei Minuten lang völlig verdutzt an.

Einige Zeit nach diesem Gespräch durfte ich Brian dann in *Willow Creek* taufen, in der Gemeinde, in der er bis heute mitarbeitet, dem Ort, an dem er sich in eine gläubige Frau verliebte und sie heiratete, dem Ort, an dem er und seine Frau heute andere Paare darin unterrichten, wie man die Freude und Begeisterung einer Ehe erleben kann, in der Jesus der Mittelpunkt ist.

Vor einigen Jahren war ich kurz vor Weihnachten zusammen mit Todd, der damals schon ein junger Mann war, zu meinem Büro unterwegs. Am Treppenaufgang stießen wir beinahe mit einem großen, athletischen Mann zusammen. Instinktiv trat ich einen Schritt zurück, und als ich aufblickte, erkannte ich, dass es Brian war. In Sekundenbruchteilen war eine 15 Jahre lange dauernde Kontaktunterbrechung zwischen meinem Sohn und seinem Lieblingstrainer aus Kindertagen wie weggeblasen. Mit der Art von Liebe, wie sie nur Christen an den Tag legen können, drückte er Todd an sich. „Das ist ja toll, dich zu sehen!", sagte er strahlend.

Nachdem wir ein paar Minuten geplaudert hatten, wandte sich Brian zur Treppe und ging hinunter. Als er beim ersten Absatz angekommen war, drehte er sich noch einmal um, blickte zu uns hinauf und sagte: „Hey, Bill, vielen Dank noch mal für all die Male, die Sie nach dem Fußballtraining zu mir gekommen sind und so offen mit mir geredet haben. Ehrlich … vielen Dank dafür." Und damit setzte er seinen Weg fort.

Das sind immer die besten Augenblicke in meinem Leben. Und ich schätze, dass solche Augenblicke auch in Ihrem Leben einen „Etwas-Besseres-gibt's-nicht-Status" erlangen können – wenn Sie sich bewusst sind, dass der Gott des Universums Ihnen all das gegeben hat, was Sie brauchen, um einem anderen Menschen das beste Geschenk seines Lebens machen zu können, dann entscheiden Sie sich noch heute dafür, ein Leben zu führen, das etwas bewegt – und zwar für die Ewigkeit.

Machen Sie sich auf den Weg, und lassen Sie sich überraschen, was er mit Ihnen vorhat.

Erste Schritte zur Umsetzung

1. Mit wem identifizieren Sie sich in der Geschichte von dem Moslem, der zum Glauben an Jesus Christus gekommen ist, am ehesten: mit dem Moslem, mit dem Mann, der bei der Cocktailparty den ersten Schritt auf den Moslem zuging, oder mit einer der Personen, die immer noch im „Wohlfühlkreis" zusammen standen? Begründen Sie bitte Ihre Antwort.
2. In Römer 5, Vers 8 heißt es, dass Christus uns schon geliebt hat, als wir noch Sünder waren. Warum ist es von so großer Bedeutung, dass er „den ersten Schritt gemacht hat", als wir immer noch in unserer Sünde festsaßen?
3. In der Geschichte von Jesu Begegnung mit der Ehebrecherin (Johannes 8) spiegelt Jesus das Mitgefühl, die Güte und Freundlichkeit und die Liebe Gottes wider. Stimmt dieses Bild mit Ihrem Gottesbild überein? Wieso bzw. wieso nicht?
4. Auf Seite 36 wird Jesu Wunsch für alle, die ihm nachfolgen, folgendermaßen ausgedrückt:
   „Lebt so, als ob ihr wirklich daran glaubt, dass eure Eltern, Kollegen und Nachbarn besser dran wären, wenn sie meinen Vater kennen würden – wenn sie Empfänger und Nutznießer seiner Weisheit und Führung wären. Werdet Menschen, die den ersten Schritt auf andere Menschen zu machen, Menschen, die mir nachfolgen und tun, was ich getan habe! Seid Menschen, die bereit sind, jede Gelegenheit zu ergreifen, die ich ihnen gebe – nicht, weil Schuldgefühle, Angst oder Pflichtgefühl sie dazu zwingen, sondern einfach nur, weil sie meinem Vorbild folgen und weil ihr Herz leidenschaftlich für diese Menschen schlägt."

Wie würden Sie sich bei den folgenden Fragen selbst einschätzen?

„Ich glaube, dass jeder Mensch, den ich kenne, besser dran wäre, wenn er nach den Maßstäben Gottes leben würde."
❑ wahr ❑ falsch

„Ich lebe so, dass die Menschen in meinem Umfeld wissen, dass ich das glaube."
❑ wahr ❑ falsch

„Ich möchte ein Mensch werden, der den ersten Schritt auf andere zu macht und alle evangelistischen Gelegenheiten nutzt, die Gott mir eröffnet."
❑ wahr ❑ falsch

„Ich bin bereit, andere Dinge, die ich leidenschaftlich tue, loszulassen, damit die Menschen für mich höchste Priorität bekommen können."
❑ wahr ❑ falsch

Anmerkungen

[1] © 1997–2002 by GlaxoSmithCline, zitiert in: *American Podiatric Medical Association*, www.apma.org.
[2] Philipper 2,6–8

KAPITEL 2

Evangelisation in Gang halten – aber wie?

Während meines Lebens waren Dutzende unterschiedlicher Evangelisationsmethoden in Mode. Vielleicht erinnern Sie sich ja auch an solche Phasen, wie ich sie habe kommen und gehen sehen. Da haben wir zunächst mal die Phase der Schriftenmission oder auch „Traktatphase“, dann war da noch die Phase der Fernsehevangelisten, und es gab Phasen, in denen man sich in der Evangelisation auf bestimmte Zielgruppen spezialisierte: Da arbeitete man dann bevorzugt mit Managern, Frauen, Männern, Wohlhabenden, Armen, Hausfrauen, Filmstars – die Reihe ließe sich beliebig fortsetzen.

Und wenn ich bedenke, dass alle diese unterschiedlichen Ansätze und Methoden Menschen zum Glauben an Jesus Christus geführt haben, dann bin ich dafür auch wirklich dankbar.

Aber jedes Mal, wenn sich ein neuer Ansatz oder eine neue Methode abzeichnet, frage ich mich insgeheim, wie lange diese Welle wohl anhalten wird, wie lange diese neue Bewegung in Gang gehalten werden kann. Sicher, ich bin auch selbst auf ein paar dieser Bewegungen aufgesprungen, aber eines hatten sie alle gemeinsam – ihre Kurzlebigkeit.

Ich bin sicher, dass es in den kommenden Jahrzehnten noch mehr „neue und spannende“ Evangelisationsansätze und -methoden geben wird. Und um es noch einmal zu wiederholen: Wenn Menschen dadurch zum Glauben kommen – wie kann ich mir da anmaßen, daran Kritik zu üben? Meiner Meinung nach gibt es jedoch nur ein Paradigma, das sich nicht mit der Zeit abnutzt: Ich bin heute mehr denn je davon überzeugt, dass es bei der persönlichen Evangelisation vor allem darum gehen muss, dass wir auf den Heiligen Geist ausgerichtet, für seine Impulse offen und bereit sind, mit ihm zusammenzuarbeiten.

Das haben Sie jetzt ganz richtig gelesen. Das Einzige, was wirklich nötig ist, um Jahr für Jahr einen wirksamen Ansatz in der Evangelisation in Gang zu halten, ist ein fein auf die Impulse des Heiligen Geistes ausgerichtetes inneres Ohr.

Vom Heiligen Geist gelenkte Impulse

Es ist wirklich nicht leicht, diese Impulse des Heiligen Geistes zu beschreiben. Sie sind schon etwas Geheimnisvolles, sie sind nicht greifbar und doch real. Ja, solche Impulse gibt es im Leben von Menschen, die Jesus nachfolgen, seit er in den Himmel gefahren und nicht mehr körperlich auf der Erde anwesend ist. Erinnern Sie sich noch dran? Das war der Tag, an dem er den Geist Gottes sandte, damit dieser jeden Christen erfüllt. „Ihr werdet die Kraft des Heiligen Geistes empfangen", sagte Jesus damals. (Dass Christus uns eine ständige Quelle übernatürlicher Kraft zur Hilfe sandte, sollte auch ein Hinweis darauf sein, welche Herausforderung dieser Auftrag für uns darstellen würde.)

Aber was genau hatte es mit dieser Kraft eigentlich auf sich? Im Rest dieses Berichtes in Apostelgeschichte 1, Vers 8 wird erklärt, dass alle Menschen, die Jesus nachfolgen, auf dieser Erde einen Auftrag haben. Sie sollen nämlich Jesu Zeugen sein, und zwar auf der ganzen Welt. Es ist, als würde Jesus sagen: „Ihr meint, dass ihr nicht genug Bücherwissen besitzt, dass ihr nicht clever genug seid, dass ihr nicht gut genug ausseht, nicht begabt oder redegewandt genug seid, um meinen Auftrag zu erfüllen? Macht euch über all diese Dinge keine Sorgen, denn ihr habt eine Kraft auf eurer Seite, die Berge versetzen, Leben verändern und den Tod besiegen kann."

In seinem Brief an die Galater ermutigt Paulus Menschen, die Jesus nachfolgen: „Durch den Heiligen Geist haben wir neues Leben, und das soll jetzt auch bei uns sichtbar werden" (Galater 5,25). Mit anderen Worten: Die Christen in Galatien sollten die Kraft Gottes „anzapfen", der in ihnen lebte. Dasselbe Prinzip gilt auch für Sie – und natürlich für mich. Wenn wir Zugang zu der ungeheuren Kraft des Geistes haben, der in uns lebt, warum sollten wir dann darauf verzichten, die Leitung, Motivation und Inspiration auch zu nutzen, die er uns anbietet?

Ich weiß ja nicht, wie das bei Ihnen ist, aber wenn meine „Leitung“ zu Jesus in Ordnung ist, wenn meine Beziehung zu ihm intakt ist, dann ist mein Geist offen für die Impulse seines Geistes. Auf den Geist ausgerichtet zu bleiben bedeutet, dass ich ein geschärftes Bewusstsein und eine feine Wahrnehmung für das habe, was um mich herum geschieht. Ich stelle fest, dass ich auch dann in der Lage bin, mit einem Auge bei meinem Umfeld zu sein und nach einer Person Ausschau zu halten, die ich vielleicht sehen soll, wenn ich mich gerade in einem Wohlfühlkreis aufhalte. Und ich kann auch noch gleichzeitig ein offenes Ohr für das Flüstern des Heiligen Geistes haben. Obwohl meine geistlichen Sinne alles andere als perfekt sind, bin ich in solchen „ausgerichteten“ Augenblicken sehr wachsam, ob Gott mich auf eine Person in meiner Nähe aufmerksam macht und seine leise Stimme zu mir sagt: „Nun mach schon ... geh einfach los.“

Jedes Mal, wenn ich diese Worte höre, werde ich wieder neu daran erinnert, wie es ist, mich bei meinem Wohlfühlkreis zu entschuldigen. Daran, wie elektrisierend es sich anfühlt, mich abzuwenden und zu gehen, und dann bei jedem Schritt Gott inständig um sein Eingreifen, seine Worte und seine Weisheit zu bitten. Ich werde daran erinnert, wie es sich anfühlt, „unbekanntes Terrain“ zu betreten. Und jedes Mal strecke ich wieder wie in Zeitlupe meine Hand aus und sage ein paar sehr tiefgründige Worte wie: „Hi, ich bin Bill und wer sind Sie?“ Und dann werde ich wieder an die pure Begeisterung erinnert, die man erlebt, wenn man Gott dabei zuschaut, wie er im Inneren der anderen Person eine Tür öffnet, und sich das Gespräch langsam, aber sicher geistlichen Themen zuwendet.

Obwohl ich in meinem Leben schon viel erlebt habe, schon an vielen Orten war und auch viel Aufregendes mitgemacht habe, koste ich das Leben erst dann richtig aus, wenn ich in der ersten Reihe sitze und hautnah dabei sein kann, wenn ein Mensch sich innerlich von Grund auf und ein für alle Mal verändert. Selbst heute noch empfinde ich ein inneres Kribbeln, wenn ich den Impuls bekomme, den ersten Schritt auf jemanden zuzumachen und mit dieser Person ein erstes Gespräch anzufangen, deren ewiges Schicksal auf dem Spiel steht. Dieses Gefühl wird nie selbstverständlich oder weniger aufregend!

An dem Tag, als ich zum Glauben kam – das ist jetzt über 30 Jahre her –, verspürte ich eine ungeheure Sehnsucht danach, Menschen, die Gottes Heilsgeschichte noch nicht gehört hatten, davon zu erzählen. Leider tat ich das nicht nur mit, sondern auch ohne die Leitung und Kraft des Heiligen Geistes.

Mit der Zeit bin ich Gott sei Dank als Christ gereift, sodass ich jetzt besser erkennen kann, wann ich etwas tun oder lassen soll. Heute versuche ich, jeden Morgen beim Aufwachen zu sagen: „Gott, mein Leben liegt in deiner Hand. Gebrauche mich, um heute einen Menschen auf dich hinzuweisen – ich verspreche dir, dass ich auf jede mir mögliche und erdenkliche Weise mit dir zusammenarbeiten will. Wenn du willst, dass ich heute etwas für dich sage, dann werde ich das tun. Wenn du willst, dass ich nichts sage, aber irgendwie anders zum Ausdruck bringe, wie sehr du die Menschen liebst, dann werde ich das durch die Kraft des Heiligen Geistes auch tun. Ich stelle mich dir heute ganz zur Verfügung, darum führe mich durch deinen Heiligen Geist."

Manchmal führt ein solches Gebet dazu, dass der Heilige Geist mir erlaubt, ein Gespräch zu führen, in dem es um den liebenden, gerechten Gott geht, der alles geschaffen hat, der einen guten Plan für alle Menschen hat und der wirklich mit ihnen in Beziehung treten möchte. Der Schlüssel dazu ist folgender: Es geht nicht darum, dass ich mir Methoden überlege, „damit jemand gerettet wird", sondern dass ich losgehe, wenn er mir den Impuls gibt, loszugehen, zu reden, wenn er sagt, dass ich reden soll, zu schweigen, wenn das Risiko besteht, dass ich zu viel sagen könnte, und abzuwarten, wenn er mir aufträgt abzuwarten. Wenn ich abends meinen Kopf auf mein Kopfkissen betten kann in dem Wissen, dass ich an dem betreffenden Tag mit den Impulsen des Heiligen Geistes zusammengewirkt habe, dann schlafe ich wie ein Baby.

Wenn ich mich wirklich von Gott umgestalten lassen will, darf ich vor der Unbequemlichkeit, der Verlegenheit und den zwiespältigen Gefühlen nicht zurückschrecken, die auftreten, wenn ich meinen Wohlfühlbereich verlasse, in dem es so schön sicher und kuschelig ist. Wenn ich zum ersten Mal vom Heiligen Geist den Impuls bekomme, den ersten Schritt auf jemanden zuzugehen, dann ist das, als ginge ein Stromstoß durch meine Adern. Wenn ich einen Fuß vor den anderen setze, um zu jemandem zu gehen, der vielleicht acht Meter von mir entfernt steht, dann bin ich Teil von etwas, das unermesslich viel größer ist als ich selbst.

So ist das eben, wenn man das übernatürliche Wirken der Kraft Gottes an einem ansonsten ganz normalen Tag erlebt. In der Bibel steht, dass es im Leben genau darum geht – jeden einzelnen Augenblick mit Gott in Verbindung zu stehen.

Dem Heiligen Geist die Führung überlassen

Es war an einem Mittwochnachmittag. Ich sollte wie gewöhnlich an diesem Abend im Gottesdienst predigen und wollte mir vorher noch schnell beim Friseur die Haare schneiden lassen. Als ich vor dem Laden angekommen war, sagte ich, bevor ich aus dem Auto stieg, noch laut: „Gott, wenn du willst, dass da drinnen jetzt etwas passiert – wenn du möchtest, dass ich etwas über dich sage oder dass ich versuche, jemandem zu helfen, der Hilfe braucht –, dann sollst du wissen, dass ich in den nächsten ca. 20 Minuten dazu bereit bin. Ich stehe dir ganz zur Verfügung."

Dann betrat ich den Salon, wo ich von einer Angestellten zu einem freien Stuhl geführt wurde. Ich kannte die Frau nicht, die dann anfing, mir die Haare zu schneiden, aber es gab auch gar keine Zeit für irgendwelche einleitenden Floskeln. Sie redete ohne Punkt und Komma mit der Friseurin und deren Kundin auf dem Platz neben meinem. So etwas hatte ich wirklich noch nie erlebt. Die drei Frauen deckten alle Themen ab, die man sich nur vorstellen kann – vom Wetter über Kultur, Politik und die letzte Sendung von Oprah Winfrey –, und das alles in ungefähr acht Minuten. Meine Blicke schossen hin und her, und ich hatte eine Art Wimbledon-Centercourt-Gefühl bei dem, was sich da direkt vor meinen Augen und Ohren abspielte.

Meiner bescheidenen Einschätzung nach hatte ich nicht den Hauch einer Chance. Selbst in Anbetracht der hohen Wahrscheinlichkeit, dass sie ja irgendwann Luft holen mussten, war es unmöglich, auf irgendeine halbwegs intelligente Art in das Gespräch einzusteigen.

Schweigend erinnerte ich Gott noch einmal an mein Angebot. *Ich bin wirklich offen, Gott, aber das Gespräch hier ist es nicht! Ich kann hier keinen Einstieg erkennen, und wenn ich jetzt versuche, irgendwie ein christliches Zeugnis hineinzuquetschen, dann glaube ich ehrlich gesagt, dass das mehr schaden als nützen würde.*

Als die Friseurin mit meinem Haarschnitt fertig war, bedankte ich mich bei ihr, gab ihr ein Trinkgeld und sagte, ich sei ihr ehrlich dankbar für ihre Arbeit, besonders auch in Anbetracht des Wenigen, was ich ihr zum Bearbeiten zu bieten gehabt hätte, und verließ den Salon.

Was glauben Sie auf der Grundlage der Informationen, die Sie jetzt von mir bekommen haben, wie ich mich nach diesem Erlebnis gefühlt habe? Enttäuscht und niedergeschlagen? Oder gar als geistlicher Versager?

Ob Sie es glauben oder nicht, beides war nicht der Fall. Ich war für das Wirken und Walten des Heiligen Geistes wirklich offen gewesen, und zwar von dem Augenblick an, als ich den Salon betrat, und ich habe wirklich keinerlei Impuls empfangen, etwas Bestimmtes zu sagen oder zu tun. Ich war bereit, zu sehen, zu hören, zu fühlen und zu tun, was Gott wollte, dass ich hörte, fühlte, sah oder tat, aber ehrlich gesagt, sah, hörte und fühlte ich … nichts.

• • • • •

Nun möchte ich Sie bitten, diesen Vorfall mit einem ganz anderen Erlebnis zu vergleichen. Ich ziehe mich häufig in ein bestimmtes Restaurant zurück, um dort an meinen Vorträgen zu arbeiten. Eine Zeit lang wurde ich immer von derselben Kellnerin bedient, einer älteren Frau, deren etwa 20-jährige Tochter ebenfalls in dem Lokal arbeitete. Weil ich mich häufig ein bisschen mit ihr unterhielt, wusste ich, dass sie einen anderen kulturellen Hintergrund hatte als ich, dass sie, wenn überhaupt, einen ganz anderen Glauben hatte, dass sie noch nie einen Fuß in die *Willow Creek*-Gemeinde gesetzt und dass ihr wahrscheinlich noch nie jemand etwas von Jesus Christus erzählt hatte.

An diesem speziellen Nachmittag bereitete ich mich auf die Predigt für den Weihnachtsgottesdienst vor. Irgendwann blickte ich kurz auf und sah, wie die Frau am anderen Ende des

Raumes einen Tisch abräumte, und ich dachte daran, wie zuvorkommend, freundlich und gewissenhaft sie mich immer bediente, wenn ich mich hier niederließ.

Ich vernahm die Anweisung so klar und eindeutig in meinem Inneren, als wäre sie akustisch hörbar. *Wenn sie demnächst sterben würde, wäre sie wahrscheinlich in Ewigkeit von Gott getrennt*, sagte der Heilige Geist. *Steh auf, geh zu ihr hin und lade sie zum Weihnachtsgottesdienst ein. Steh einfach auf und sprich mit ihr!* Wie von einem geistlichen Schwergewicht wie mir natürlich zu erwarten war, blieb ich erst mal sitzen und beschloss, mit dem Heiligen Geist zu diskutieren. *Sie würde doch sowieso nicht zum Weihnachtsgottesdienst kommen,* wendete ich im Stillen ein. *Sie hat doch ganz andere Interessen!*

Sie können sich wahrscheinlich denken, wie die Geschichte ausgegangen ist. Mir fielen plötzlich unzählige unserer Gespräche ein, und mir kamen auch ein paar Gedanken in den Sinn, die mich davon überzeugten, dass ich falsch lag. *Sie weiß, wer ich bin. Sie weiß, womit ich meinen Lebensunterhalt verdiene. Und in all den Gesprächen und in der ganzen Zeit, die wir nun schon miteinander zu tun haben, habe ich immer sorgfältig darauf geachtet, sie nicht zu bedrängen oder ihr ein schlechtes Gewissen zu machen, dass sie nicht in die Kirche kommt. Nur dieses eine Mal muss ich Courage zeigen.* Nachdem ich noch einmal tief durchgeatmet hatte, ging ich auf sie zu und sprach sie an.

„Wissen Sie, wenn ich hier war, habe ich mir immer Mühe gegeben, Sie in Bezug auf Glaubensdinge nicht irgendwie in Verlegenheit zu bringen." Noch einmal tiefes Durchatmen. „Aber ich möchte Sie und Ihre Tochter gern zu unserem Gottesdienst am Heiligabend einladen. Ich glaube, es würde Ihnen gefallen, aber Sie sollen wissen, dass ich Sie wirklich nicht bedrängen oder mich in Ihre Überzeugungen oder Ihren Glauben einmischen will. Ich möchte nur, dass Sie wissen, Sie sind in ‚Willow Creek' willkommen, und wenn Sie kommen möchten, dann kann ich bestimmt noch ein paar Karten für Sie auftreiben." Ich hatte also getan, was ich tun sollte, und ihr die Möglichkeit eröffnet, an Karten zu gelangen. Also ging ich an meinen Tisch zurück, in der sicheren Annahme, dass sie sowieso nicht kommen würde.

Sechs Wochen später war ich wieder in dem Restaurant, um ein paar Predigten den letzten Schliff zu geben, und sie kam sofort auf mich zu. „Mir hat Ihr Gottesdienst am Heiligabend sooo gut gefallen“, sprudelte es aus ihr heraus. „Ich war da, und meine Tochter ist auch mitgekommen, und auch ihr hat es ganz besonders gut gefallen. Es war das erste Mal, dass sie so etwas miterlebt und gehört hat.“

Und dann gab sie mir mein Stichwort: „Ich habe alles verstanden, worüber Sie geredet haben“, sagte sie. „Ich habe den ganzen Gottesdienst verstanden! Ich möchte Ihnen noch einmal ganz herzlich für Ihre Einladung danken.“

Nachdem ich mich von meiner Überraschung einigermaßen erholt hatte, entgegnete ich, was für eine Ehre es sei, dass sie den Heiligabend bei uns in der Gemeinde verbracht habe. Und wieder einmal dachte ich an Gottes Fügung. *Wie ist so etwas möglich?*, fragte ich ihn. *Was hat es mit deiner geheimnisvollen Fähigkeit auf sich, Menschen zu dir zu ziehen?* Ich werde das wohl nie ganz verstehen, aber ich betrachte es als großes Vorrecht, von Gott gebraucht zu werden, wenn er im Leben seiner Kinder am Werk ist.

Manchmal sind die Türen weit offen und manchmal eben nicht. Denken Sie daran: Ein Mensch zu sein, der den ersten Schritt auf andere zumacht, bedeutet, dass wir nur dann oder auch erst dann losgehen, wenn Gott uns sagt, dass wir gehen sollen, und es bedeutet, dass wir nicht losgehen, wenn der Heilige Geist dazu Nein sagt. Durch eben diese Dynamik wird das ganze Abenteuer so geheimnisvoll und nicht vorhersehbar, so faszinierend, begeisternd und von Gott initiiert. Genau dadurch bleibt das Leben als Christ so spannend.

Eine andere Sicht von Evangelisation

„Aber, Bill“, werden Sie vielleicht sagen, „wie können Sie denn behaupten, dass es bei der Evangelisation um etwas anderes geht als darum, die vier geistlichen Gesetze wortgetreu zu zitieren oder den Römerbrief durchzuackern? Ist es nicht unser Auftrag, einen suchenden Menschen über die Ziellinie zu bringen, und die Sache dann ‚amtlich‘ zu machen? Ist es nicht erklärtes Ziel, dafür zu sorgen, dass, äh, Menschen zum Glauben an Jesus Christus kommen?“

Mir ist bewusst, dass sicher einige von Ihnen ein Gespräch

für geistlich gesehen gescheitert halten, wenn darin nicht der Heilsplan Gottes erklärt wird. Und einige von Ihnen fühlen sich richtig schlecht, wenn Sie nicht bei jeder sich bietenden evangelistischen Chance, die Gott Ihnen schenkt, wenigstens eine Einladung in Ihre Gemeinde loswerden. Wieder andere sagen vielleicht, dass mit ihrem Evangelisationsmaßstab alles völlig in Ordnung sei, solange sie bei jeder sich bietenden Gelegenheit ein persönliches Zeugnis geben – und zwar alle vier Bände, versteht sich.

Und ich kann regelrecht spüren, dass Ihnen das ein großes Anliegen ist – dass es Ihnen aber auch große Probleme bereitet! Auch ich selbst tappe immer wieder in diese Falle hinein. Aber Tatsache ist, dass der Heilige Geist Ihnen jedes Mal Ihre schön zurechtgelegten Formeln durcheinander bringen wird.

Um ganz ehrlich zu sein, mir persönlich würde es durchaus gefallen, wenn Evangelisation, na ja, nicht unbedingt berechenbar, zumindest aber vorhersehbar wäre. Es wäre doch toll, wenn jedes Gespräch, das ich mit einem Menschen führe, der weit von Gott entfernt ist, zu einer Entscheidung für Jesus Christus führen würde. Ich wäre der glücklichste Mensch auf Erden, wenn jeder Kontakt, den ich mit einem suchenden Menschen hätte, in einem Kniefall vor Gott endete. Aber Sie wissen ja genauso gut wie ich, dass das wirkliche Leben anders ist.

Ich musste ebenfalls Lehrgeld bezahlen und lernen, dass es Situationen gibt, in denen mir der Heilige Geist lediglich aufträgt, einen Anfang zu machen. Ich habe eine Hacke und soll ein Stück wirklich harten, verkrusteten Boden im Inneren eines Menschen lockern, damit der nächste Mensch, der vorbeikommt, dann vielleicht ein bisschen beim Säen der einen oder anderen Reihe helfen kann.

Dann wieder fordert mich der Heilige Geist auf, derjenige zu sein, der die Gießkannen heranschleppt und dabei hilft, durstige Seelen zu versorgen. Und dann wieder soll ich dabei helfen, die reifen Früchte zu pflücken. Ich möchte es einmal so formulieren: Ich glaube, dass viele Menschen ihre geistliche Suche auf einer Skala bei minus 10 starten und dass meine Rolle möglicherweise lediglich darin besteht, ihnen bei den Schritten bis minus 8 zu helfen. Mehr nicht. Das waren zwei Punkte auf der Skala und das Ergebnis liegt immer noch weit im negativen Bereich! Früher hat mich so etwas entmutigt, aber irgendwann habe ich angefangen, die Tatsache zu akzeptieren, dass mein Part dabei eben ... nun ja, eben nur der Part ist, den ich dabei übernehmen soll.

Ganz ähnlich kann Ihnen der Heilige Geist aber auch den Impuls geben, jemanden, der bei minus 10 steht, ein paar Punkte vorwärts zur hervorragenden minus 4 zu begleiten. Oder Sie haben vielleicht das Privileg, jemanden, der kurz vor der plus 1 herumdümpelt, über die Grenze zum Glauben zu begleiten. Das Spannende bei all dem ist, dass wir, Sie und ich, keine Ahnung haben, welchen Part Gott uns zugedacht hat, wenn wir ein Gespräch über geistliche Themen anfangen.

Säende Narren

Erinnern Sie sich noch an das Gleichnis vom Säemann? Jesus erzählte diese Geschichte, um deutlich zu machen, wie unterschiedlich die gute Nachricht vom Reich Gottes aufgenommen wird. Eines Tages ging ein Bauer aufs Feld, um zu säen. Ein Teil der Saat fiel auf den Weg und die Vögel pickten die Körner auf. Manche Saatkörner fielen auf Stein; die Saat ging rasch auf, konnte aber nicht richtig Wurzeln schlagen, sodass die Pflanzen schnell vertrockneten, als die Sonne darauf schien. Und ein Teil der Saat fiel zwischen Unkraut und das keimende Getreide wurde leider schon bald von dem wuchernden Unkraut erstickt.

Die Geschichte ist aber an dieser Stelle noch nicht zu Ende. Jesus fährt nämlich mit dem Versprechen fort, dass zwar ein Teil der Saat auf unfruchtbaren Boden gefallen ist, ein anderer Teil aber eben auch auf guten Boden, und dass dieser Teil der Saat eine Ernte hervorgebracht hat, von der der Bauer nicht zu träumen gewagt hätte. Wir dürfen nicht vergessen, dass es diese vierte Art von Boden wirklich gibt. Jesus verspricht uns, dass ein Teil der Saat, die wir säen, auf guten Boden fallen, aufgehen und Frucht bringen wird.

Haben Sie sich schon einmal gefragt, weshalb Jesus diese Geschichte überhaupt erzählt hat? Ich persönlich glaube, dass er es getan hat, um uns eine große Portion Ermutigung mit auf den Weg zu geben. Was Sie und ich erleben, wenn wir müde und innerlich schlaff und kraftlos werden, ist nichts anderes als das, was damals auch den Jüngern Jesu zu schaffen gemacht hat. Schließlich besteht durchaus die Gefahr, dass man den Mut verliert, wenn man sät. Auch die Jünger haben sicher Augenblicke erlebt, in denen sie davon überzeugt waren, dass die gesamte Saat auf schlechten Boden gefallen war: „Wir ziehen von Stadt zu Stadt und werden immer nur belächelt oder angegriffen“, haben sie vielleicht gesagt. „Wir hinterlassen überall Aufruhr und Probleme. Die Menschen hassen uns! Es fällt nicht genügend Saat auf guten Boden. Wir sehen einfach nicht genügend Erfolge.“ Was Jesus ihnen darauf entgegnet, holt mich jedes Mal wieder auf den Boden der Tatsachen zurück. In Kurzform sagt er: „Es stimmt, Leute. Ihr werdet oft den ersten Schritt auf jemanden zugehen, also viel Saat säen müssen, und euch am Ende trotzdem fruchtlos fühlen. Aus unterschiedlichen Gründen nimmt der Boden eben manchmal die Saat nicht auf.“ Jesus war nicht naiv. Er wusste, dass die Erfüllung seines Auftrages manchmal unglaublich schwierig, riskant und auch richtiggehend niederschmetternd war – und darüber hinaus eben manchmal auch noch fruchtlos. „Aber wenn ihr durchhaltet und weitermacht“, würde er vielleicht hinzufügen, „dann kann dadurch unglaublich viel erreicht werden. Überlegt doch mal! Ein weiterer Schatz – ein unbezahlbar wertvoller Mensch nämlich – könnte durch das, was ihr tut, den Klauen einer furchtbaren Ewigkeit ohne Gott entrissen werden. Also macht weiter, geht los! Geht los und erzählt eure Geschichte. Sät die Saat. Macht den ersten Schritt auf Menschen zu. Lasst das, was bequem und kuschelig ist, hinter euch, und bemüht euch um das, was für die Ewigkeit Bestand hat. Riskiert dafür euer Leben, und ihr könnt sicher sein, dass ihr eure Entscheidung niemals bereuen werdet.“

Und er fordert uns heraus, heute dasselbe zu tun. „Denn was gewinnt ein Mensch, selbst wenn ihm die ganze Welt zufällt, er aber das ewige Leben dabei verliert?“, hat Jesus einmal gesagt (Markus 8,36).

Jesus will uns damit vor Augen führen, dass die Zeit, die wir in der Ewigkeit verbringen, sehr viel länger ist als unser irdisches Dasein. Unsere Familienangehörigen, unsere Nachbarn, Kollegen und Vorgesetzten – ihre Ewigkeit ist länger als die Zeit, die sie hier auf der Erde verbringen. „Und ihr könnt eine Rolle dabei spielen, diese Menschen zu retten!“, verspricht Jesus.

Kurz gesagt: Sie dürfen einfach nicht aufgeben! Seien Sie, wenn Sie so wollen, Narren, die weiter säen, denn eines Tages – wenn Sie es vielleicht gerade einmal gewagt haben, den ersten Schritt auf jemanden zuzugehen – wird die Saat auf den richtigen Boden fallen, wird Wurzeln schlagen, keimen und sprießen. Und Sie werden ungläubig auf die Knie fallen und sagen: „Danke, Gott, dass ich nicht aufgegeben habe! Danke, Gott, dass ich mich nicht in meinen kleinen Wohlfühlbereich geflüchtet und dort versteckt habe. Danke, Gott, dass diese Saat auf guten Boden gefallen ist."

• • • • •

Vor kurzem erhielt ich einen Anruf von einem unserer hauptamtlichen Mitarbeiter. Er sagte, ich könne mich doch sicher daran erinnern, dass wir beide vor ein paar Jahren einmal mit einer führenden Persönlichkeit aus der Nähe von Chicago zu tun gehabt hätten, einem Mann, der einen, wie er selbst zugab, ausgesprochen selbstsüchtigen Lebensstil pflegte. Dieser Mann beschäftigte sich nie mit geistlichen Fragen oder Themen, er ging nicht zur Kirche und hatte eigentlich keine Verwendung für Gott.

„Ja – ja, ich erinnere mich an ihn", erwiderte ich, als ich an jene Begegnungen zurückdachte.

„Ja, also er hat in den vergangenen paar Monaten ziemlich große Probleme gehabt", erklärte mir der Mitarbeiter. „Er hat mich angerufen und möchte sich gern mit uns treffen, Bill – mit Ihnen und mir. Können Sie das fassen?"

Im Geiste ging ich die unzähligen Kleinigkeiten durch, die ich vor der bevorstehenden Auslandsreise noch zu erledigen hatte. „Ich bin absolut vollgepackt mit Sitzungen und Besprechungen", antwortete ich in flehentlichem Tonfall. „Ich bin wirklich ... wenn ich nur fünf Minuten abzweigen könnte, würde ich wirklich gern, aber ... ich würde wirklich gern ..."

„Bill", unterbrach er mich. „Würde es Ihnen etwas ausmachen, wenigstens kurz darüber zu beten?"

Da war er wieder, dieser schmutzigste aller Tricks. *Was soll ich denn nun damit wieder anfangen?,* protestierte ich im Stillen.

Also betete ich. Ehrlich, ich habe es wirklich getan. Und natürlich war es keine besondere Überraschung mehr, dass der

Heilige Geist mir deutlich machte, ich solle mir für dieses Treffen Zeit nehmen, selbst wenn es zwischen die Gottesdienste am Wochenende gequetscht werden musste – was dann auch tatsächlich der Fall war. Der Mitarbeiter arrangierte das Treffen, und an einem windigen Sonntagmorgen kam der besagte Mann in mein Büro zu einem Gespräch, das sich als überaus segensreich erweisen sollte.

Nachdem wir ein paar Nettigkeiten ausgetauscht hatten, ging ich das Risiko ein, direkt zur Sache zu kommen. Die Uhr tickte. Ich bat ihn, kurz skizzieren zu dürfen, was die meisten Menschen über das Christentum denken, und dem dann gegenüberzustellen, was die Bibel dazu sagt. Er erklärte sich einverstanden und ich fing an.

„Die meisten Menschen stellen sich das Christentum wie eine Waage mit zwei Waagschalen vor. All das Schlechte, das man getan hat, kommt in die eine Waagschale, und all die guten Taten, die man vollbracht hat, in die andere. So gesehen besteht das Ziel letztlich darin, sich abzumühen, möglichst viel in die Waagschale mit den guten Taten werfen zu können, damit die Waage sich am Ende, wenn man den letzten Atemzug tut, in die richtige Richtung neigt. Die meisten Menschen sind der Meinung, dass sie es in der nächsten Welt gut haben werden – wenn sie überhaupt an eine nächste Welt glauben –, solange die Waage richtig ausschlägt."

Ich blickte auf, um festzustellen, ob er mir noch folgen konnte.

Der Mann sagte, ich hätte seine derzeitige Sicht des Christentums ganz ordentlich dargestellt, deshalb kam ich jetzt zum nächsten Schritt.

„Was ich eben dargestellt habe, mag zwar richtig scheinen, aber die Bibel macht deutlich, dass es im Leben keineswegs darum geht. Im Wesentlichen sagt Gott, dass wir für uns persönlich in Anspruch nehmen können, was sein Sohn für uns getan hat, indem er am Kreuz für unsere Sünden starb, und zwar für jede Tat, die wir jemals begangen haben und noch begehen werden. Dann werden wir durch die Macht seiner Liebe von ihm angenommen und in Ewigkeit bei ihm sein."

Ich blickte ihn von meinem Bürostuhl aus über den Tisch hinweg an und registrierte, dass er zustimmend nickte. Mein Herz schlug kurz sehr heftig, als ich noch einmal schluckte und ihn dann fragte: „Gäbe es denn einen Grund, weshalb Sie Jesus nicht bitten wollen, Ihnen Ihre Sünden zu vergeben, und weshalb Sie ihm nicht von heute an die Leitung in Ihrem Leben überlassen wollen?“

Er sah mich an, und es war plötzlich, als würde alles im Raum still stehen.

„Nein … ich nehme nicht an, dass es dafür einen Grund gäbe“, entgegnete er und wir atmeten beide aus. „Eigentlich fällt mir gar nichts ein, was mich daran hindern könnte!“ Also betete ich ein Übergabegebet und hörte zu, wie er jede Zeile davon nachsprach. Später habe ich ihn dann getauft und ihm geholfen, in einer Kleingruppe Fuß zu fassen, wo sich sein neuer Glaube entfalten und weiter entwickeln konnte.

Seine erstaunliche Geschichte ist nur ein weiteres Beispiel für die verändernde Liebe Christi. Aber was mich dabei am meisten fasziniert: Ich habe letztlich absolut nichts in diese Beziehung investiert und keinerlei Mühe damit gehabt. Ich war nicht der Typ, der sich Zentimeter für Zentimeter von minus 10 bis minus 7 vorgearbeitet hat. Ich war an dem Tag, als er von minus 3 wegkam und minus 1 erreichte, nicht einmal in der Nähe. Außer mir haben noch andere Menschen den Weg dieses Mannes begleitet, und ich war einfach nur zur richtigen Zeit am richtigen Ort, um ihn im Plusbereich in Empfang zu nehmen.

Natürlich hatte ich versucht, mich so gut es ging vorzubereiten. Ich hatte mindestens ein halbes Dutzend Illustrationen und Beispiele auf Lager, damit ich bei Bedarf auf seine ganz persönlichen Bedürfnisse und Fragen antworten konnte. Und so gut wie möglich stellte ich mich auch innerlich auf das Wirken und Handeln Gottes ein, damit ich an dem besagten Tag meine Sache möglichst gut machte. Aber am Ende bestand meine Aufgabe lediglich darin, einfach anwesend zu sein, eine einfache Frage zu stellen und bei ihm zu sein, als er über die Ziellinie des Glaubens spurtete.

Eines Tages kommt die Ernte. Eines Tages zahlt sich alles aus. Eines Tages werden aus Sündern Heilige. Und unsere Aufgabe besteht darin, zwischen heute und diesem Tag die Gute Nachricht zu verbreiten. Wir sollen dabei die Rollen und Aufgaben übernehmen, die Gott uns überträgt. Wir sollen weiter säen und darauf vertrauen, dass Gott für das Wachsen sorgt.

Und er wird zum richtigen Zeitpunkt unglaubliches Wachstum bewirken!

• • • • •

Der wahrscheinlich bedeutsamste Beweis dafür, dass dieser Aussaat-Ansatz „funktioniert“, ist das Leben meines Kumpels Tommy Giesler. Vor Jahren sammelte ich eine Segelregatta-crew um mich, die aus neun weiteren Männern bestand. Obwohl alle neun gute Chancen auf den Titel „Wilder Kerl“ hatten, war es Tommy, der ihn bekam. Dieser Typ, der für jeden Spaß zu haben war, kam drei Jahre lang in den Genuss meiner intensivsten Gebete. Ich führte offene, intensive Gespräche mit Gott, in denen ich ihm all die Gründe dafür nannte, weshalb Tommy ein fantastischer Jünger sein würde, wenn nur Gott irgendwann seine Aufmerksamkeit auf sich ziehen könnte.

Es gab immer wieder Gelegenheiten, bei denen Tommy und ich nach einem langen Segeltag noch bis in die Nacht aufblieben und über dieses und jenes sprachen. Dann wieder, wenn wir irgendwo auswärts Regatten segelten, spielte ich sein Kindermädchen, wenn er zu viel getrunken hatte. Das alles ging drei Jahre lang so. Drei Jahre lang brachte ich mich in Tommys Leben ein. Drei Jahre lang betete ich für Tommy. Drei lange Jahre brachte ich Tommy tiefe Zuneigung entgegen. (Habe ich eigentlich schon erwähnt, dass das Ganze drei Jahre lang dauerte?)

Wie Sie wahrscheinlich schon erraten haben, entwickelte sich zwischen Tommy und mir trotz unserer grundverschiedenen theologischen Überzeugungen eine echte Freundschaft. Ich vertraute dem Mann so sehr, dass ich ihn sogar einmal mit einer Gruppe von *Willow Creek*-Mitgliedern auf eine Segeltour schickte, anlässlich der uns ein Freund sein Boot zur Verfügung gestellt hatte. Ich schaffte es zeitlich einfach nicht, mitzukommen, aber ich dachte mir, dass Tommy damit bestimmt auch gut allein zurechtkommen würde. Nachdem die Gruppe ein paar Tage unterwegs gewesen war, hatte es den Anschein, dass auf See alles gut lief. Die Sonne stand hoch am Himmel, der Wellengang war mäßig, aber regelmäßig, und alle hatten viel Spaß miteinander.

Eines Nachmittags verspürte ein Mann aus der Gemeinde

dann den Impuls, Tommy eine Frage zu stellen, die in eine geistliche Richtung ging. Er hatte sich bis dahin zwei Tage lang immer wieder mit Tommy unterhalten und hatte nun den Eindruck, dass das Risiko überschaubar war.

„Sie haben die ganze Sache doch schon mit dem Pastor durchgekaut, oder, Tommy? Ich meine, die Sache mit dem Glauben und so."

Tommy grinste übers ganze Gesicht. „Ja, ich habe all die Gespräche mit Bill wirklich genossen. Es war echt toll."

Und dann vertieften sich Tommy und John in ein langes, intensives und offenes Gespräch, das in Johns reichlich kühner Frage gipfelte: „Warum vertrauen Sie denn dann nicht einfach hier und jetzt Ihr Leben Jesus Christus an?"

Tommy sagte, er habe auch schon darüber nachgedacht, und eigentlich gäbe es nichts, das ihn davon abhielte, diesen Schritt zu tun. Das Einzige, was er noch wissen müsse, sei, wie so etwas eigentlich vonstatten gehe.

Daher entgegnete John: „Also, Sie brauchen dazu nichts weiter zu tun, als zu Gott zu beten ...", und dann betete John mit Tommy, und Tommy lud Jesus in sein Leben ein. Nach Aussage von John, der jede Regung von Tommy nach dem Gebet genauestens registrierte, hatte dieser tatsächlich eine echte Lebenswende vollzogen. „Man wusste es einfach. Die Sache war tatsächlich echt. Der Heilige Geist hat den Mann wirklich gepackt."

Ein paar Minuten, nachdem das Ganze stattgefunden hatte, erhielt ich einen Anruf von Tommy. „Bill! Rate mal, was passiert ist!", rief er in den Hörer. Er war mit dem Boot auf Grund gelaufen, ich wusste es. „Du hast das Boot zu Schrott gefahren!", wagte ich mich vor. „Du bist rausgefahren und hast das Boot zu Schrott gefahren."

„Nein, nein, nein", sagte Tommy. „Hör doch mal zu. Dein Freund John hat mir heute dabei geholfen, mein Leben Jesus anzuvertrauen. Ich hab's wirklich getan! Ich bin so aufgeregt, dass ich dich unbedingt anrufen musste."

Tommy bemerkte mein Schweigen gar nicht, weil er viel zu begeistert war, um mir zuzuhören oder sonst irgendwie auf mich zu achten. Klar, mein lieber Freund John. Ein schöner Freund! Drei Jahre lang hatte ich diesen Kerl bearbeitet und dann, irgendwo weit ab vom Schuss, kam John plötzlich hereingeschneit, stellt eine Frage und – schwupps – schon gehört Tommy zu Jesus!

„Oh Mann, das ist ja so unfair?!", schrie ich zur Decke hinauf.

Bis heute sage ich immer, wenn mir John irgendwo in *Willow* über den Weg läuft, diese fünf Worte, und immer bringen sie ihn zum Schmunzeln: „Das ist echt nicht fair!"

Die Moral dieser Geschichte ist, dass wir den Part, den wir in der Geschichte einer Lebenswende spielen, nicht selbst bestimmen können und dass wir ganz sicher nicht den zeitlichen Rahmen vorhersagen können, wann jemand zum Glauben kommt. Das bestimmt alles der heilige, allmächtige, allgegenwärtige Gott. Und bei genauerem Hinsehen ist das auch ganz gut so.

Nehmen wir als Beispiel einmal die Situation mit Tommy. Ich werde nie erfahren, ob auch John Tommy von minus 5 bis minus 3 hätte begleiten können. Aber ich glaube, dass der Heilige Geist mich genau für diese Aufgabe ausgesucht und eingesetzt hat. Und ich werde auch nie erfahren, ob es für mich eine Gelegenheit gegeben hätte, Tommy dabei zu helfen, die Entscheidung für Jesus zu treffen und damit die Ziellinie zu überqueren. Aber wissen Sie was? Der perfekte Augenblick kam eben, als John gerade da war, und er *nutzte* diese Gelegenheit. Ich glaube, dass wir beide genau den Part übernommen haben, der uns zugedacht war. Nicht mehr und nicht weniger.

Wenn Sie Ihren ganz normalen Alltag leben und die Aufgaben übernehmen, die Gott Ihnen zugedacht hat, dann werden Sie am Ende an dem Wunder teilhaben, das geschieht. Und jede Rolle zählt. Diese Wahrheit wird im 24. Kapitel der Apostelgeschichte sehr schön dargestellt. Im Laufe der dort erzählten Geschichte wird klar, dass Paulus wieder einmal zu Unrecht angeklagt ist und wieder einmal in Ketten auf dem nackten Lehmboden einer Gefängniszelle sitzt, in dem Wissen, dass er fälschlich für schuldig befunden und zum Tode verurteilt werden könnte. Trotz dieser nicht gerade beneidenswerten Umstände nimmt Paulus alle Kraft und allen Mut zusammen, um sich in dem Prozess selbst zu verteidigen und einem römischen Statthalter namens Felix seine Geschichte zu erzählen.

Felix ist ein Mann, der weit von Gott entfernt ist, aber in Apostelgeschichte 24, Vers 27 wird berichtet, dass Paulus sich noch zwei Jahre lang nach seinem Prozess regelmäßig mit Felix getroffen hat, um mit ihm über geistliche Themen und Fragen zu sprechen. Zwei Jahre lang hat Paulus in diesen Mann investiert, und es gibt in der Bibel nirgendwo einen Hinweis darauf, dass Felix *jemals* zum Glauben an Jesus Christus gekommen wäre. Aber könnte es denn überhaupt eine klügere Investition geben? Ich garantiere Ihnen, dass Paulus die Zeit, die er in diese Gespräche mit Felix über dessen geistliche Entwicklung investiert hat, nie bereut hat. Ich wäre genauso schockiert darüber wie Sie, wenn ich erführe, dass Paulus der Ansicht wäre, auch nur *ein* Augenblick dieser Zeit sei vergeudet gewesen!

Und aus diesem Grund sollten wir wie Paulus begeistert jede sich uns bietende Gelegenheit nutzen, uns vom Heiligen Geist gebrauchen zu lassen, um einen Menschen näher zu Gott zu bringen – und wenn es nur ein Millimeter ist. Echte Freude am Abenteuer eines Lebens als Christ entfaltet sich dann, wenn man den Part übernimmt, den Gott einem zugedacht hat. Ihre Aufgabe – und meine – besteht darin zu sagen: „Gott, ich bin für jede Rolle offen, die du für mich vorgesehen hast. Was immer es auch sein mag, ich stehe dir zur Verfügung und lasse mich gern von dir gebrauchen."

Die andere Seite des Säens

Es stimmt, dass Menschen, die den ersten Schritt auf andere zu machen, das Beste erleben, was das Leben zu bieten hat. Wenn Sie allerdings ein bisschen so gestrickt sind wie ich, dann müssen Sie sich sehr anstrengen, um in diesem Spiel und am Ball zu bleiben. Denn obwohl die Anzahl meiner „Treffer" zugenommen hat, ist die Anzahl meiner Torchancen einfach miserabel.

Für jedes bewegende Beispiel dafür, dass jemand den ersten Schritt auf einen Menschen zugeht und als Folge dessen erlebt, wie vor seinen Augen ein Wunder geschieht, könnte ich ein paar Hundert Beispiele nennen, bei denen dieser erste Schritt keinerlei Spuren hinterlassen hat. Ich könnte Ihnen von Zeiten und Gelegenheiten berichten, in denen ich mich in Menschen investiert habe – sie geliebt, ihnen gedient und mich um sie gekümmert, ihnen von Jesus erzählt und die Gute Nachricht weitergegeben und mich um ihretwillen ganz geöffnet habe und das Risiko der Zurückweisung und des Verletztwerdens eingegangen bin – und es passierte absolut gar nichts.

Jedenfalls nichts, was ich aus dem Diesseits hätte feststellen können.

In *Willow Creek* bezeichnen wir die Sitzbänke in der großen Vorhalle des Auditoriums als „Narrenbänke". Jedes Wochenende sitzen dort ein paar Gemeindemitglieder und warten auf irgendjemanden. Das können alle möglichen Leute sein – ein Chef, eine Freundin, ein Familienangehöriger. Die Wartenden haben eines gemeinsam: Sie beten schon lange für die Menschen, auf die sie jetzt warten, und haben sich schon sehr um diese Menschen bemüht. Oft haben sie den ersten Schritt auf diese Menschen zugemacht, und zwar wider alle Hoffnung hoffend, dass sie ihnen in irgendeiner Form geistlich weiterhelfen könnten.

Irgendjemand aus unserer Gemeinde fasst sich irgendwann ein Herz, nimmt allen Mut zusammen und lädt einen Freund in die Gemeinde ein. Er ist, ehrlich gesagt, völlig verblüfft, als die betreffende Person zusagt. *Er will tatsächlich kommen!,* denkt das Gemeindemitglied. Der besagte Sonntag ist endlich da und die betreffende Person steht in der Eingangshalle und wartet gespannt auf das Eintreffen des Freundes. Es vergehen ein paar Minuten und dann fängt das Auf- und Abgehen an. Hin und her. Hin und her. Das vergebliche Auf- und Abgehen führt zu fieberhaftem Gebet. „Oh Gott, bitte sorge du dafür, dass er kommt. Bitte, Gott, bitte!" Es vergeht eine Viertelstunde, und dem Gemeindemitglied wird langsam klar, dass niemand mehr kommen wird. Aber es bringt es einfach nicht fertig, jetzt aufzugeben. Also beschließt es, sich noch einmal hinzusetzen – einfach noch fünf Minuten zu warten. Auf einer Bank in der Eingangshalle, auf der Narrenbank, auf jemanden zu warten, der versprochen hat zu kommen, der aber definitiv nicht mehr kommen wird.

Die betreffende Person schaut sich in der Eingangshalle um und bemerkt ein weiteres *Willow Creek*-Mitglied, das ebenfalls nervös auf und ab geht. „Und auf wen warten Sie?", wagt sich die Person vor. „Also, ich warte eigentlich auf meinen Chef", seufzt diese. „Ich bin jetzt schon seit acht Jahren mit ihm über den Glauben im Gespräch. Und dann hat er endlich zugesagt, dass er dieses Wochenende in den Gottesdienst kommen würde."

Noch so ein Narr wie ich, denkt das Mitglied von *Willow Creek*.

• • • • •

Nach einem Wochenendgottesdienst stand ich einmal mit ein paar Männern aus der Gemeinde zusammen, als ein junger Mann auf mich zukam, der völlig unkontrolliert schluchzte. Irgendwann war er schließlich in der Lage, ein paar zusammenhängende Sätze zu formulieren, und er erklärte mir, dass er anlässlich seines Geburtstags nur einen einzigen Wunsch gehabt hätte – dass sein Vater mit ihm in den Gottesdienst käme. Der Vater hatte sich einverstanden erklärt zu kommen, also hatte der Junge in der Halle auf seinen Vater gewartet – den gesamten Gottesdienst lang!

Den Rest der Geschichte können Sie sich wahrscheinlich denken und die Klagen dieses Jungen fassen es treffend zusammen: „Mann, das ist so hart."

Soll ich Ihnen etwas sagen? Ja, es ist wirklich hart. Vielleicht spricht Paulus auch deshalb von Evangelisation als von Arbeit. Es ist Arbeit, und zwar harte Arbeit, weil man mit Herz und Seele dabei ist. Man bietet Menschen, die ganz weit von Gott entfernt sind, Offenheit, Annahme und Liebe an. Man sät die Saat. Man führt Telefonate. Man reicht jemandem die Hand zur Freundschaft. Man geht mitten in der Nacht ans Telefon, wenn es läutet. Und am Ende fühlt man sich, als würde es einen schlicht zerreißen. Aber irgendwie bleiben Sie am Ball, sind fest entschlossen, die Saat zu säen. Sicher, vielleicht sind Sie ein Narr, aber Sie sind ein ganz besonderer Narr. Sie sind nämlich ein Narr, der immer noch daran glaubt, dass eines Tages ein winziger Keimling aus der Erde schauen wird.

• • • • •

Vor ein paar Monaten traf ich mich mit ein paar hauptamtlichen Mitarbeitern im Nebenraum eines Restaurants, um ein eintägiges Brainstorming abzuhalten. Gegen Mittag, als wir gerade zum Mittagessen in dem Restaurant saßen, betraten drei Männer das Lokal. Sie bemerkten mich und schlängelten sich dann zu unserem Tisch hindurch, und an ihren Mienen war abzulesen, dass sie etwas im Schilde führten.

Nachdem sie mich herzlich begrüßt hatten, erkundigten sie sich, ob der Rest der Gruppe ebenfalls in der Gemeinde arbeitete. Meine Kollegen nickten alle und ein paar von ihnen stellten sich dem Dreiergespann vor.

„Nun, dann sollten Sie sich vielleicht lieber einen neuen Pastor suchen!“, feixten sie. „Dieser Typ versucht jetzt nämlich schon seit über 25 Jahren, uns auf die rechte Bahn zu bringen, und bis jetzt ist es ihm bei keinem von uns gelungen.“

Einer von ihnen berichtete dann von einer nächtlichen Unterhaltung, die wir geführt hatten und die letztlich im Sande verlaufen war. Ein anderer erzählte, wie viele Kassetten und Bücher er schon von mir bekommen habe, aber statt sie sich anzuhören oder zu lesen, erklärte er mit breitem Grinsen, habe er sie lieber „recycelt“.

So wurden noch ein paar weitere Geschichtchen zum Besten gegeben und die Stimmung in dem Raum war locker und heiter. Offenbar fühlten sich die drei in meiner Anwesenheit doch so wohl, dass sie sich vor meinen versammelten Mitarbeitern auf meine Kosten ein wenig amüsieren wollten.

Nachdem sie wieder fort waren, um sich von der Kellnerin ihren Tisch zeigen zu lassen, sah ich jedes meiner Teammitglieder an und sagte dann: „Sie haben die Wahrheit gesagt. Ich glaube nicht, dass ich in den vergangenen Jahren auch nur den Hauch einer Spur in ihrem Leben hinterlassen habe. Ich habe es versucht.

Ich habe gebetet. Ich habe ihnen Zuneigung entgegengebracht. Ich habe ihnen zugehört und ihnen oftmals geholfen, aber wenn ich mir das jetzt so ansehe, dann hat das alles zu nichts geführt. Aber einmal abgesehen von diesem Umstand werde ich auch weiterhin säen, was das Zeug hält, und für den Tag beten, an dem der Boden ein bisschen lockerer wird. Allerdings haben die drei vielleicht Recht damit, dass ihr euch einen neuen Pastor suchen solltet.“

Wenn Narren das bekommen, was sie verdient haben

In unserer Wohngegend ist Dienstagabend „Müllabend". Ich weiß das so genau, weil ich bei uns zu Hause für den Müll zuständig bin. Jeden Dienstagabend schiebe ich die Mülltonne die Auffahrt hinunter und bereite alles für die Müllabfuhr am Mittwochmorgen vor.

Vor ein paar Jahren zog in ein Haus in unserer Nachbarschaft eine neue Familie ein. Die Auffahrt des Hauses ist nur ein paar Meter von unserer Auffahrt entfernt. Jeden Dienstagabend brachte der neue Nachbar ebenfalls die Mülltonne an die Straße. Es war schon beinahe komisch, wie er und ich Woche für Woche exakt zur selben Zeit unsere Mülltonnen hinausbrachten. Es wurde neun Uhr abends und man konnte seine Uhr danach stellen: Wir trafen uns beim Herausstellen der Mülltonnen.

Ich erinnere mich noch ganz genau, wie ich ihn eines Dienstagabends aus der Ferne sah und vom Heiligen Geist den Impuls bekam, auf ihn zu zugehen und ihn anzusprechen. Ich holte einmal tief Luft und erklärte mich innerlich bereit, den ersten Schritt zu machen. „Na, dann mal los", redete ich mir selbst gut zu. „Mal sehen, was passiert."

Also ging ich auf ihn zu, streckte ihm meine Hand entgegen und sagte: „Hallo, ich habe gesehen, dass Sie neu hierher gezogen sind. Ich heiße Bill." Er schüttelte meine Hand, lächelte und erwiderte: „Na, das wird ja einfach. Ich heiße nämlich auch Bill."

Wir konnten uns auf der Stelle gut leiden. Und von da an nutzten wir fast jeden Dienstagabend die Gelegenheit, miteinander zu reden, uns über Interessen und Hobbys auszutauschen, etwas über die Familie des jeweils anderen zu erfahren, und so entwickelte sich langsam eine Freundschaft. Als das ein paar Wochen lang so gegangen war, fragte er mich schließlich, was ich denn beruflich so täte. „Also, ich bin Pastor in einer Gemeinde hier in der Gegend ..."

Bevor ich meinen Satz beenden konnte, erwiderte er: „Doch nicht etwa in der, die immer dieses Verkehrschaos verursacht?!"

„Äh, also – nein, in der nicht", log ich.

„Na ja, Bill", sagte er mit breitem Grinsen, „auch das ist eigentlich ganz einfach. Ich habe nämlich mit Kirche absolut nichts am Hut."

Ich beschloss, dass dieses Thema damit geklärt war, und revanchierte mich dann mit der Frage, womit denn er seine Brötchen verdiene.

„Mir gehört die Chevrolet-Vertretung ungefähr eine dreiviertel Stunde von hier entfernt", sagte er.

„Na, dann sind wir ja quitt!", entgegnete ich grinsend. „Ich kaufe nämlich niemals Chevrolets!"

Unser freundschaftliches Geplänkel an den Dienstagabenden ging eine ganze Weile so weiter. Ich wusste, wie er über Kirche und Glauben dachte, aber nachdem etwas Zeit verstrichen war, hatte ich das Gefühl, ich könnte ihn jetzt doch einmal zu einem Gottesdienst in die *Willow Creek*-Gemeinde einladen. Eines Dienstagabends, es war kurz vor Ostern, und ich ging davon aus, dass Bill sich wahrscheinlich nicht in einen normalen Sonntagsgottesdienst verirren würde, sagte ich: „Weißt du was, Bill, du bist wirklich ein lausiger Staatsbürger – wie kannst du eigentlich behaupten, ein guter Amerikaner zu sein – und ein Republikaner noch dazu! –, wenn du nicht einmal *Ostern* in die Kirche gehst! Also – was soll ich denn davon halten? Was ist eigentlich mit dir los?" (Und darauf sprang er tatsächlich an – es funktionierte!)

Verärgert darüber, dass ich seinen Patriotismus in Frage stellte, erklärte er sich bereit, zum Ostergottesdienst nach *Willow Creek* zu kommen. Am darauf folgenden Dienstagabend – wie immer gegen neun Uhr – trafen wir uns wieder bei den Mülltonnen. Er fing schon an zu reden, bevor er auf meiner Straßenseite angelangt war.

„Meine Güte, die Kirche hat sich ja wirklich verändert! Also, die Leute waren ja ganz normal da und der Gottesdienst war wirklich toll. In ‚Willow Creek' war es absolut erstaunlich, Bill. Und willst du noch das Allererstaunlichste von allem hören?"

Ich fing an mir zu überlegen, was jetzt wohl kommen würde. Die Größe des Gebäudes. Die geballte Energie der gewaltigen Menschenmenge zu Ostern. Der unglaubliche Gesang im Gottesdienst oder die Bühne für unsere Theaterszenen.

Er unterbrach meinen Gedankengang: „Ich wäre nie auf die Idee gekommen, dass du vor Leuten sprechen kannst. Weißt du, wir plaudern hier immer bei unseren Mülltonnen, ich hätte ja nie gedacht, dass du auch vor so vielen Leuten *sprechen* kannst. Deine Predigt hat mir wirklich gefallen, Bill!"

Monate vergingen – irgendwie wollte ich den Mann auch nicht bedrängen –, aber auf einem unserer Dienstagabendmülltonnentrips sagte ich dann: „Hey, Bill, eine kleine Sache. Vor einem halben Jahr hast du gesagt, dass dir der Ostergottesdienst gut gefallen hat und du meine Predigt *toll* fandest. Aber du bist nicht noch einmal gekommen. Würdest du mir sagen, warum?"

Ohne mit der Wimper zu zucken, antwortete er: „Deine Predigt war so gut, dass sie bis jetzt gereicht hat!" Sein Kommentar, der von einem etwas zu breiten Grinsen begleitet war, sagte mir, dass in diesem Verhalten wahrscheinlich der Grund dafür zu suchen war, dass Bill ein so guter Autoverkäufer war.

Jedenfalls muss Gott sich köstlich amüsiert haben, als er den Entschluss fasste, ausgerechnet uns beide zu Nachbarn zu machen.

Die Zeit verging und Bill und seine Familie verdoppelten ihre Besuche in der Gemeinde. Jetzt kamen sie nämlich in jeden Oster- und jeden Weihnachtsgottesdienst. Nachdem sie zum ersten Mal sowohl im Oster- als auch im Weihnachtsgottesdienst gewesen waren, sagte Bill: „Ich weiß gar nicht, was in mich gefahren ist! Ich bin dieses Jahr jetzt schon zwei Mal in der Kirche gewesen. Das ist einfach unglaublich!" Das ging wohl sechs, sieben Jahre so, und jedes Mal brach er sich beinahe den Arm, weil er sich selbst für diese denkwürdige Leistung so heftig auf die Schulter klopfte.

• • • • •

Eines Dienstags, es war kurz nach den Weihnachtsferien, schoben wir beide mal wieder unsere Mülltonnen an die Straße, wobei wir uns richtig gegen den eisigen Chicagoer Winterwind stemmen mussten. Wir plauderten ein Weilchen, bevor ich Anstalten machte, vor der durchdringenden Kälte wieder ins Haus zu flüchten.

Als ich mich gerade wieder in Richtung Haus wandte, meinte er: „Hey, erinnerst du dich noch an den Weihnachtsgottesdienst? Also, ich habe danach mein Leben Jesus anvertraut." *Du hast was?!*, dachte ich bei mir, während er redete. „Ich habe

Jesus gebeten, in mein Leben zu kommen – ja, das habe ich tatsächlich getan. Und ich möchte, dass er in meinem Leben an erster Stelle steht."

Der meint das wirklich ernst, dachte ich. Augenblicklich wich mein Wunsch, der eisigen Kälte möglichst schnell zu entkommen, dem Verlangen, diesen Augenblick für immer festzuhalten. Wenn ich die Zeit hätte anhalten können – wenn auch nur für einen Sekundenbruchteil –, um die Tatsache auszukosten, dass Bill tatsächlich zum Glauben an Jesus gekommen war, dann hätte ich das getan.

Ich habe es ja bereits an anderer Seite gesagt und ich sage es jetzt noch einmal: Ein solches Erlebnis ist für mich genug. Ich brauche nicht viel mehr vom Leben als eine Reihe solcher Augenblicke, in denen Menschen, die weit von Gott entfernt waren, auf seine sanften Einladungen reagieren und erleben, wie sich ihre Ewigkeit verändert. Ich habe damals praktisch die ganze Nacht auf Wolke sieben geschwebt.

Bill sah mich forschend an und sagte: „Hör mal, ich weiß nicht, was das alles zu bedeuten hat, und wahrscheinlich werde ich nicht von heute auf morgen eine dramatische Veränderung erleben, aber ich weiß, dass dies genau das ist, was ich will. Ich möchte so weiter leben, dass Jesus meine oberste Priorität wird, wenn du mir dabei hilfst."

• • • • •

Nach jenem Abend wurde das, was einmal als harmloser Plausch an der Mülltonne begonnen hatte, zu einem handfesten Kurs in Christsein für Anfänger. Wir sprachen über seine geistlichen Fortschritte und über Bücher, die ich ihm zu lesen gegeben hatte – und die er auch tatsächlich las.

Seit einiger Zeit beschäftigen wir uns mit dem grundlegenden Kern des christlichen Glaubens, nämlich der Beziehung zu Gott. Wir sprechen darüber, wie wir uns im Laufe des Tages bewusst machen können, dass wir Gemeinschaft mit Gott haben, dass Gott uns Menschen nicht nur liebt, sondern jeden Einzelnen von uns sogar tatsächlich mag. Wir sprechen darüber, wie Bill das Lächeln Gottes über seinem Leben wahrnehmen kann und wie er versucht, Gott gehorsam zu sein. Wir sprechen über das, was ich als „Impulse" bezeichne und wie man die Anstöße durch den Heiligen Geist wahrnehmen kann. Und dass er im Laufe der Zeit lernen wird, sich von Gott gebrauchen zu lassen, wenn er auf diese Impulse des Geistes Gottes antwortet.

Vor ein paar Monaten sagte er etwas Unglaubliches: „Weißt du, Bill, wenn es in ‚Willow Creek' Menschen gibt, die finanziell überhaupt nicht zurechtkommen, vielleicht allein erziehende Mütter oder Leute, die pleitegegangen sind –, also, ich bin ja ein Auto-Typ und könnte da vielleicht helfen."

Bill hatte ein paar Tage zuvor den Impuls bekommen, einmal die Möglichkeiten zu überdenken, für bedürftige Familien aus der *Willow Creek*-Gemeinde zwei Autos zu spenden. Er erzählte mir: „Mitten bei der Arbeit wurde mir plötzlich klar, dass bei uns im Laden zwei Wagen stehen, die ich hergeben könnte, wenn jemand sie gebrauchen kann." Seine nächste Frage brachte mich zum Lächeln: „Glaubst du, dass ich das machen sollte?"

„Ja", entgegnete ich. „Wenn Gott dir gezeigt hat, dass du das tun solltest, dann wäre es sicher gut, es einfach zu tun." Also fuhren Bill und ein paar weitere Männer die Autos an einem Werktagnachmittag direkt vor die Gemeinde, und ich sah zu, wie Bill die Schlüssel Dan übergab, der die CARS-Arbeit leitet (*Christian Auto Repairman Serving*), in der eine Gruppe von Leuten ehrenamtlich gespendete Autos wieder instand setzt, die dann allein erziehenden, finanzschwachen Gemeindegliedern zur Verfügung gestellt werden.

An diesem besagten Tag bekam ich eine Vorstellung von der überglücklichen Version meines einst völlig materialistisch eingestellten Nachbarn. Er hatte selbst von sich gesagt, dass er nur für Geld lebe, und nun stand er da und gab sein schwer verdientes Geld frohen Herzens für das Abenteuer her, Jesus Christus nachzufolgen.

Am darauf folgenden Dienstag erzählte Bill mir, dass die Überführung der Wagen zur Gemeinde und die Schlüsselübergabe zu den wichtigsten Augenblicken seines Lebens gehörten. Ein paar bedürftigen Menschen aus der Gemeinde Autos zu spenden veränderte das Leben eines Mannes von Grund auf.

Wenn ich an diese Geschichte zurückdenke, dann werde ich dadurch auch noch einmal daran erinnert, weshalb wir weiter säen. Weil wir dann nämlich irgendwann Zeuge des wunderbaren Ereignisses werden, dass unsere Saat auf den fruchtbaren Boden eines Herzens und auf die richtige Stelle fällt. Nicht auf Grund irgendeines gut durchdachten Programms oder einer Formel, sondern einfach, weil wir treu auf den Heiligen Geist gehört und den Part übernommen haben, der uns zugedacht war.

Es stimmt wirklich – der Augenblick, in dem Sie das Gefühl haben, dass Ihre evangelistische Effektivität ihren Tiefpunkt erreicht hat, ist genau der Augenblick, in dem Gott in seiner Gnade eingreift. Wenn Sie treu säen, selbst wenn Sie Ihre Zweifel daran haben, dass die Saat jemals aufgehen wird, werden Sie plötzlich fruchtbare schwarze Erde sehen. Für mich gibt es hier auf dieser Erde keinen größeren Lohn!

Erste Schritte zur Umsetzung

1. Welche evangelistischen „Modeerscheinungen" haben Sie im Laufe Ihres Lebens schon miterlebt? Waren Sie an irgendeiner von ihnen beteiligt? Wenn ja, welche Erfahrungen haben Sie dabei gemacht?
2. In Galater 5, Vers 25 heißt es: „Durch den Heiligen Geist haben wir neues Leben, und das soll jetzt auch bei uns sichtbar werden." Was würde sich an Ihrer Sichtweise von Evangelisation ändern, wenn es Ihre oberste Priorität wäre, „aus diesem Geist" Ihr Leben zu führen, statt irgendwelche Rezepte zum „Seelengewinnen" auswendig zu lernen?
3. Haben Sie schon einmal so etwas wie einen „Impuls" vom Heiligen Geist erlebt? Wenn ja, schildern Sie, wie Sie einmal erlebt haben, dass Gott Sie aufgefordert hat, etwas Bestimmtes zu sagen oder zu tun. Sind Sie diesem Impuls gefolgt? Welche Erfahrung haben Sie dabei gemacht?
4. Lesen Sie noch einmal die Geschichte über den Mitarbeiter von *Willow Creek*, der wollte, das ich mich mit einer wichtigen Persönlichkeit aus der Gegend traf (S. 55). Was glauben Sie, woher ich wusste, dass ich bei diesem Treffen dabei sein sollte? Woher wissen Sie in Ihrem Alltagsleben, ob Sie einem Impuls folgen oder an Ihrem vorgesehenen Terminplan festhalten sollen?
5. Erinnern Sie sich noch an das Bild von der Waage, das ich bei

dem besagten Treffen verwendet habe? Fragen Sie einen Freund oder ein Familienmitglied, ob Sie an ihm üben können, und dann probieren Sie aus, wie gut Sie das Prinzip erklären können.

6. Überall in der Bibel verleiht Gott seinem Wunsch Ausdruck, mit seinen Kindern zu sprechen. Denken Sie über das Gefühl nach, das der folgende Absatz zum Ausdruck bringt. Warum ist eine solche Haltung für das Leben eines Menschen, der versucht, Jesu Vorbild zu folgen, so wichtig?
7. „Heute versuche ich, jeden Morgen beim Aufwachen zu sagen: ‚Gott, mein Leben liegt in deiner Hand. Gebrauche mich, um heute einen Menschen auf dich hinzuweisen – ich verspreche dir, dass ich auf jede mir mögliche und erdenkliche Weise mit dir zusammenarbeiten will. Wenn du willst, dass ich heute etwas für dich sage, dann werde ich das tun. Wenn du willst, dass ich nichts sage, aber irgendwie anders zum Ausdruck bringe, wie sehr du die Menschen liebst, dann werde ich das durch die Kraft des Heiligen Geistes auch tun. Ich stelle mich dir heute ganz zur Verfügung, darum führe mich durch deinen Heiligen Geist.'"
8. Glauben Sie wirklich, dass die Saat, die Sie aussäen, irgendwann auf fruchtbaren Boden fällt und Frucht bringt? Warum glauben Sie das bzw. warum nicht? Inwiefern würde es Ihnen Mut machen, sich evangelistisch zu betätigen, indem Sie Gott beim Wort nehmen, der Ihnen verspricht, dass Sie viel Frucht bringen werden?

TEIL 2

Die „3E“

KAPITEL 3

Entwickeln Sie Freundschaften

Vor kurzem traf sich das Leitungsteam von *Willow Creek* im Zentrum von Chicago zu einer ganztägigen Sitzung, um neue Strategien für Nachbarschaftsevangelisation zu erarbeiten. Die Vororte von Chicago wachsen rasant. Ständig entstehen neue Viertel, es gibt unzählige Neubaugebiete, und uns war klar geworden, dass wir unseren Gemeindemitgliedern bessere Mittel und Methoden an die Hand geben müssen, um ihnen dabei zu helfen, in ihrem unmittelbaren Umfeld und in nachbarschaftlichen Beziehungen über Gott und den Glauben ins Gespräch zu kommen. Das Ziel unserer Sitzung war sehr einfach definiert: Wie machen wir auf eine ganz neue – und zwar natürliche – Art und Weise Nachbarn und Freunde in Chicago mit der Liebe Jesu bekannt?

Unser geschäftsführender Pastor stand mit einem dicken Edding bewaffnet am Flipchart und forderte uns auf, aus all unseren Ideen und Gedanken den eigentlichen Kern – den einen entscheidenden Grundgedanken – herauszuarbeiten, um den es hier eigentlich ging. Nachdem wir uns eine Weile ausgetauscht hatten, brachte es einer meiner Kollegen auf den Punkt: „Geht es nicht letztlich um die eine Frage, nämlich zu sehen, wie wir viele Menschen aus unserer Nachbarschaft und unserer Gegend mit in den Himmel nehmen können? Lässt sich das Ganze nicht darauf reduzieren, dass wir aufmerksam und offen werden für Menschen in unserem unmittelbaren Umfeld – sagen wir in Fahrradentfernung – und dann schauen, wie wir viele von ihnen durch das, was Jesus für uns getan hat, mit in den Himmel nehmen können?"

Zuerst sahen wir uns alle ein wenig verdutzt an, aber dann nickten immer mehr Köpfe, und es breitete sich allgemeine Zustimmung aus. „Ja, komplizierter ist es doch eigentlich gar nicht, oder?"

Überlegen Sie mal: Als Sie heute Morgen aus dem Haus gegangen sind und sich dann auf den Weg zur Arbeit gemacht haben – egal, ob in ein Bürogebäude, auf eine Baustelle, in einen Klassenraum oder den Supermarkt am Ort –, da waren Sie wahrscheinlich von einem Meer von Gesichtern umgeben. Manche dieser Gesichter gehörten Freunden, die Ihnen vertraut sind, andere geliebten Familienangehörigen, wieder andere gehörten völlig fremden Menschen. Nun stellen Sie sich einfach einmal vor, wie sich Ihr Blickwinkel verändern würde, wenn Sie grundsätzlich auf alle diese Menschen mit folgender Einstellung zugehen würden: *Sinn und Ziel meines Lebens besteht letztendlich darin, zu sehen und zu erleben, wie viele von diesen Menschen ich an der Hand habe, wenn ich die Ziellinie meines irdischen Lebens überquere und in der Ewigkeit bei Gott bin!*

Wir beauftragten sofort unseren Mitarbeiter Garry Poole, sich Möglichkeiten zu überlegen, wie man dieses Ziel exemplarisch in ein paar ganz in der Nähe gelegenen Wohngebieten erreichen könnte. Schon bald darauf hatte Garry herausgefunden, dass drei unterschiedliche Komponenten vorhanden sein müssen, will man die Menschen in der Nachbarschaft möglichst effektiv erreichen. Irgendwann prägte er für diesen gesamten Ansatz die Bezeichnung „3E". Wenn Menschen, die bereit sind, den ersten Schritt auf einen anderen Menschen zuzugehen, Kontakt mit Menschen in ihrem Umfeld haben, dann:

1. **E**ntwickeln sie Freundschaften – indem sie sich für das Leben von Menschen in ihrem Umfeld interessieren und sich darin einbringen.
2. **E**rfahren sie die Geschichten dieser Menschen – bevor sie ihre eigene Geschichte darüber erzählen, wie sie zum Glauben an Gott gekommen sind.
3. **E**ntdecken sie weitere Schritte – indem sie der Führung des Heiligen Geistes folgen.

Die meisten Menschen, die Jesus Christus nachfolgen wollen und das auch in ihrem Alltag praktizieren, werden diesen Gedanken vermutlich zustimmen. Wenn Sie 100 Christen fragen, ob sie Freunde oder Familienangehörige haben, die noch keine Beziehung zu Gott haben und nach derzeitigem Stand der

Dinge die Ewigkeit ohne Jesus verbringen werden, dann antworten darauf mit ziemlicher Sicherheit alle Befragten mit Ja.

Und wenn Sie dieselben Leute fragen, ob es ihrer Meinung nach unser Ziel sein sollte, mit so vielen Personen wie möglich im Schlepptau im Himmel anzukommen, indem wir Beziehungen eingehen und vertiefen, indem wir verstehen und nachempfinden können, wo diese Menschen in Bezug auf Gott und Glauben gerade stehen, und indem wir jede sich bietende Möglichkeit nutzen, ihnen von der Liebe Gottes zu ihnen zu erzählen, dann stimmen auch darin sicher fast alle zu.

Wenn Sie jetzt aber dieselben 100 Personen fragen würden, was sie ganz praktisch tun, um Freunden und Angehörigen zu vermitteln, wie man eine Beziehung zu Gott bekommen kann, was sagen dann diese 100 Menschen Ihrer Meinung nach? Es ist zwar nur eine Vermutung, aber meiner Erfahrung nach haben Sie schon Glück, wenn nur die Hälfte von ihnen an diesem Punkt überhaupt aktiv ist. Mit anderen Worten: Menschen, die Jesus nachfolgen, erkennen zwar ganz klar die Notwendigkeit, Menschen auf Gott hinzuweisen, aber es bereitet ihnen ausgesprochen viel Mühe, es auch tatsächlich zu tun.

Bevor ich im Folgenden näher beschreibe, wie das Leben mit den „3E“ ganz praktisch aussieht, möchte ich zunächst noch ansprechen, wer eigentlich für die Aufgabe der Evangelisation zuständig ist.

Der Durchschnittslebenslauf der meisten Christen

Durchschnittlich 30 Prozent der Menschen, die in *Willow Creek* nach Gottesdiensten am Wochenende auf mich zukommen, haben ein ganz bestimmtes Anliegen. Sie möchten wissen, was sie dazu beitragen können, dass Freunde oder Angehörige zum Glauben an Jesus Christus kommen. Ob es sich dabei um den Vater oder einen Onkel oder einen Nachbarn oder den Chef handelt, die vom Glauben weggedriftet sind oder nie an Gott geglaubt haben – unzählige Christen äußern im Laufe eines Jahres mir gegenüber ihre tiefe Sorge um einen Menschen, der weit von Gott entfernt ist.

Jedes Mal stelle ich diesen Männern und Frauen, die sich wirklich Gedanken über einen bestimmten Menschen machen, dieselbe Frage, und jedes Mal ist die Reaktion darauf ungläubiges Staunen. Ich frage immer: „Wieso helfen denn nicht Sie selbst diesem Menschen weiter und sprechen mit ihm über Gott?" Fast allen der besagten Personen scheint schon allein dieser Gedanke völlig abwegig. *Das könnte ich niemals! Ich wüsste gar nicht, was ich sagen sollte. Das ist wirklich nicht mein Ding und schon gar nicht meine Gabe. Dazu bin ich gar nicht der Typ. Ich würde es nur vermasseln. Und überhaupt – dazu sind doch schließlich Sie (als Profi) da.*

Es überrascht eigentlich nicht weiter – aber die Bibel sieht das ein bisschen anders. Wenn Sie Jesus nachfolgen, dann sind Sie sowohl dazu berufen als auch entsprechend ausgerüstet, das Evangelium weiterzusagen, und deshalb wird es auch von Ihnen erwartet. Ohne Ausnahmen! Leighton Ford, Vizepräsident der Billy-Graham-Evangelisationsgesellschaft, hat das einmal folgendermaßen zusammengefasst: „Eine Kirche, die ihre Spezialisten dazu heranzieht, sich ums Zeugnisgeben zu kümmern, durchbricht sowohl die durchgängig erkennbaren Vorgaben Jesu als auch das Vorbild der Urgemeinde. Evangelisation war schon immer die Aufgabe *der gesamten Gemeinde*, nicht nur die einiger weniger ‚bekannter Namen'." (Hervorhebung des Verfassers)

Aber aus irgendeinem Grund halten sich viele Christen aus diesem Prozess und den Aufgaben, die eigentlich ihnen zukommen, heraus, obwohl sie schon den Wunsch haben, Menschen von Jesus zu erzählen. Durch meine weltweiten Reisen, auf denen ich mit vielen Pastoren und ehrenamtlichen Leitern zusammentreffe, entwickelt sich bei mir zunehmend eine tiefe Sorge, und zwar über einen gefährlichen Trend, der in vielen evangelikalen Gemeinden festzustellen ist und sich stetig weiter entwickelt: Je länger jemand in einer Gemeinde ist, desto weniger Gespräche über den Glauben führt er mit Familienangehörigen, Freunden und anderen Außenstehenden. Immer seltener geht es im Gespräch um den lebensrettenden Heilsplan Gottes, und immer seltener wird zu evangelistischen Veranstaltungen eingeladen, in denen die Botschaft Jesu Christi auf ansprechende Weise vermittelt wird. Das liegt meist daran, dass Christen nach einer Weile der Gemeindezugehörigkeit immer seltener auch Freunde außerhalb der Gemeinde haben, mit denen sie über all das sprechen können (und sollen).

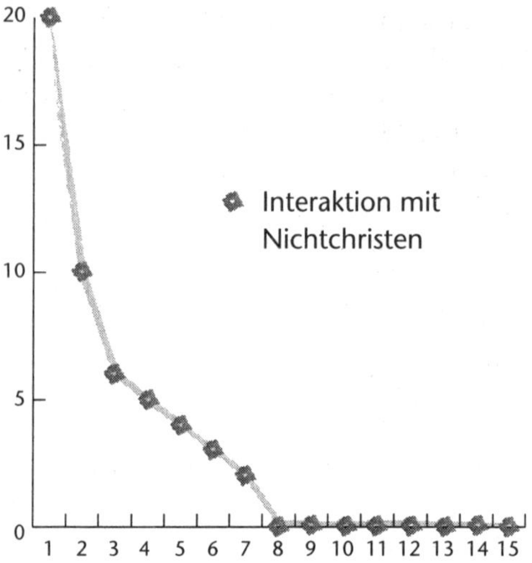

In dem Diagramm auf dieser Seite ist auf der horizontalen Achse abzulesen, wie lange man bereits Christ ist (in Jahren). Die vertikale Achse gibt die Menge intensiver Kontakte mit Menschen an, die Gott und dem Glauben fern stehen. Die Statistik – die sich in diesem Fall mit meinen persönlichen Beobachtungen deckt – besagt, dass bereits kurz nachdem jemand zum Glauben an Jesus Christus gekommen ist, die Kontakte zu außenstehenden Menschen abnehmen. Geschäftstermine werden ausschließlich für anstehende Aufgaben genutzt, statt auch einmal durch persönlichen Austausch aufgelockert zu werden, um – geistlich gesprochen – bis dahin fest verschlossene Türen ein wenig zu öffnen. Familienzusammenkünfte und -feiern werden als Bühne betrachtet, auf der man den Beziehungshickhack auf die Spitze treiben kann, statt sie als Chance zu sehen, geistliche Durchbrüche zu erreichen. Besorgungen werden mit stetigem Blick auf die Uhr und mit To-do-Liste in der Hand erledigt, ohne dass man auch nur einen Gedanken daran verschwendet, welche Bedürfnisse oder Nöte wohl die Kassiererin haben könnte oder der junge Mann, der die Regale auffüllt.

Dieser Trend setzt sich im Leben von vielen Christen stetig fort, bis sie am Ende ihres Lebens merken, dass sie völlig isoliert sind und quasi in einem evangelisationsfreien Vakuum leben. Sie beklagen die Tatsache, dass sie kurz, bevor sie ihrem

Herrn von Angesicht zu Angesicht gegenübertreten, ihren evangelistischen Tiefpunkt erreicht haben. Und jetzt kommt das, was mich zutiefst ernüchtert: Es handelt sich dabei nicht um ein, zwei Einzelfälle, sondern ich glaube, dass fast jeder Durchschnittschrist diese Entwicklung durchmacht.

Jetzt denken bestimmt einige von Ihnen: *Wissen Sie, Bill, ich verstehe ja, worauf Sie hinauswollen, aber es ist nun mal nicht jeder auf diesem Gebiet begabt.* Vielleicht halten Sie persönlich Evangelisation ja auch für notwendig. Sie möchten wirklich, dass Menschen auf Jesus hingewiesen werden. Aber irgendwo auf Ihrem Weg als Christ sind Sie zu dem Schluss gelangt, dass diese Aufgabe den geistlichen Superstars vorbehalten ist, die es immer irgendwie schaffen, ein Gespräch auf den Glauben zu lenken, und zwar jederzeit und überall. Ihr Selbstgespräch hört sich vielleicht folgendermaßen an: „Ich habe ja gar nicht die entsprechende Selbstsicherheit und auch nicht das nötige Wissen. Ich bin kein besonders schneller Denker, kein ausgesprochener Beziehungsmensch und auch keine Mischung aus beidem. Ich habe einfach nicht das Zeug dazu." Manche von Ihnen glauben aus dem einen oder anderen Grund wirklich, dass sie nicht dazu taugen, Gottes Gute Nachricht weiterzugeben, oder nur unzureichend dafür ausgerüstet sind.

Das Leben der Menschen, die so argumentieren, muss von einem ungeheuren Ungleichgewicht bestimmt sein. Wenn sie wirklich der Meinung sind, dass Evangelisation ein entscheidender Aspekt im Leben von Christen ist, sie aber ebenso fest davon überzeugt sind, dass sie fürs Evangelisieren ungeeignet sind, müssen sie dann nicht an irgendeinem Punkt diese beiden Überzeugungen miteinander in Einklang bringen? Ich wüsste zu gern, wie es ihnen gelingt, mit dieser Paradoxie zu leben, ohne dass der Druck, doch eigentlich ihren Glauben weitergeben zu müssen, endlose, verzehrende Schuldgefühle verursacht.

Kuhhandel mit Gott

Früher habe ich mich immer gefragt, wie Menschen mit diesem inneren Konflikt fertig werden, aber ich erlebe immer häufiger, dass sie ihr Gewissen beruhigen, indem sie mit Gott Kuhhandel treiben und versuchen, unter der Hand kleine Geschäfte mit dem Herrn des Universums abzuschließen. Natürlich würden sie das vor zivilisierten Menschen niemals zugeben, aber wenn sie ganz für sich sind, gehen sie zu Gott und sagen: „Also, ich bin wirklich nicht dazu geschaffen, den ersten Schritt auf Menschen zuzumachen, Gott. Alles, was mit Risiken, Grenzsituationen und Abenteuer zu tun hat, bereitet mir Unbehagen, weil es so gar nicht mein Ding ist. Und offen gesagt ist dieses ganze ‚mystische, geheimnisvolle' Gebiet für mich unsagbar aufreibend und nervig!"

Und so texten sie Gott zu und hoffen dabei insgeheim, dass er noch nicht sofort antwortet, während sie eiligst zum besten Teil des Arrangements kommen. „Aber hier ist mein Angebot, Gott: Ich werde mich geistlich weiterentwickeln. Ich werde mit Bibelwissen glänzen! Wenn du willst, werde ich mit ‚Habitat for Humanity' Häuser bauen – und zwar jeden Sommer in meinem Jahresurlaub. Ich werde, wo immer es möglich ist, ehrenamtlich mitarbeiten, und ich werde fünfmal in der Woche in der Gemeinde sein, wenn du es willst. Du lässt mich von diesem Evangelisationshaken und ich beweise dir meine Liebe auf alle mögliche andere Weise – und wenn es mich umbringt. Was hältst du davon?"

Ich beobachte solche „Kuhhandelversuche" überall im Reich Gottes, in kleinen wie in großen Gemeinden. Es sind doch nur kleine Evangelisations-Tauschgeschäfte – scheinbar ganz harmlose kleine Geschäftchen, von denen alle Beteiligten nur profitieren, wenn sie zustande kommen, oder? Der Christ, der Jesus nachfolgt, ist vom Haken, und Gott kann sich jemanden suchen, der evangelistisch mehr drauf hat.

Also, schon allein beim Aufschreiben dieser Gegebenheiten steigt mein Blutdruck!!!

• • • • •

Wenn die Strategien der Christen, die Jesus ganz praktisch nachfolgen wollen, nur so weit gingen, dann würde ich zwar, bestürzt über den Egoismus und die Gefährlichkeit dieser Strategien, den Kopf hängen lassen, aber es kann sogar noch schlimmer kommen. Ich habe schon etliche Christus-Nachfolger erlebt, die jegliches Verantwortungsgefühl oder auch jegliche Abenteuerlust weggefeilscht hatten und so von dem abgeschnitten waren, was Christsein alles beinhaltet, dass sie sich sogar über Menschen *ärgerten*, die noch nicht zum Reich Gottes gehören.

Statt zu diesen Menschen hinzugehen, die Gottes erlösende und befreiende Liebe so dringend brauchen, wollen sie mit solchen Menschen einfach nichts mehr zu tun haben. Solche selbst ernannten „Jünger“ Jesu entwickeln eine Abneigung gegen ungläubige Menschen und tun alles, um den Kontakt mit genau den Menschen zu vermeiden, zu deren Erlösung Jesus überhaupt auf diese Welt gekommen ist.

Um es noch einmal zu betonen: Natürlich würde niemand, der einigermaßen bei Verstand ist, so etwas laut äußern, aber ich kann beobachten, wie genau so etwas unter der Oberfläche – im Denken und Handeln von Menschen – ständig passiert. Jemand, der Jesus nachfolgt, sagt beispielsweise: „Mir wird jedes Mal ganz schlecht, wenn dieser Typ bei mir auf der Arbeit so vulgäres, dreckiges Zeug von sich gibt, und ich bin es wirklich leid. Ich kann diese ordinäre Sprache absolut nicht ausstehen. Seine Witze und sein ganzer Lebensstil sind mir absolut zuwider.“ Oder: „Du glaubst gar nicht, welches moralische Niveau mein Nachbar hat, wie er ständig mit allen möglichen zwielichtigen Gestalten Partys bei sich zu Hause feiert. Und mein Chef – du solltest mal seine Mitarbeiterbeurteilungen sehen. Wenn ich *ihn* beurteilen dürfte, dann würde der aber sein blaues Wunder erleben!“

Diese Abneigung kann so heftig werden, dass beispielsweise eine betroffene Christin sich in neue gestörte Verhaltensweisen flüchten muss, um irgendwie damit umzugehen: „Also, ich werde Folgendes tun“, sagt sie vielleicht. „Ich stelle meinen Radiowecker so ein, dass ich morgens zu christlicher Musik aufwache. Im Laufe meines Arbeitstages schicke ich dann all meinen christlichen Freundinnen E-Mails, sodass ich mit christlichen Gedanken ausgefüllt bin. In der Frühstückspause, Mittagspause und Kaffeepause bleibe ich für mich und lese in der Bibel.

Die Abende verbringe ich mit meiner Familie oder in der Gemeinde oder mit anderen christlichen Aktivitäten (und wenn ich überhaupt fernsehe, dann natürlich christliche Sendungen). Dann gehe ich ins Bett, und wenn ich am nächsten Morgen aufwache, geht das Ganze von vorne los. Mein Leben bleibt genau so, wie ich es haben möchte: unkompliziert, berechenbar und sicher. Makellos und ohne Unordnung. Genau so wie ich es mag."

Wenn ich gezwungen werde, ein solches Verhalten beim Namen zu nennen, dann sehe ich bei dieser Art von „Ghetto-Leben" folgendes Problem: Es ist das genaue Gegenteil von dem, was Jesus vorgelebt hat und was er sich von uns wünscht. „Einfach und sicher" war nämlich nicht unbedingt das Motto, das Jesus im Sinn hatte, als er seinen Jüngern sagte, dass Nachfolge auch bedeute, wie Lämmer unter die Wölfe geschickt zu werden. Für „makellos und immer hübsch ordentlich" war kein Platz angesichts der Aufgabe, eine sterbende, zerbrochene und erschöpfte Welt mit radikaler, tätiger Liebe zu umfassen.

Ein alternativer Lebensstil

Wenn Sie einmal wirklich begriffen haben, an welchem Auftrag Gott Sie zu Ihren Lebzeiten hier auf der Erde beteiligen möchte – und davon bin ich zutiefst überzeugt –, dann können Sie gar nicht mehr anders, als die Liebe weiterzugeben, die Sie selbst von ihm bekommen haben. In seinem Buch *Christianity 101* („Christsein für Anfänger") schreibt Gilbert Bilezikian, „dass Gott sich in der Großartigkeit seiner Transzendenz ganz und gar selbst genügt. Er hat die Menschen nicht geschaffen, um Gesellschaft zu haben. Im Gegenteil: Er hat aus Liebe Leben geschenkt."[1]

Wahre Liebe lässt sich nicht festhalten und konservieren – sie muss überlaufen und dadurch weiterfließen.

Und genau damit fängt das Leben mit den „3E" immer an – mit Liebe. Die Bibel lehrt, dass Ihre Liebe zu den Menschen und Ihre Bereitschaft, auf andere zuzugehen und sich um deren Freundschaft zu bemühen, zunehmen, je mehr Sie bestimmte Verhaltensmuster übernehmen und bestimmte Dinge in Ihr (Glaubens-)Leben integrieren – wie beispielsweise Gott in Ihren Alltag hineinnehmen, sich im Glauben weiterentwickeln oder geistlich reifen, indem Sie Jesus immer ähnlicher werden.

Menschen, die versuchen, Jesus hingegeben nachzufolgen,

bestätigen durch ihr Leben, dass Menschen Gott unglaublich wichtig sind. Sie sind offen für die Eingebungen des Heiligen Geistes und machen einen Schritt nach dem anderen, um auf einsame oder enttäuschte oder von Sünde gezeichnete Menschen zuzugehen. Sie setzen damit ganz praktisch um, was es bedeutet, ein Mensch zu sein, der bereit ist, den ersten Schritt auf jemanden zuzugehen. Sie pflegen ihre Beziehung zu Gott und lernen ihn so immer besser kennen. Auf diese Weise erfahren sie auch ganz praktisch seinen Segen in ihrem Leben – sie erleben mehr Gebetserhörungen, mehr Zeichen der Gnade und des Wohlwollens Gottes; sie verstehen immer besser, was es konkret heißt, dass Gott ein Herz für die Menschen hat, und sie werden dadurch immer entschlossener in Sachen Evangelisation.

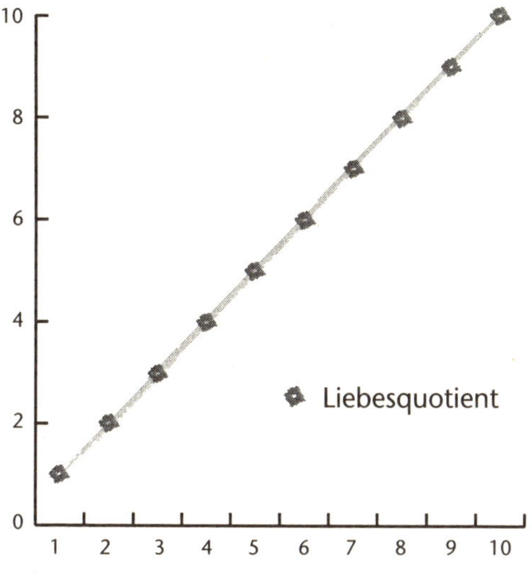

Haben Sie das in Ihrem Leben auch schon festgestellt? Je länger und je enger Sie bereits mit Gott unterwegs sind, desto weiter öffnen sich Ihre Arme für andere. Statt sich fest an einen kleinen Insiderkreis zu klammern, breiten Sie Ihre Arme weit aus für Menschen, die außerhalb dieses Kreises stehen und es vielleicht dringend nötig haben, mit hineingenommen zu werden. Und je weiter Sie Ihre Arme in der Anbetung ausbreiten, desto größer wird Ihre Bereitschaft, andere Menschen so anzunehmen, wie sie sind.

Am Ende Ihres Lebens ist Ihr Herz dann für Menschen, die Gott noch nicht kennen, so offen, dass Sie sich Ärzte, Krankenschwestern, Familienangehörige, den Krankenhausseelsorger und wen auch immer schnappen und ihnen sagen: „Gott liebt dich! Ich werde diese Welt bald verlassen, aber bitte, du musst einfach wissen, dass er dich liebt." Und dann – bumm – sterben Sie. Aber kurz bevor das geschieht, werden Sie von folgendem Gedanken überrascht: *Ich habe vor meiner Abreise das Beste getan, was ich tun konnte, das beste Geschenk angeboten, das ich anzubieten hatte.*

• • • • •

Ein paar Monate, bevor der Film „Die Passion Christi" in den Kinos anlief, war ich zu einer Vorpremiere eingeladen. Gegen Ende des Films saß ich einfach nur fassungslos da und nahm diese intensiven Augenblicke kurz vor dem Sterben Jesu am Kreuz in mich auf. Er war gerade zum wiederholten Mal geschlagen worden und litt die Qualen einer grauenhaften Kreuzigung. Als er zum letzten Atemzug Luft holte, richtete ein Krimineller, der am Kreuz neben seinem hing, eine Bitte an Jesus: „Du weißt ja selbst, dass es an ein Wunder grenzen würde, wenn ein Kerl wie ich im Reich Gottes landen würde." Und das von einem Mann, der sein Leben, so weit uns bekannt ist, gründlich vermasselt hatte. Normalerweise bekamen nämlich auch damals Menschen die Todesstrafe nicht für Verkehrsdelikte.

Jesu Reaktion auf die Worte dieses Berufsverbrechers ist für mich immer noch und immer wieder faszinierend. Ohne Zögern begegnete er dem Mann mit Gnade. „Noch heute wirst du mit mir im Paradies sein", sagte er zu ihm.

Vielleicht ist diese Situation etwas extrem, aber was ich sagen will, ist Folgendes: Auch mein und Ihr Leben sollte von derselben Bereitschaft, in allen Situationen Gnade zu gewähren, bestimmt sein. Wenn wir radikal liebende, nach außen gerichtete Menschen werden wollen, die Gottes Gnade weitergeben, müssen wir die Ersten sein, die ihr Herz öffnen und Menschen ins Reich Gottes einladen.

Ich frage mich, ob Sie so auf jeden Menschen zugehen, dem Sie begegnen. Ich frage mich, ob Sie in dieser Haltung Freundschaften aufbauen, die vielleicht eines Tages dazu führen, dass jemand die Gnade Gottes für sich ganz persönlich erfährt. Machen Sie doch in der kommenden Woche einmal ein kleines Experiment. Wenn Sie in Ihre Garageneinfahrt einbiegen, dann widerstehen Sie der Versuchung, an Ihrem Nachbarn vorbeizuschauen. Halten Sie vielleicht zum ersten Mal gerade so lange an, dass Sie sich fragen können, wieso Jesus wohl ausgerechnet Sie beide zu Nachbarn gemacht hat. Wenn Sie Ihre Sachen in die Reinigung bringen, dann nehmen Sie sich ein paar Sekunden Zeit, um die Bedienung anzulächeln und sich nach ihrem Namen zu erkundigen. Wenn er bzw. sie Sie gut bedient hat, dann sagen Sie das doch auch einfach einmal. Wenn Sie in die Apotheke gehen, um dort Ihre Medikamente abzuholen, dann schauen Sie sich den Apotheker, der Sie bedient, einfach einmal etwas genauer an. Wie mag sein Leben aussehen? Können Sie wohl zwei Minuten erübrigen, um sich seine Geschichte anzuhören? Oder wenn Sie unterwegs dem Briefträger begegnen, investieren Sie dann ein paar Minuten, um herauszufinden, ob er Frau und Kinder hat – was er so tut, wenn er Feierabend hat?

Diese und ähnliche Dinge können Sie ganz praktisch tun. Sie können ein Mensch werden, der Gottes Gnade so großzügig weitergibt, dass Gott fern stehenden Menschen sofort der Begriff „Gnade“ einfällt, wenn sie an Sie denken. „Was ich von Tom halte? Also das Erste, was mir einfällt, wenn ich an ihn denke, ist, dass er so wohlwollend und großzügig ist. Ich würde sagen, er ist der Mann, den ich anrufen würde, wenn ich mal so richtig im Schlamassel stecken würde. Wenn ich nach einem schweren Fehler oder irgendeiner Katastrophe vor seiner Tür landen würde, dann könnte ich bei ihm mit Anteilnahme und Verständnis rechnen statt mit Verurteilung.“

Mir persönlich würde es sehr gefallen, wenn so über mich geredet würde! Ja, es würde mir ausgesprochen gut gefallen, wenn das über alle Menschen gesagt würde, die Jesus nachfolgen.

Potenzial erkennen

Es gab wohl niemanden in der Weltgeschichte – egal, auf welchem Gebiet oder in welcher Disziplin –, der so gut erkannte, welche Möglichkeiten in einem Menschen schlummerten – dieses *verborgene Potenzial,* das wohl bei jedem Mensch vorhanden ist – wie Jesus. Wie begabt ein Unternehmer in seinem Beruf ist, lässt sich auch daran erkennen, dass er das verborgene Potenzial eines Produktes, einer Idee oder einer Dienstleistung erkennt, bevor andere das tun – und der dann seine Vision weiterverfolgt und umsetzt. So entstehen florierende Unternehmen. Spezielle Trainer oder Talentscouts erkennen oft noch während deren Schulzeit verborgenes Potenzial bei einem Fußball- oder Tennisspieler.

Aber Jesus besetzte eine ganz eigene Nische auf dem Markt der Möglichkeiten. Er besaß die geradezu unheimliche Fähigkeit, über die offensichtlichen Mängel, Makel und Unzulänglichkeiten im Leben von Menschen hinauszublicken und zu erkennen, was aus ihnen werden könnte, wenn die Macht Gottes in ihrem Leben wirksam würde. Er *staunte* einfach über Menschen, fragte sich, was alles aus ihnen werden könnte, was für einen Einfluss sie wohl haben könnten, wenn sie ihr Leben in Dinge investierten, die von ewigem Wert waren.

Irgendwie erkannte er auch in der Prostituierten einen Menschen, der Gott anbetet. Er sah den treuen Jünger, der in dem Fischer namens Simon steckte, und den verborgenen Menschenfreund in einem betrügerischen Steuereintreiber namens Zachäus, und er erkannte den risikobereiten Menschen in dem feigen jüdischen Führer Nikodemus. Er besaß die fantastische Gabe, das zu sehen, was sonst niemand wahrnahm!

„Alles ist möglich“, war Jesu Motto. Alles. Und unzählige Leben wurden verwandelt, weil er entschlossen war, über das Oberflächliche und Offensichtliche hinauszublicken, um das zu sehen, was alles möglich war.

Im 9. Kapitel der Apostelgeschichte wird die dramatische Verwandlung des Mörders Saulus in den Apostel Paulus geschildert. Saulus war damals höchstwahrscheinlich Anfang 30 und zweifellos einer der vielversprechendsten, eifrigsten jungen Juden überhaupt. Er schien die Welt fest im Griff zu haben und ihm standen alle Möglichkeiten und Wege offen.

Eines Tages war er zusammen mit einer Gruppe von Reisegefährten auf dem Weg in eine Stadt namens Damaskus, und zwar in der festen Absicht, alle dort noch verbliebenen Anhänger Jesu auszulöschen. So weit er wusste, war Jesus selbst bereits hingerichtet worden. Das Einzige, was ihm also zu tun blieb, war, die letzten Anhänger dieses Jesus dingfest zu machen und vor Gericht zu bringen.

Die Gruppe, in der Saulus unterwegs war, ritt so ihres Weges entlang, als plötzlich ein gleißendes Licht am Himmel erschien, das Saulus von seinem Esel warf. Verständlicherweise standen seine Reisegefährten einfach nur sprachlos daneben. Saulus, der durch die Helligkeit des Lichtes sein Augenlicht verloren hatte, spürte aber, dass ihm in diesem strahlend hellen Licht Jesus erschien.

„Saul, warum verfolgst du mich?", hörte er Jesus fragen.

Und weil er so von Ehrfurcht ergriffen war, nachdem er dem auferstandenen Messias begegnet war, wurde aus Saulus, dem Verfolger, Paulus, der Apostel und Miterbauer des Reiches Gottes. Aus dem Gegenspieler wurde ein Verbündeter. Aus einem Feind wurde ein *Freund.*

Ich bin sicher, dass die Christen von Damaskus, die die Ankunft von Saulus bereits sehr nervös erwarteten, ihren Ohren nicht trauten, als sie die Nachricht von dessen Lebenswende bekamen. „Saulus? Ein Christ? Ganz sicher nicht, also wie soll denn ein so harter Knochen wie dieser Saulus plötzlich weich geworden sein?"

Jesus kannte die Antwort natürlich.

Jesu übernatürlicher Blick für das Potenzial der Menschen machte aus ihm einen unbändigen Optimisten, wenn er sich mit Landstreichern, Lügnern, Feiglingen und Gaunern abgab. Für sie alle galt dieselbe Verheißung: Das Alte *kann* neu werden, sagte Jesus. Der Gefallene *kann* wiederhergestellt werden. Der Stolze *kann* demütig werden. Wer herumstreunt, *kann* nach Hause zurückkommen. Der Schwache *kann* stark werden. Versager *können* Jünger werden. Und letztlich sollten auch wir Freundschaften aus diesem Blickwinkel betrachten, wenn wir immer auch die geistliche Komponente im Hinterkopf haben.

Jesus glaubte wirklich und fest daran, dass Gott Menschenleben verändern kann – und das war auch der Grund für sein unstillbares Verlangen, alle möglichen Menschen an allen möglichen Stellen des geistlichen Spektrums zu erreichen. Er war fast wild entschlossen, über unangebrachte Kommentare und unangemessene Verhaltensweisen hinwegzusehen. Er träumte von dem, was im Leben eines Menschen geschehen konnte, wenn darin die Macht Gottes zum Zuge kam – und deshalb durchbrach er die Angst und die Sünde der Menschen und bezog jeden Menschen mit ein, liebte sie und baute sie auf, sodass ihr gesamtes Potenzial zum Vorschein kam.

• • • • •

Es ist uns in der *Willow Creek*-Gemeinde schon seit jeher wichtig, dass die Menschen sich am Gemeindeleben beteiligen. Wenn sie zum ersten Mal in unserer Gemeinde aktiv werden, erfahren sie dadurch vielleicht zum ersten Mal, wer sie „in Christus“ sind, welches ihre Rolle und ihre Aufgabe in der Gemeinde sind und auch, was Gott von ihnen auf dem Gebiet ihrer geistlichen Entwicklung, ihrer finanziellen Haushalterschaft und ihrem Leben an ihrem Wohnort erwartet.

Zu diesem Prozess, in dem Menschen ins Gemeindeleben eingeführt werden, gehört unter anderem auch, dass wir einmal im Monat, und zwar vor unserem Gottesdienst am Mittwochabend, feierlich neue Mitglieder in die Gemeinde aufnehmen. Zu diesem Anlass erzählen sie immer auch ihre Geschichte mit Gott. Kürzlich hatte ich einmal die Gelegenheit, dabei zu sein und zuzuhören.

Der Leiter einer Kleingruppe stand vor den Tausenden von Menschen, die zu diesen Gottesdiensten immer zusammenkommen, und sagte: „Als ich vor zwei Jahren zu einem aktiven Mitglied dieser Gemeinde wurde, war das für mich eine wirklich große Sache. Aber heute Abend bin ich hier, um zu feiern, dass zwei Ehepaare aus unserer Kleingruppe Mitglieder werden. Und so komisch das auch klingt – ich bin heute aufgeregter, dass diese Leute jetzt Mitglieder werden, als ich es damals bei mir selbst war. Vielleicht liegt das daran, dass ich glaube, dass Gott auch mich ein bisschen gebraucht hat, um ihnen zu helfen, ihren Weg zu finden.“

Wieso vergisst man eigentlich so leicht, dass es einem viel mehr gibt, als es kostet, jemand anderen fürsorglich bei der Hand zu nehmen?

Ich erinnerte mich mit Tränen in den Augen daran, was ich selbst Jahre zuvor erfahren hatte – dass es unglaublich glücklich macht, zu wissen, dass Gott Sie und auch mich gebraucht, um das Leben eines anderen Menschen zu formen und zu gestalten.

Wenn Sie Menschen durch diese Brille betrachten – die ich als „radikale Einschließlichkeit" bezeichne –, dann können auch Sie Menschen so sehen, wie Jesus sie sah. Sie streifen diesen Menschen vor Ihrem inneren Auge alle Macken und alles Versagen und Scheitern ab, und Sie sehen sie stattdessen in ihrem ganzen Potenzial, mit all ihren Möglichkeit. Sie sehen Ihren zotigen Partylöwen Joe vor sich und sagen: „Wie wäre Joe wohl – selbst ein Kerl wie Joe –, wenn Gott in seinem Leben regieren würde? Joe wäre bestimmt unglaublich, wenn seine Welt von Jesus bestimmt wäre!"

Und dann fangen Sie tatsächlich an, von dem Tag zu träumen, an dem das geschieht. Sie fangen an, sich ihn in seinem „erlösten" Zustand vorzustellen. Ihre Liebe für ihn nimmt stetig zu, während Sie immer weiter auf ihn zugehen, sich für das Gute, das Schlimme und auch das Hässliche in seinem Leben interessieren. Sie stellen fest, dass Sie immer mehr die Gelegenheit suchen und sich auch häufiger die Gelegenheit wünschen, mit Menschen wie ihm zusammen zu sein – mit Menschen, die nur ein Gebet weit davon entfernt sind, Brüder und Schwestern zu werden.

Können Sie es sehen?

Einmal in den Weihnachtsferien nahmen meine Familie und ich die Einladung zu einer Party an, die an unserem damaligen Urlaubsort stattfand. Ein Freund, der ebenfalls eingeladen war, gab mir den Tipp, dass ein älterer Geschäftsmann, der ebenfalls regelmäßig an diesem Urlaubsort Ferien machte, auch dabei sein würde. „Ich bin ganz sicher, dass er auch zu der Party kommt", fing der Freund an. „Also, denk nur einfach dran, dass er gerade eine Scheidung hinter sich hat und jetzt wieder mit einer Frau zusammenlebt, mit der er aber nicht verheiratet ist. Er trinkt – und zwar ziemlich viel. Und ... also, er weiß, wer du bist. Er wird bestimmt nicht gerade begeistert sein, dir auf der Party zu begegnen, weißt du. Ich wollte dich nur vorwarnen."

Nach diesem kurzen Gespräch dachte ich nur: *Na, das ist ja mal eine echte Herausforderung für mich! Oder vielleicht besser noch: eine echte Herausforderung für Gott.* Ich hatte schon so manchen beinharten Mann getroffen, der durch das Eingreifen des Heiligen Geistes weich wie Butter wurde. Ich hatte schon so manches Mal verblüfft mitangesehen, wie ehemalige Junkies und Ehebrecher oder überzeugte Atheisten innerlich so offen wurden, dass sie sich sogar auf Gespräche über geistliche Themen einließen. Und jedes Mal wurde meine Überzeugung neu bestätigt, dass Gott wirklich Wunder vollbringen kann, wenn Menschen, die Jesus nachfolgen, sich vorwagen, um die Hoffnung weiterzugeben, die das Evangelium bereithält.

An dem besagten Abend kamen meine Familie und ich dann wie geplant beim Haus unseres Gastgebers an. Ich betrat das Wohnzimmer und traf dort als Erstes auf einen Mann, auf den die grobe Beschreibung meines Freundes ziemlich genau passte. Ich gab dem Mann die Hand und sagte: „Hi, mein Name ist Bill." Er wusste offensichtlich sofort, wer ich war. Er schnaubte kurz, so als wollte er sagen: „Ja, ja – lass stecken, Kumpel."

„Hm, wir haben ja offensichtlich keinen guten Start erwischt, was?", lachte ich. Er nannte mir seinen Namen, und mir war sofort klar, dass ich es tatsächlich mit dem Mann zu tun hatte, dem ich an diesem Abend nach Meinung meines Freundes besser nicht zu nahe treten sollte. *Und natürlich muss ich schon beim Hereinkommen ausgerechnet mit ihm zusammenstoßen*, dachte ich.

Ich kramte nach irgendeiner vernünftigen Idee, wie wir unseren doch ziemlich holprigen Start noch retten konnten, und fragte ihn schließlich, wie lange er schon Urlaub mache und wieso er gerade diesen Urlaubsort ausgesucht habe. Irgendwo in seiner Antwort erwähnte er, dass er eigentlich wärmeres Klima bevorzuge ... und dass er seit über 20 Jahren leidenschaftlicher Segler sei.

„Was für ein Zufall! Ich bin auch ein leidenschaftlicher Segler!", platzte es aus mir heraus. Ich warnte ihn vorsorglich, dass ich nicht mehr zu bremsen wäre, wenn wir jetzt mit dem Thema „Segeln" anfingen.

„Haben Sie denn ein Boot?“, fragte er in einem Tonfall, als wäre er völlig entgeistert darüber, dass ich auch menschliche Züge und Regungen hatte. Ich fing an, ihm alles zu erklären, und es sprudelte nur so aus mir heraus: wie ich mich irgendwann Hals über Kopf in das Segeln und Regattafahren verliebt hatte, welche Boote ich segelte, meine Lieblingsgewässer, die Tatsache, dass mein Sohn mit erst 23 Jahren allein von South Haven in Michigan durch die Großen Seen, den New Yorker Eriekanal und ganz bis hinunter nach Florida gesegelt sei und dann noch die meisten der Bahama-Inseln angelaufen hatte. „Hier, darf ich Ihnen meinen Sohn Todd vorstellen?“, sagte ich und dirigierte meinen Sohn in Richtung des Mannes.

„Sie sind beide Segler!“, rief er. „Na, das ist ja mal was!“ Im weiteren Verlauf unseres Gespräches merkte ich deutlich, dass sich seine Vorurteile über mich als Person und meine Rolle als Pastor langsam legten. Inzwischen wollte er das Gespräch nicht abreißen lassen, sondern sich weiter unterhalten – was für mich ein Beweis dafür war, dass hier eine Tür offen stand, was ich so sehr gehofft hatte.

„Und wie sind Sie hierher angereist?“, erkundigte er sich.

Ich erklärte, dass meine Familie und ich diesmal geflogen seien, was ihn dazu veranlasste, mir von seinem Privatflugzeug zu erzählen, mit dem er immer kam, wenn er hier Urlaub machte. Verdutzt erwiderte ich: „Sie haben ein Flugzeug? Na, das ist ja mal was. Seit ich 16 bin, habe ich auch einen Flugschein.“

„Ich auch!“, lachte er. „Was für ein Zufall. Wir sind gleich alt und alles. Für welche Klasse?“

Die darauf folgenden 20 Minuten sprachen wir dann übers Fliegen und über Flugzeuge, bis auch dieses Thema erschöpfend behandelt war. Dann begaben wir uns auf die „Und-was-machen-Sie-beruflich-Schiene“. Es stellte sich heraus, dass die einzige Person aus seiner Branche, die ich kannte, zufälligerweise ein guter Freund von ihm war. „Ist ja nicht zu fassen, dass Sie ihn kennen!“, rief er ziemlich laut. Und im Stillen dachte ich: *Wie sollte es auch anders sein?! Das ist mal wieder typisch Gott!*

Natürlich hatte Gott auf seine Weise dafür gesorgt, dass dieser Mann direkt an der Tür stand, als ich hereinkam. Natürlich hatte Gott dafür gesorgt, dass wir so viele Gemeinsamkeiten zu entdecken hatten. Natürlich war es Gott, der dafür sorgte, dass es Möglichkeiten zum Brückenbauen gab und nicht noch das Klischee vertieft wurde, demzufolge der „fromme Typ" eben mit dem „Heiden" einfach nichts anfangen kann. Nachdem wir die erste Verblüffung über einen gemeinsamen Bekannten verdaut hatten, sagte ich: „Jetzt kommt etwas, das Ihnen bestimmt gefallen wird. Vor nicht einmal einer Woche war Ihr Freund bei uns zu Hause auf einer Weihnachtsparty, die wir immer nach dem Gottesdienst am Heiligabend in unserer Gemeinde veranstalten."

Völlig ungläubig hakte der Mann nach: „Aber der geht eigentlich nie in die Kirche! Ich weiß ganz genau, dass der nie in die Kirche geht!"

„Also, da war er jedenfalls in der Kirche, und es hat ihm sogar richtig gut gefallen", erwiderte ich, worauf der Geschäftsmann nur mit einem „Nie im Leben!" reagierte. Wir lachten und gingen dann auf der Party beide unserer Wege, unterhielten uns mit anderen Gästen und begegneten uns immer wieder einmal, um ein wenig miteinander zu plaudern. Jedes Mal, wenn ich ihn irgendwo am anderen Ende des Raumes entdeckte, lachte ich mir zusammen mit Gott ins Fäustchen. *Ich sehe es schon vor mir, Gott,* dachte ich. *Ich sehe schon genau vor mir, wie dieser Kerl sein wird, wenn er dich eingeladen hat, in sein Leben zu kommen!*

Als das Fest zu Ende war, steckte er mir mit einer verstohlenen Geste seine Visitenkarte zu. „Wenn Sie das nächste Mal in Chicago sind und ich zufällig auch gerade da zu tun habe", sagte er, „lade ich Sie mal zum Essen ein. Und wer weiß, vielleicht schaffen Sie es ja sogar, mich mal in diese Kirche zu zerren, die Sie da haben."

• • • • •

Als er an jenem Abend das Haus unserer Gastgeber verließ, wurde mir bewusst, mit welcher Dynamik sich die ganze Geschichte zwischen uns allein an diesem einen Abend entwickelt hatte. Er war vorgewarnt gewesen, dass ich kommen würde, und für ihn hatte ich schon von dem Augenblick an, als ich das Haus unserer Gastgeber betrat, eine Riesenzielscheibe auf der Stirn. Wenn ich meine „Gott-Karte" sofort ausgespielt hätte – ihm gesagt hätte, wie gern ich Christ sei und dass er doch auch einer werden solle –, dann wäre die ganze Sache in null Komma nichts erledigt gewesen.

Stattdessen konzentrierte ich mich darauf, eine Beziehung zu ihm herzustellen, indem ich mit ihm über das sprach, was mir außer meinem Glauben an Gott sonst noch Spaß machte, mich ausfüllte und beschäftigte. Es gibt sehr viele Dinge in meinem Leben, bei denen Gott und sein Plan für die Menschen im Mittelpunkt stehen, aber ich interessiere mich auch leidenschaftlich für anderes, wie beispielsweise das Segeln und das Fliegen. Und ich fühle mich frei, auch über meine Interessen und Hobbys zu sprechen, und zwar sowohl über die, die mit Gott zu tun haben, als auch über die anderen.

Ich hoffe, dass Sie im Umgang mit Menschen in Ihrem unmittelbaren Umfeld auch mal eine Pleite riskieren, sowohl bei der Kontaktaufnahme als auch im Aufbau intensiverer Beziehungen, angefangen bei den Menschen, die Sie gerade vor sich haben. Seien Sie derjenige, der einen Blick dafür hat, wie die betreffende Person da vor Ihnen sein könnte, wenn Gottes erlösende und befreiende Kraft in ihrem Leben zu wirken beginnt.

Einer Welt dienen, die fern von Gott ist

Irgendwann in der Zeit, als Jesus noch auf der Erde war, waren es die Pharisäer unendlich leid geworden, sich von ihm korrigieren, zum Schweigen bringen oder einfach ignorieren zu lassen. Deshalb schmiedeten sie einen Plan, um Jesus dabei zu ertappen, wie er das von ihnen so sehr geliebte Gesetz brach. Im 3. Kapitel des Markus-Evangeliums wird davon berichtet, wie Jesus einmal in der Synagoge lehrte. Unter den Zuhörern befand sich auch ein Mann mit einer verkrüppelten Hand. Die Pharisäer wurden ganz aufgeregt, als sie bemerkten, dass es Jesus sichtlich unruhig machte, die Schrift auszulegen, während nur ein paar Meter von ihm entfernt ein kranker Mann saß. Ganz bestimmt würde er seinen Unterricht unterbrechen und den Kerl heilen! Und das an einem Sabbat – das würde einen richtig schönen Streit geben! *Besser könnte es für uns ja gar nicht laufen!*, dachten die Pharisäer, während sie mit angehaltenem Atem abwarteten.

Das ist an dieser Stelle zwar alles spekulativ, aber können Sie sich die Szene vorstellen? Eine Hand voll Pharisäer durchstreift die Stadt, um sich ein Opfer zu suchen, und plötzlich entdecken sie einen Mann, der mit einer für jedermann deutlich erkennbar verkrüppelten Hand dasitzt.

Jetzt werden die Pharisäer aktiv. „Das ist heute dein Glückstag, guter Mann! Komm und begleite uns! Nur immer hier entlang. Wir haben dir in der Synagoge einen Platz in der ersten Reihe reserviert, und heute ist Jesus da … was hast du schon zu verlieren?" Sie bringen den Mann in die Synagoge, weisen ihm einen Platz zu, und Jesus betritt das Podium, um mit dem Lehren zu beginnen. Als sein Blick über die Zuhörer schweift, bemerkt er den Mann mit der verkrüppelten Hand. Er wirft kurz einen Blick hinüber zu den religiösen Führern und bemerkt, dass sie alle sprungbereit ganz vorn auf der Stuhlkante hocken und sich fragen, ob die Falle, die sie ihm diesmal gestellt haben, wohl zuschnappen wird.

Jesus wägt die verzwickte Situation ab. In Markus 3, Vers 5 heißt es, dass er sich umschaut und sie dabei ansieht, zornig und tief erschüttert über ihre Hartherzigkeit. Da sind nun diese „Führer" – Männer, die als religiöse Elite bekannt sind –, und sie benehmen sich absolut unbarmherzig, denn das Elend eines gebrochenen Mannes lässt sie völlig kalt.

Jesus weiß, dass die Pharisäer Heilungen an einem Sabbat erlauben, wenn es sich um eine lebensbedrohliche Krankheit handelt, aber der Zustand dieses Mannes ist nicht lebensbedrohlich. Jesus weiß auch, dass den Pharisäern dieser verkrüppelte Mann oder seine Familie oder seine Zukunft oder seine Ewigkeit absolut gleichgültig sind. Und er weiß darüber hinaus sehr genau, was auf dem Spiel steht, wenn er beschließt, den Mann zu heilen.

Ohne zu zögern, spricht Jesus plötzlich den Mann mit der verkrüppelten Hand an. „Strecke deine Hand aus!" Der Mann weiß wahrscheinlich gar nicht, wie ihm geschieht. *Ich? Wirklich? Willst du wirklich mich heilen?* Jesus heilt den Mann auf der Stelle und besiegelt damit sein Schicksal, denn die Pharisäer informieren unverzüglich die Anhänger von König Herodes – das sind dieselben Leute, die Jesus schließlich gefangen nehmen und töten – über Jesu Verhalten und die Gotteslästerung, die er ihrer Meinung nach begangen hat.

• • • • •

In der Bibel ist die Geschichte von dem Mann mit der verkrüppelten Hand an dieser Stelle zu Ende, aber fragen Sie sich nicht auch, was sich in den darauf folgenden stillen Augenblicken abspielt, nachdem alle die Synagoge verlassen haben und nur noch Jesus und der geheilte Mann zurückgeblieben sind? Ich stelle es mir jedenfalls so vor, dass der Mann Jesus, seinen großen Heiler, anschaut und sagt: „Äh, kriegst du deswegen jetzt irgendwelchen Ärger? Ich meine, ich hatte das Gefühl, da war gerade ziemlich viel Spannung im Raum."

Und ich stelle mir dann vor, wie Jesus erwidert: „Ach was, mach dir mal darüber keine Sorgen. Hör mal, jetzt, wo deine Hände wieder gesund sind, was hast du da eigentlich für Pläne? Willst du Jonglieren lernen? Klavier spielen? Was wolltest du denn schon immer einmal tun, mein Freund, wovon hast du geträumt?"

Ich stelle mir vor, dass sie dann eine Weile darüber sprechen, welche leidenschaftlichen Ziele der Mann jetzt in Angriff nehmen möchte, nachdem er so lange darauf hat warten müssen. Und vielleicht hat ja dann der Mann auch Jesus dieselbe Frage gestellt: „Und was sind deine Träume? Du hast mich nach meinen gefragt, und deshalb finde ich, dass es nur recht und billig ist, wenn ich dich auch nach deinen frage."

Und vor dem Hintergrund der Tatsache, dass er sehr zum Missfallen von ein paar gesetzlichen Führern eine verzwickte Lage gelöst hat, stelle ich mir vor, wie Jesus seinen Traum mit absolut faszinierenden Worten formuliert:

„Ach, weißt du, ich träume davon, dass eines Tages die Orte, an denen Gott angebetet wird, voller Menschen sind, die nachts wach liegen und sich Gedanken über die Menschen machen, die mein Vater erschaffen hat. Die sich um kranke Körper und zerbrochene Seelen kümmern, um die hoffnungslose Zukunft von Menschen, die die Ewigkeit ohne ihren Vater verbringen werden. Ich träume von dem Tag, an dem Menschen, die in meinem Namen zusammenkommen, so sehr von der Liebe des Vaters erfüllt sind, dass sie hinausgehen und seine Liebe weitergeben, indem sie ihre gesunden Hände verkrüppelten Händen reichen – und für sie beten, sie beraten und sie ermutigen, die Fülle eines Lebens mit Gott zu erleben.

Ich träume von Zentren der Anbetung, die voll sind mit Menschen, die radikal lieben, deren Hauptaugenmerk den Außenstehenden gilt und die anderen von mir erzählen und davon, was ich für sie getan habe. Davon träume ich."

Und ich frage mich, träumen auch Sie davon?

Die Erfüllung von Jesu Traum

Eines der Ergebnisse der bereits erwähnten Vorstandssitzung war ein neues Seminarangebot, mit dessen Hilfe die Mitglieder von *Willow Creek* lernen können, Kontakte zu den Menschen in ihrem unmittelbaren Umfeld aufzubauen, gleichgültig, welcher Religion oder Glaubensrichtung diese angehören. Wir ermutigen die Teilnehmer, klein anzufangen, beispielsweise mit Straßenfesten, gemeinsamen Grillabenden oder lockeren, zwanglosen Zusammenkünften, bei denen zarte Beziehungskeimlinge gehegt und gepflegt werden können.

In einer bestimmten Wohngegend hier in der Nähe hatte man den Eindruck, dass man eine Art regelmäßig erscheinendes Infoblatt brauchte, in dem jedes Haus, jede Wohnung eines Wohnblocks seine Meinung äußern und zu Wort kommen konnte. So war jeder über das informiert, was in der unmittelbaren Nachbarschaft passierte. Statt sich als ausdrücklich „christlich" zu bezeichnen oder hervorzuheben, dass die Idee maßgeblich von der *Willow Creek*-Gemeinde mitgeprägt war, war dieses Projekt einfach als sicherer und unparteiischer Ausgangspunkt für Familien gedacht, die mit Menschen aus ihrer Gegend gemeinsame Interessen entdecken oder entwickeln und in Kontakt treten wollten.

Ein Mitglied von *Willow Creek*, das mitgeholfen hatte, dieses Projekt auf die Beine zu stellen, kam einige Zeit später völlig aufgelöst in die Gemeinde. „Ihr werdet es nicht glauben", sagte es einem Mitarbeiter aus der Gemeindeleitung, „aber eine der Damen aus unserer Nachbarschaft möchte in unserem Infoblatt eine Anzeige für ihren Service als Kartenlegerin schalten." Der Betreffende war verärgert, weil sein tiefer Wunsch, Brücken zu Jesus zu bauen, durch die Anfrage dieser Frau natürlich sabotiert wurde.

Am Ende blieb dem besagten Mann aber nichts anderes

übrig, als die Anzeige zu veröffentlichen. Entweder war das Blatt unparteiisch, unvoreingenommen und weltanschaulich neutral oder nicht – oder?

Menschen aus allen möglichen Gegenden und Umfeldern, die in der Nachfolge Jesu leben, müssen mutige Entscheidungen treffen, um Menschen, die keine Beziehung zu Gott haben, mit der Liebe, der Fürsorge und dem Mitgefühl Jesu Christi zu erreichen. Denn wohin wir uns auf dieser Welt auch wenden, wir begegnen immer und überall Menschen, die in irgendeiner Weise verkrüppelt sind. Menschen mit verkrüppeltem Denken, die feststellen, dass sie durch psychische Verletzungen oder sündige Gedanken oder egoistische Motive verkrüppelt sind. Menschen mit verkrüppelten Herzen, die keinen Sinn im Heute sehen und keine Hoffnung für morgen haben. Menschen mit verkrüppelten Körpern, die sich überfordert fühlen und sich den ganzen Tag nur noch abmühen, ihren „Alltag zu bewältigen". Menschen mit verkrüppelten Seelen, die noch nicht wissen, dass es einen Gott gibt, der sie liebt und der für sie einen Weg bereitet hat, wie sie ihn kennen lernen.

Aber die verblüffende Wahrheit ist, dass Sie und ich, während wir uns darum bemühen, Freundschaften zu möglichst vielen aufzubauen, durchaus jemand sein können, den der Heilige Geist gebraucht, um in unserer kleinen Ecke der Welt eine verkrüppelte Hand zu heilen.

Erste Schritte zur Umsetzung

1. Welches Diagramm beschreibt Ihren Glauben am besten – das, das stark beginnt und dann immer mehr im Sande verläuft, oder das, das immer stärker Menschen einschließt, statt sie auszugrenzen, und zwar völlig ungeachtet der Frage, wo sie geistlich gerade stehen?
2. Möchten Sie, dass die Menschen Sie ebenfalls so sehen? Welche Schritte können Sie unternehmen, um dem Vorbild näher zu kommen, das Jesus uns gegeben hat, wenn es darum geht, seine Gnade in einer Welt ohne Gott zu verbreiten?
3. Können Sie das „Kuhhandel-Prinzip" nachvollziehen? Haben Sie

schon einmal versucht, still und heimlich Ihre Verantwortung für die Weitergabe der Guten Nachricht „wegzufeilschen“? Wenn ja, welche Ängste und Hemmungen haben Sie dazu veranlasst?

4. Auf Seite 86 haben Sie gelesen, dass Jesus eine Nische auf dem Markt der Möglichkeiten besetzt hat. Er besitzt die fast unheimliche Fähigkeit, über die offensichtlichen Unzulänglichkeiten im Leben von Menschen hinauszublicken und sich vorzustellen, wie diese sein könnten, wenn sie Gott in ihr Leben einladen würden. Welche offensichtlichen Unzulänglichkeiten hatten Sie, bevor Sie Ihr Leben Jesus Christus unterstellt haben?
5. Jetzt denken Sie einmal an die Menschen in Ihrem Leben, die Ihnen auf Ihrem Weg geholfen haben, indem sie Sie auf Gott hingewiesen haben. Was meinen Sie, welches Potenzial diese Menschen bei Ihnen erkannt haben, bevor Sie Christ wurden?
6. Wie würden Sie sich auf einer Skala von 1 bis 10 – wobei 10 das Bestmögliche ist – einschätzen, wenn es darum geht, das Potenzial bei anderen Menschen zu erkennen, die Gott immer noch fern sind?
7. Welche beiden Charaktereigenschaften aus der unten angefügten Aufzählung würden Ihnen persönlich helfen, noch besser das Potenzial bei Menschen zu erkennen, das Gott in ihnen erkennt? Bitten Sie Gott nach der Beantwortung der Fragen, diese Eigenschaften bei Ihnen auszubauen und zu kultivieren.

- ❑ Liebe
- ❑ Barmherzigkeit
- ❑ Geduld
- ❑ Bescheidenheit
- ❑ Selbstbeherrschung
- ❑ Verständnis
- ❑ Optimismus
- ❑ Weisheit
- ❑ Mitgefühl
- ❑ Freude
- ❑ Glaube
- ❑ Besonnenheit
- ❑ Freundlichkeit
- ❑ Zärtlichkeit
- ❑ Güte

Anmerkungen

1 Gilbert Bilezikian: *Christianity 101: Your Guide to Eight Basic Christian Beliefs*. Zondervan 1993. S. 35.

KAPITEL 4

Geschichten erfahren

Nach einem langen Sitzungstag in der Innenstadt von Chicago beschloss ich, erst einmal zu bleiben, wo ich war, bis der Feierabendverkehr sich ein wenig gelegt hatte. Ich hatte einem Freund versprochen, ein Buchmanuskript durchzusehen, das er verfasst hatte, und weil mir klar war, dass auf den Straßen in und um Chicago noch ein paar Stunden lang der Bär los sein würde, beschloss ich, mir ein Plätzchen zu suchen, an dem ich noch ein wenig arbeiten konnte, bevor ich mich wieder auf den Heimweg in den Vorort machte, in dem ich wohnte.

Irgendwann betrat ich das Restaurant eines netten Hotels. Auf der einen Seite gab es eine ziemlich volle Lounge, auf der anderen befand sich ein gut gefüllter Speisesaal. Während ich so dastand und mich nicht recht entscheiden konnte, welches der beiden Lokale meiner Arbeit wohl förderlicher wäre, trat ein junges Paar zum Haupteingang herein. Die beiden kamen zu der Stelle, an der ich gerade stand, und überlegten ebenfalls, auf welche Seite sie sich setzen sollten. Sie plauderten und lachten und schienen für alles offen zu sein, deshalb nahm ich Blickkontakt mit ihnen auf.

„Hallo, haben Sie schon mal hier gegessen?“, wagte ich mich vor. „Würden Sie eher die Lounge oder den Speisesaal empfehlen?“

„Wir waren auch noch nie hier und wollten Ihnen gerade dieselbe Frage stellen“, antwortete die Frau.

Sie hatten beide ein freundliches, offenes Lächeln und machten einen sehr netten Eindruck. Wir stellten uns mit Vornamen vor, und sie erkundigten sich, ob ich auf jemanden wartete oder allein hier wäre. Sie waren am Nachmittag von einer anderen Stadt aus hergeflogen und kannten sich in dieser Gegend gar nicht aus. Weil ich schon ein paar Mal in ihrer Heimatstadt gewesen war, kamen wir ziemlich schnell ins Gespräch. Wir sprachen über Sehenswürdigkeiten in ihrer Gegend und darüber, was man in Chicago alles unternehmen kann, plauderten über Lieblingsreiseziele und vieles mehr.

Der Mann entschuldigte sich nach ein paar Minuten, um nachzufragen, ob in einem der Restaurants in Kürze ein Tisch frei würde. Als er zurückkam, bot er an, uns allen etwas zu trinken zu besorgen. Man habe ihm gesagt, es könne eine Weile dauern, bis Plätze frei würden, aber wir könnten uns doch einfach ein wenig an die Bar setzen und dort bei einem Getränk warten. Obwohl ich fand, dass das eine wirklich gute Idee war, wurde mir auch klar, dass ich dadurch wahrscheinlich ihren geplanten Abend zu zweit ruinierte.

„Also, hören Sie, es macht mir gar nichts aus, alleine zu sein. Ich möchte Ihnen nicht Ihr Date verderben", sagte ich.

Haben Sie auch schon einmal erlebt, dass Menschen als Reaktion auf einen nicht besonders witzig gemeinten Kommentar etwas zu schrill lachen? Ich merkte mir ihre Reaktion, um eventuell später noch einmal darauf zurückzukommen. „Na, gut", fügte ich hinzu, „dann holen wir uns also einen Drink."

In der folgenden halben Stunde sprachen wir über Dutzende von Themen – woher sie kamen, über meine Frau und meine Kinder, über unsere Hobbys und vieles mehr. Es war einfach herrlich! Ich fand interessant, dass sie mich gar nicht fragten, was ich beruflich machte, aber schon bald sollte ich entdecken, dass das vielleicht auch besser so war.

Irgendwann sah die Frau mich sehr ernst an und meinte: „Es scheint ja ganz so, Bill, als wären Sie ein wirklich glücklicher Mann." Sie sagte das mit großer Offenheit und Ehrlichkeit. Genau in diesem Augenblick spürte ich, wie mich der Heilige Geist anstupste – ich konnte es förmlich fühlen. *Hier ist eine offene Tür*, drängte er, *nun geh schon hindurch. Du hast bereits dieses Restaurant durchquert, du hast mit diesem Paar ein Gespräch angefangen, du bist offen, und ich fordere dich auf, jetzt durch diese Tür hindurchzugehen. Prüfe einfach einmal, ob sie bereit sind, auch über tiefer greifende Themen zu reden als Footballmannschaften und Reiseziele.*

In der kurzen Zeit, die ich jetzt mit dem Paar zusammensaß, hatte ich mich ihnen gegenüber innerlich schon sehr weit geöffnet. Ich fragte mich, wie sie selbst wohl ihr Leben sahen, ob es ihnen erfüllt vorkam. Ich war neugierig, wo sie geistlich standen und ob sie zu irgendeiner Kirche oder Gemeinde gehörten. Ich hatte keine Ahnung, welche Richtung dieses Gespräch nehmen würde, aber insgeheim hoffte ich, dass ich etwas von Gott würde erzählen können.

Deshalb ging ich erneut ein kleines Wagnis ein. „Wissen Sie“, erwiderte ich ohne besonderen Enthusiasmus, und ohne mich anzubiedern. „Ich bin wirklich ein glücklicher Mensch. Ich führe ein großartiges Leben ... ich liebe das, was ich tue und auch die Menschen, mit denen ich es zusammen tue. Ich habe eine großartige Familie und gute Freunde. Ich bin gesund ... blicke optimistisch in die Zukunft. Alles in allem bin ich wirklich ein glücklicher Mensch.“

Sie schienen immer noch offen zu sein. „Und wie sieht es bei Ihnen aus?“, wagte ich mich deshalb noch weiter vor. „Was zeigt der Zeiger Ihres Glücksmessers zurzeit so an?“ Ich stellte die Frage so beiläufig und etwas humorig, dass sie auch ausweichend hätten antworten oder das Thema wechseln können, wenn sie gewollt hätten.

Die Frau antwortete, ohne zu zögern, sofort und mit leicht zittriger Stimme: „Also, mit meinem Glück ist es zurzeit nicht besonders weit her. Mein Arbeitgeber hat gerade drei meiner engsten Freundinnen entlassen, und das ist ganz schön hart. Wir haben sehr lange zusammengearbeitet ... mir geht das ziemlich an die Nieren.“

Der Mann entgegnete auf meine Frage, dass er den ganzen Tag in einer Sitzung gewesen sei, auf der festgelegt werden sollte, wie viele Mitarbeiter seines Unternehmens er noch zusätzlich entlassen müsse. „Unsere Branche macht gerade eine ganz harte Zeit durch, und es belastet mich sehr, gute Leute entlassen zu müssen.“ Wir sprachen darüber, wie es ist, Freunde durch Entlassungen zu verlieren, und mich rührte ihre ungeheure Sorge um ihre Kollegen tief.

„Ihre Sorge um die Menschen, mit denen Sie zusammenarbeiten, berührt mich sehr“, sagte ich deshalb. „Ich frage mich nur, wie Sie mit all dem fertig werden. Ich habe den Eindruck, dass Sie ja beide zurzeit viel beruflichen Druck auszuhalten haben. Wie wirkt sich das auf Ihre Beziehung aus?“

Im selben Augenblick wurden die beiden sehr still. Zu still. Sie schwiegen einen Moment zu lange, und das war mein Stichwort. „Es tut mir wirklich leid, wenn dieses Thema für einen Abend, an dem Sie eigentlich nur zusammen ausgehen wollten, zu belastend ist. Wir können auch gern wieder über Strände, Ferien und solche Themen reden ..."

Sie blickten sich kurz an und schienen dann zu einer Übereinkunft gelangt zu sein, die besagte: „Na, dann sagen wir es ihm eben." Ich versuchte, mir vorzustellen, welch enorme Ehekrise ihre berufliche Situation ausgelöst haben musste.

Du liebe Güte, lag ich da aber falsch.

„Sie müssen wissen, dass wir nicht verheiratet sind", setzte die Frau nämlich an. Ich überprüfte meine spontane Reaktion und merkte, dass ich bis jetzt noch gar nicht reagiert hatte. Glücklicherweise wirkte ich offenbar immer noch wie ein unvoreingenommener Zuhörer.

„Wir sind einfach nur gute Freunde. Tatsache ist", fuhr sie fort, „dass wir beide homosexuell sind."

Also, ich weiß ja nicht, was Sie sagen, wenn Ihnen jemand so etwas erzählt. Aber Folgendes weiß ich ganz sicher: Ihre spontane Reaktion entscheidet darüber, ob Sie es geschafft haben oder Ihre Sachen packen und gehen können. Gleichgültig, wie viel Vertrauen Sie bis zu diesem Punkt bereits aufgebaut haben – wenn Ihre erste Reaktion nicht Annahme und Verständnis signalisiert, dann sind Sie auf jeden Fall erledigt.

Nun, trotz der Tatsache, dass ihre Aussage mich völlig unerwartet und entsprechend unvorbereitet traf, wusste ich, dass ich im Gespräch mit diesem Paar offen sein musste. Ich musste bei einer Grundaussage landen, die so weit gefasst war, dass auch die beiden eingeschlossen waren und dazugehörten. Aber wie?

Obwohl das gesamte Gespräch bis zu diesem Punkt wie im Flug vergangen war, schien es jetzt, als ob alles in Zeitlupe weiterging. Während die beiden auf meine Reaktion warteten, führten Gott und ich ein kurzes Gespräch miteinander. Vielleicht war es auch ehrlich gesagt eher so, dass ich ihn um Unterstützung anflehte.

Hilfe!, schrie ich innerlich. *Ich könnte hier unten ein bisschen Unterstützung brauchen! Du hast mich in diese Sache hineinmanövriert, und wenn du mir jetzt sagst, dass ich in der himmlischen Gebets-Warteschlange erst der Übernächste bin, dann muss ich leider sagen, dass das nicht ausreicht! Ich brauche eine Anweisung, Herr, und zwar pronto!*

Ich kam mir so vor, als befände ich mich in einem Hinterhalt, während Unmengen von Gedanken mein Hirn überfluteten. Bevor ich sie alle sortieren konnte, kamen ein paar Worte aus meinem Mund heraus: „Also, wenn Sie darüber reden möchten, dann bestellen wir uns vielleicht lieber noch etwas zu trinken! Diesmal geht die Runde auf mich."

Genau in diesem Augenblick kam eine Kellnerin und sagte, es sei jetzt ein Tisch in der Lounge frei, und zu meinem großen Erstaunen waren die beiden damit einverstanden, das Gespräch dort fortzusetzen. An die folgende Stunde, die wir bei Tisch verbrachten, werde ich mich noch sehr, sehr lange erinnern. Es war unglaublich – ja, Gott hatte wirklich seine Hand im Spiel. Offenbar hatten die beiden das große Bedürfnis, sich jemandem gegenüber zu offenbaren, und offenbar war ich dazu gerade zur richtigen Zeit am richtigen Ort gewesen.

Sie hatten beide auf vielen Gebieten große Verletzungen erlitten, und während sie weiterredeten, dankte ich Gott dafür, dass er unser Treffen so gefügt hatte. Die beiden beschrieben, wie schmerzhaft es für sie sei, von Menschen, die ihnen sehr viel bedeuteten, wirklich schlecht behandelt zu werden. Sie berichteten von dem Gefühl der Isolation, das sie am Arbeitsplatz empfanden – sie wussten, dass die Kollegen sie meiden würden, wenn einmal herauskam, dass sie homosexuell waren.

Meine Gedanken schweiften ab, als ich mich fragte, wie sie wohl darauf reagieren würden, wenn sie erführen, dass ich Pastor war. Als ich wieder ganz bei dem Gespräch war, sah ich dem Mann einen kurzen Moment in die Augen und war richtig erschrocken darüber, wie kalt und hart sein Blick jetzt wirkte.

„Wissen Sie, es ist schon ganz schön hart, wenn nicht einmal der eigene Vater mehr mit einem spricht", meinte er und verließ damit das Thema „Arbeitsplatz". „Und wenn er überhaupt kommuniziert, dann per Post. Er ist 'n echt religiöser Typ, und er schreibt mir Briefe, in denen steht, dass ich Gott ein Gräuel bin und dass ich auf direktem Weg in die Hölle bin. Viel mehr hat er mir eigentlich nicht mehr zu sagen."

Diese Aussage veranlasste mich dazu, zum zweiten Mal die himmlische „110" zu wählen. Inzwischen war mir nämlich klar, dass hier sehr viel auf dem Spiel stand, und ich war mir nicht so sicher, was passieren würde, wenn er herausfand, dass auch ich ein „religiöser Typ“ war. Ich wollte die Sache auf keinen Fall vermasseln.

Im Stillen wiederholte ich noch einmal seine Bemerkung, dass sein Vater ihn als Gräuel bezeichnet und ihn zur Hölle verurteilt hatte. *Bitte, Gott,* dachte ich, *bitte, gib mir jetzt irgendeine Orientierungshilfe, damit ich erkenne, was als Nächstes dran ist.* Mir fielen all die falschen Dinge ein, die ich in dieser Situation sagen konnte, aber leider war das Richtige nicht präsent.

Wie bin ich überhaupt in diese ganze Geschichte hineingeraten? Ich brauchte Zeit zum Überlegen und Raum, um abzuwägen, wie ich Verständnis zeigen sollte, ohne meine Überzeugungen zu verraten. Und in dem Augenblick, als er seinen Satz beendet hatte, hörte ich mich – beinahe automatisch – selbst sagen: „Also, wahrscheinlich bin ich religiöser, als Sie glauben, aber die Leute, die mir etwas über Gott erzählen, sagen, dass er alle Menschen bedingungslos liebt, egal, welche Hautfarbe oder welchen sozialen und sonstigen Hintergrund sie haben, egal, ob sie arm oder reich sind, und auch unabhängig davon, ob sie gerade mit allen möglichen Problemen zu kämpfen haben. Ich habe gelernt, dass da ein Gott ist, der unvorstellbares, ungeheuerliches Mitgefühl hat, und zwar für jeden einzelnen Menschen, egal, in welche Situation er gerade hineingeraten ist. Und es gibt zwei Worte, die ich immer im Kopf habe, um mich an all das auch in meinem Alltag zu erinnern, und die all das zusammenfassen und beinhalten. Sie lauten ‚Gnade‘ und ‚Kraft‘. Beide Begriffe bedeuten mir sehr viel.

Ich erlebe jeden Tag in dem Glauben, dass Gottes Gnade meine Unzulänglichkeit zudecken kann – und Sie können sicher sein, dass es da reichlich zu bedecken gibt. Und ich glaube auch, dass Gottes Kraft mir hilft, mich jeder Herausforderung zu stellen, mit der ich konfrontiert werde.“

Der Mann sah mich an und meinte dann: „Die einzigen beiden Worte, die mir im Zusammenhang mit Gott einfallen, sind ‚Gericht‘ und ‚Hölle‘.“

Mein Vorschlag kam ziemlich langsam. „Wieso tauschen Sie sie nicht einfach aus?“

Der junge Mann lachte in sich hinein. „Sie meinen, sie einfach auswechseln? Kann ich das denn einfach so machen?“

„Ja, tauschen Sie sie doch einfach mal für ein, zwei Wochen aus, und beobachten Sie, was dann passiert“, erwiderte ich.

„Versuchen Sie doch einfach, jedes Mal, wenn Sie ‚Hölle' oder ‚Gericht' denken, sich selbst die Möglichkeit zu geben, Gott einmal anders zu sehen, und sagen Sie dann ganz einfach die Worte ‚Gnade' und ‚Kraft'. Sie können gar nicht wissen, was sich daraus alles entwickeln kann."

Darauf blickte ihn die Frau an und meinte: „Na, schaden kann es ja wahrscheinlich auch nicht."

Ihre Worte hingen unangefochten in der Luft und auf geheimnisvolle Weise wurde die Stimmung plötzlich besser. Jemand ging vorbei und stieß gegen unsere Stühle. Irgendetwas erregte unsere Aufmerksamkeit und brachte uns zum Lachen. Das real existierende Leben zerstach die Luftblase, in der unser Gespräch stattgefunden hatte. Erst jetzt wurde mir klar, dass wir uns inzwischen seit über einer Stunde intensiv unterhalten hatten.

Wieder kam eine Kellnerin zu uns und fragte, ob wir an einen Tisch im Speisesaal umziehen wollten, der gerade frei geworden war, aber weil ich wusste, wie erschöpft die beiden waren, und auch in Anbetracht der über einstündigen Autofahrt, die ich noch vor mir hatte, ließen wir es bleiben und brachen auf.

Als wir unsere Mäntel holten und auf dem Weg zum Ausgang waren, wandte sich die Frau mir noch einmal zu und sagte: „Das war ein ganz außergewöhnlicher Abend. Wirklich, Sie ahnen gar nicht, wie außergewöhnlich." Und dann umarmte sie mich sehr fest. Trotz meiner allgemein bekannten Abneigung gegen Umarmungen spürte ich sehr genau, wie ernst ihr diese Geste war.

Der Mann schüttelte mir bedächtig die Hand und fügte hinzu: „Vielen Dank, dass Sie sich die Zeit für dieses Gespräch genommen haben. Wie waren die beiden Worte noch gleich?"

„‚Gnade' und ‚Kraft'", sagte ich. „‚Gnade' und ‚Kraft'."

„Ach ja, ‚Gnade' und ‚Kraft'", wiederholte er. „Ich werde das diese Woche mal ausprobieren." Und mit diesen Worten stieg er in ein Taxi und weg waren die beiden.

• • • • •

Bevor Sie jetzt anfangen, sich über diese Geschichte Gedanken zu machen, möchte ich im Voraus ein paar Dinge klären.

Während des gesamten Abends gingen diese beiden Menschen nicht auf die Knie, um Jesus ihr Leben anzuvertrauen. Ja, es ergab sich während des Gespräches nicht einmal die Gelegenheit, den beiden zu erklären, wie Gott die Menschen und die ganze Welt retten will (und kann). Ich habe sie nicht zum Gottesdienst nach *Willow Creek* eingeladen, und wir haben auch keine Adressen oder Telefonnummern ausgetauscht. Ja, ich bezweifle sogar sehr, dass ich die beiden in diesem Leben noch einmal wiedersehen werde. So weit ich weiß, war dieser Abend meine erste und einzige Gelegenheit, mit ihnen zu sprechen. (Ich versuchte, die Stimme alter Kassetten aus meinen ersten „Evangelisationsschulungstagen" zum Schweigen zu bringen – wahrscheinlich wissen Sie, welche Frage mir durch den Kopf ging: „Aber was ist, wenn ihr Auto in zehn Minuten mit einem LKW zusammenstößt?!")

So, nachdem all das geklärt ist und wir uns darin einig sind, dass das Ziel darin besteht, Menschen irgendwie auf den Gott hinzuweisen, der sie erschaffen hat, der sie liebt und sich zutiefst danach sehnt, sie zu retten, was glauben Sie, wie ich mich an diesem Abend geschlagen habe?

Für den Fall, dass Sie anhand einer Punkteskala benoten, möchte ich noch rasch ein paar Beobachtungen loswerden, die mein Ergebnis vielleicht ein klitzekleines Bisschen verbessern könnten.

Punkte für die Art der Kontaktaufnahme

Vor zehn Jahren haben Mark Mittelberg und ich in unserem Buch „Bekehre nicht – lebe!" ein Konzept mit dem Titel „Das Potenzial der unmittelbaren Nähe" vorgestellt, oder um es mit den Worten von Mark wiederzugeben, das „Zuerst-Grillen-Prinzip". Darin versuchen wir, deutlich zu machen, dass selbst Christen, die Jesus schon ziemlich ähnlich geworden sind, völlig wirkungslos sind, wenn sie gar nicht mit Menschen in Kontakt kommen, die von Gott nichts wissen und ihm fern stehen.

Ich hebe diesen Aspekt an dieser Stelle noch einmal besonders hervor, weil einfach zu viel auf dem Spiel steht, als dass wir die Notwendigkeit, mit Menschen, die Gott fern sind, in Kontakt zu kommen, übergehen könnten. Nähe herzustellen ist die einzige Art und Weise, wie Beziehungen entwickelt und Brücken gebaut werden können, mit deren Hilfe Gott dann Türen zu Gesprächen über geistliche Themen öffnen kann. Wenn Sie versuchen, in Sachen Evangelisation aktiv zu werden, Ihr Leben aber bereits mit Menschen voll gestopft ist, die schon an Jesus glauben, dann werden Sie ziemlich schnell arbeitslos sein. Denn wieso sollten Menschen gerettet werden, die bereits „gerettet sind"?

Um dabei noch einmal auf meine Begegnung mit dem Paar in Chicago zurückzukommen: Ich denke, dass ich Punkte für „Umfeld" verdient habe, weil ich mir das „angesagte" Restaurant ausgesucht habe statt der Lobby des Moody-Bibel-Institutes, das gerade um die Ecke lag. Ich hätte mich auch ebenso gut in einem „sicheren", unverdorbenen „christlichen" Umfeld verkriechen können, statt das Risiko einzugehen, mit ein paar völlig ungläubigen Menschen in Kontakt zu kommen. Sie erinnern sich – der Trend geht dahin, dass der Durchschnittsnachfolger Jesu immer weniger Kontakt mit genau der Gruppe von Menschen hat, die er eigentlich erreichen soll – dazu ist er berufen. Meine Entscheidung, ein hektisches, überfülltes Restaurant aufzusuchen, bringt meinen bewussten Wunsch zum Ausdruck, mich da aufzuhalten und Zeit zu verbringen, wo sich auch Menschen gern aufhalten, die von Gott nichts wissen oder auch gar nichts wissen wollen.

So einfach ist das.

Oft zweifeln Menschen, die ich treffe, meine Glaubwürdigkeit an, über Themen wie Nähe und Kontaktaufnahme zu sprechen. Sie sagen: „Na klar, für dich ist es ja auch einfach. Du bist ja schließlich Pastor! Du bist doch immer in der Nähe von Menschen, die Gott brauchen." Es stimmt zwar, dass sich mir viele Gelegenheiten bieten, mit den Suchenden in Kontakt zu treten, die nach den Gottesdiensten am Wochenende auf mich zukommen und mich ansprechen, aber wenn ich nicht bewusst gegensteuere, ist mein Leben fast völlig mit Menschen ausgefüllt, die Jesus bereits nachfolgen.

Wer im vollzeitlichen Dienst steht, weiß jedenfalls, dass es für uns viel schwieriger ist, mit Außenstehenden in Kontakt zu kommen, die weit von Gott entfernt sind, als die meisten Menschen glauben. Schon eine Stunde nach dem Aufstehen betreten Unzählige meiner Freunde (und auch Ihrer) Büros, in denen sie fast ausschließlich von Menschen umgeben sind, die noch nie von der Liebe Jesu erfahren haben. Andere kommen auf eine Baustelle oder in einen Vorlesungssaal an der Uni, in den Supermarkt oder gehen durch Straßen in ihrer Wohngegend – und ich denke: *Ihr Glückspilze! Ihr könnt das große Abenteuer den ganzen Tag erleben, und zwar jeden Tag!*

Ich beneide diejenigen von Ihnen, die tagtäglich draußen in der real existierenden Welt leben und fast ausschließlich von Menschen umgeben sind, die ohne Gott durchs Leben gehen. Ich beneide Sie um Ihre tagtägliche, alltägliche Nähe zu Menschen, die von Ihrer geistlichen Stärke nachhaltig beeinflusst werden können. Ich will mich ja nicht beklagen, aber ich muss mich meinem Alltag buchstäblich entreißen, wenn ich Menschen nah sein möchte, die von Jesus erfahren müssen. Ich muss mich richtig anstrengen, „da draußen in der Welt" zu bleiben. Ich muss kreativ sein und Möglichkeiten finden, wie ich ungläubige Menschen erreichen kann, die mit Glauben und Religion eigentlich nichts zu tun haben wollen.

Dieser Umstand führte auch zur Bildung der bereits erwähnten Segelcrew. Es war auch nicht irgendeine Crew: Potenzielle Mitglieder mussten nämlich eine Reihe von Kriterien erfüllen.

Erstens musste jedes angehende Mitglied Segelboot-Rennen lieben, zweitens musste es ein guter Segler sein, und drittens musste es weit von Gott entfernt sein. Das waren zwar wahrscheinlich etwas merkwürdige Auswahlkriterien, aber ich sollte mit der Crew, die dabei herauskam, den Segeltörn meines Lebens erleben.

Die Auswahl nach diesen Kriterien führte nämlich dazu, dass mehrere der ursprünglichen Mannschaftsmitglieder und auch einige ihrer Ehefrauen oder Freundinnen zum Glauben kamen. Im Laufe der Zeit hat sich daraus innerhalb der Crew eine ganz neue Möglichkeit ergeben – und zwar etwas, das ich immer als „Abendessen für Suchende und Streuner" bezeichne. Solche Gespräche für Menschen, die spirituell gesehen auf der Suche sind, gibt es bis heute: Zu jedem Sonntagabend, den ich in South Haven verbringe, gehört ein zwei- bis dreistündiges Essen mit ein paar Menschen, die Jesus nachfolgen, sowie einigen Personen, die weit von Gott entfernt sind. Der Zweck des Ganzen besteht einfach darin zu sehen, was Gott im Leben der anderen so tut, und dafür offen zu sein, wenn er im Herzen von Menschen Türen öffnet, um über geistliche Themen zu reden.

Die „3E" zu leben beinhaltet, Freundschaften mit Menschen aufzubauen, die in Ihrer unmittelbaren Nähe leben und arbeiten – und von denen wahrscheinlich ziemlich viele keine Beziehung zu Gott haben. Aber das ist noch nicht alles. Wenn Sie einmal aufblicken und den Menschen, denen Sie tagtäglich begegnen, in die Augen schauen, dann besteht der nächste Schritt darin, die Geschichten dieser Menschen zu erfahren. Bringen Sie in Erfahrung, wie ihr bisheriges Leben verlaufen ist. Welche Träume sie haben. Was ihrer Einschätzung nach gut läuft und wo noch Nachbesserungsbedarf besteht. Und dazu wird es nicht kommen, wenn man Menschen immer auf Armeslänge von sich fern hält. Sie müssen sich schon auf die Leute einlassen und sich das Recht verdienen, diese Art von Gesprächen zu führen.

Punkte für Authentizität

Zweitens verdiene ich meiner bescheidenen Ansicht nach außerdem Punkte dafür, dass ich weitgehend ich selbst geblieben bin. Als ich das Gespräch mit dem Paar anfing, habe ich mich so verhalten und geredet, wie ich eben von Gott „gestrickt" bin, habe mich nicht verstellt oder verbogen, um bei ihnen gut anzukommen. Ich bin leicht extrovertiert – nicht völlig, aber doch irgendwie. Außerdem sagt man mir nach, dass ich über einigermaßen gute soziale Kompetenz verfüge. Es ist für mich also weder befremdlich noch bedrohlich, mit Fremden ein Gespräch anzufangen.

Ich hätte aber sicher auch Dinge sagen oder tun können, die mit meinem Stil nicht übereingestimmt hätten. Sie merken es wahrscheinlich bei sich selbst auch, wenn Sie vom Weg abkommen und dann nicht mehr Sie selbst sind, sondern irgendwo weit außerhalb Ihres Wohlfühlbereichs agieren (um nicht zu sagen „schauspielern"). Was ich damit sagen will: Gott hat Sie genau so gemacht, wie Sie sind. Er hat Sie so „gestrickt" und hat Ihnen Ihr Temperament gegeben, Ihre Erfahrungen und Ihren persönlichen Hintergrund, weil er wollte, dass genau jetzt jemand auf dieser Erde lebt, der genau so ist wie Sie. Heute. In dieser Generation. Lernen Sie alle 24 Verse von Psalm 139 auswendig, wenn es sein muss, aber verlieren Sie nicht die Absicht aus dem Blick, mit der Gott Sie genau so geschaffen hat, wie Sie sind.

• • • • •

Die Bibel enthält zahlreiche Beispiele für die unterschiedlichen Stile, die Gott für seine Ziele gebraucht. Petrus war sehr direkt – manchmal zu direkt – mit anderen Menschen, wenn es um seine Überzeugungen ging. Er sagte, was er zu sagen hatte – und basta. Damit besaß er also den *direkten Evangelisationsstil.*

Paulus' geistige Fähigkeiten sowie seine hervorragende Erziehung und Ausbildung zeigen sich in seinem analytischen, gut durchdachten intellektuellen Ansatz bei der Verbreitung seines Glaubens. In seinen Briefen folgt er fast gesetzlich einer bestimmten Argumentationsweise. Das wird in seiner These-Antithese-Vorgehensweise bei der Präsentation der Guten Nachricht deutlich.

Neben dieser direkten Vorgehensweise gibt es auch den *beziehungsorientierten Evangelisationsstil,* für den der Zöllner Matthäus ein sehr gutes Beispiel ist (wir werden in einem späteren Kapitel noch genauer auf ihn zu sprechen kommen). Matthäus war gerade erst zum Glauben gekommen, als ihm bewusst wurde, dass seine Kollegen vom Zoll Jesus noch gar nicht kannten. Also hatte er die Idee, ein Festessen zu veranstalten, bei dem seine Freunde in engen Kontakt mit Jesus und seinen Jüngern kommen konnten.

Obwohl jeder von uns zu den Menschen, die er zu erreichen hofft, eine Beziehung aufbauen muss, sind diejenigen mit dem beziehungsorientierten Stil echte Fachleute in diesem Bereich. Gene Appel, einer der Pastoren von *Willow Creek,* hat ebenfalls seinen ganz eigenen Stil. Er trinkt gern Unmengen von Kaffee und führt dabei normale Alltagsgespräche mit Leuten, in denen er sie auf Gott hinweist.

Die Frau am Brunnen, mit deren Geschichte wir uns in Teil 4 noch genauer befassen werden, hat einen *einladenden Evangelisationsstil.* Das beweist ihre begeisterte Bitte, sofort loslaufen zu dürfen und ihrer Familie und ihren Freunden alles, was ihr passiert ist, zu erzählen. „Kommt und seht euch diesen

Mann an, der alles über mich weiß." Sie konnte ihre Aufregung darüber, dass sie den Messias getroffen hatte, kaum aushalten, und jetzt wollte sie unbedingt, dass auch alle anderen erfuhren, was sie erlebt hatte.

Mutter Teresa hatte einen *dienenden Evangelisationsstil*, der sich darin zeigte, dass sie die Liebe Christi mehr mit Taten als mit Worten zum Ausdruck brachte.

Ein modernes Beispiel für einen *zeugnishaften Evangelisationsstil* ist bei einem Mann wie Lee Strobel zu erkennen, der die Geschichte seiner dramatischen Veränderung vom antagonistischen Atheisten zu einem engagierten Nachfolger Christi erzählt, indem er die Veränderungen in seinem Leben beschreibt, wie sie nur durch Jesus möglich sind.

Wenn Sie mit Menschen zu tun haben, sollten Sie darauf achten, Ihrem ganz persönlichen Stil treu zu bleiben. So weit ich weiß, hat Gott nie den Rat erteilt, dass wir uns in eine ganz steife evangelistische Richtung zwängen oder wie ein aufgedrehter Gott-Roboter herumlaufen sollen, bei dem man den Eindruck hat, er habe ständig einen Finger in der Steckdose. Aber wir kennen sicher alle auch Personen, die einen solchen evangelistischen Eifer an den Tag legen, der nichts mehr mit ihrer natürlichen Art zu tun hat. Sie reden so lange auf sich ein, bis sie selbst davon überzeugt sind, noch effektiver werden zu müssen, noch mehr reden zu müssen, noch deutlicher werden, noch dynamischer sein zu müssen, um jemanden auf Jesus hinzuweisen. Aber das ist ein Irrtum.

Wenn der Heilige Geist Ihnen den Impuls gibt, Ihren Wohlfühlbereich zu verlassen und den ersten Schritt auf jemanden zuzumachen, sozusagen unbekanntes Terrain zu betreten, um die Geschichte eines Menschen zu erfahren, dann möchte er, dass *genau Sie* das tun und nicht irgendjemand, der Sie glauben sein zu müssen. Lassen Sie das Gespräch im Einklang mit Ihrem authentischen Selbst fließen.

Punkte für Gemeinsamkeiten finden

Ist Ihnen schon einmal aufgefallen, dass Menschen munterer und offener werden, wenn Sie über etwas reden, das sie interessiert? Wenn Sie neue Menschen kennen lernen, dann stellen

Sie Ihre eigenen Ziele erst einmal so lange zurück, bis Sie erfahren haben, was die anderen beschäftigt und was sie so tun. Die ersten Dinge, über die ich mit dem Pärchen in dem Restaurant sprach, waren Dinge, die wir vermutlich gemeinsam hatten, wie beispielsweise unsere Begeisterung fürs Reisen. Paulus schreibt in seinem ersten Brief an die Gemeinde in Korinth: „Wenn ich bei Menschen bin, deren Glaube noch schwach und unsicher ist, achte ich sorgfältig darauf, ihnen nicht zu schaden. Wer es auch sei, ich stelle mich ihm gleich, um auf jede erdenkliche Weise wenigstens einige Menschen zu retten" (1. Korinther 9,22). Um beim Ansatz von Paulus zu bleiben: Bauen Sie Brücken statt Mauern, wenn Sie die Geschichten anderer Menschen erfahren möchten.

• • • • •

Ich erinnere mich noch genau an die Zeit, als ich als Segler noch ein ziemlicher Grünschnabel war. Ich kam eines Nachmittags in einen kleinen Yachthafen in Michigan und sah einen Mann hinter einem Tresen an der Anmeldung arbeiten, der offenbar auch selbst Segler war. Ich hatte vor kurzem ein gebrauchtes Segelboot gekauft und hatte Lust und Interesse, damit auch Regatten zu segeln, hatte allerdings keine Ahnung, wie das praktisch funktionierte. Also stellte ich mich vor und fragte, ob er mir vielleicht erklären könne, wie man ein Segelboot überhaupt in eine Startposition manövriert.

„Aber natürlich!", sagte er und fing gleich an, es mir auf einem Stück Papier zu skizzieren. Ohne dass es irgendwie geheimnisvoll klingen soll, aber bei diesem Mann nahm ich so etwas wie eine offene Tür wahr. Aus einem unerfindlichen Grund hatte ich das deutliche Gefühl, dass wir künftig noch viele Gespräche führen würden.

Als ich an jenem Tag den Hafen verließ, fragte ich ihn, ob er sich vorstellen könnte, irgendwann einmal mit mir zusammen rauszusegeln und das, was er mir erklärt und skizziert hatte, praktisch mit mir zu üben. „Ich habe da so gut wie keine Erfahrung und fühle mich ziemlich unsicher", gestand ich.

„Aber gern!", antwortete er.

Und, um es kurz zu machen, ein paar Jahre und Hunderte unglaublicher von Gott initiierter und gelenkter Gespräche später, entschied er sich dafür, sein Leben Jesus Christus anzuvertrauen. Kurz darauf ließ er sich in *Willow Creek* taufen, ein paar Jahre danach lernte er eine Christin kennen und heiratete sie. Die beiden bekamen zwei Töchter und er wurde Mitglied einer stark wachsenden *Willow*-Tochtergemeinde am anderen Ende der Stadt.

Ich will die ganze Sache gar nicht zu einfach darstellen, aber die gesamten Veränderungen in seinem Leben lassen sich auf ein ganz simples Gespräch an der Anmeldung eines winzigen Yachthafens zurückverfolgen. Dort fing alles an. Meiner Erfahrung nach können die meisten Menschen, die irgendwann im Reich Gottes landen, ihre Erlösung auf ein einzelnes, lebensveränderndes Gespräch mit einem Menschen zurückführen, der Jesus Christus bereits nachfolgte. *Das* kann passieren, wenn man am Ball bleibt, bis man gemeinsame Interessen mit den Menschen entdeckt, mit denen man im Gespräch ist. Vielleicht gebraucht Gott gerade dieses nur wenige Minuten dauernde Gespräch, um grundlegend zu verändern, wo dieser Mensch seine Ewigkeit verbringen wird.

Hohe Wertungspunkte für die Bestrebung, möglichst sensibel zu sein

Wenn ich Ihrer Meinung nach vielleicht immer noch keine gute Bewertung verdient habe, dann lassen Sie mich noch Folgendes ins Feld führen. Erinnern Sie sich daran, wie die Frau erwähnte, sie habe den Eindruck, ich sei glücklich? Vielleicht wollte sie mit dieser Bemerkung erreichen, dass ich mich näher dazu äußerte; ich weiß es nicht genau, aber so viel war mir klar: Eine falsche Antwort hätte dieses Gespräch auch durchaus abrupt beenden können.

Was wäre, wenn ich auf ihre Aussage: „Es scheint ja ganz so, Bill, als wären Sie ein wirklich glücklicher Mann", geantwortet hätte: „Ja, das bin ich wirklich! Ich habe grenzenloses Glück, weil ich ewiges Leben in Jesus Christus habe, meinem Herrn und Erlöser. Und was das Beste ist: Wenn Sie ihn jetzt und hier ebenfalls als Ihren Herrn in Ihr Leben einladen, dann können auch Sie so glücklich werden!"

Sie ahnen vermutlich genau, was dann passiert wäre. Sie hätte mich mit völlig verständnislosem Blick angeschaut und ihr Unterkiefer wäre in den Brotkorb gesackt, der auf dem Tisch stand. Meine Antwort war ganz bewusst gewählt – ich wollte nämlich alle Türen offen halten. Meine Reaktion war ebenfalls bewusst gewählt – so schnell wie möglich schwenkte ich den Scheinwerfer auf sie selbst zurück, indem ich ein paar Gegenfragen stellte: „Und wie steht es mit Ihnen? Wie sieht es denn in Bezug auf Glück bei Ihnen so aus?" Dabei erwartete ich gar keine konkrete Antwort … ich wollte nur die Gelegenheit beim Schopf packen und sie besser kennen lernen. Das Ziel bestand darin, ihre Geschichte zu erfahren und nicht meine eigene zum Besten zu geben.

Und um noch einmal auf ein Thema zu sprechen zu kommen, das einige von Ihnen sicher bewegt, möchte ich auch noch kurz darauf eingehen, wie ich auf die sexuelle Orientierung der beiden reagiert habe. Als Sie diesen Teil des Berichtes über unsere Begegnung lasen, haben einige von Ihnen sicher gedacht: *Wissen Sie, Bill, ich bin von Ihnen ein bisschen enttäuscht. Da bekommen Sie eine Riesenchance, die beiden auf ihre ungehorsame und sündige sexuelle Lebensweise anzusprechen, und es sieht ganz so aus, als hätten Sie feige einen Riesenbogen um dieses Thema gemacht.*

Ich kann verstehen, wenn Sie dies denken. In der kurzen Zeit, die ich mit dem Paar verbrachte, ging mir dies ebenfalls durch den Kopf. Aber wie ich ja bereits deutlich zu machen versucht habe, glaube ich, dass es bei der Beziehungsevangelisation vor allem darum geht, auf die Impulse des Heiligen Geistes zu achten. Sie sollen also nur die Rolle im Leben eines anderen Menschen übernehmen, die Ihnen von Gott zugeordnet wird. Und direkt nach diesem Kriterium (und zwar unmittelbar danach) müssen wir eine Haltung einnehmen, die den anderen radikal einschließt, das heißt, wir müssen unser Gegenüber so nehmen, wie es ist, und ihn da abholen, wo er gerade steht, wenn Sie ihm begegnen. Das bedeutet nicht, dass wir seine Sünden herunterspielen, sondern den Menschen einfach so anzunehmen, er ist.

Wenn Ihnen solche Situationen unangenehm sind: Willkommen im Club. Wenn es nicht Gottes Gnade gäbe, würde ich immer versuchen, unruhige Gewässer wie dieses weiträumig zu umschiffen. Bei sehr kontrovers diskutierten Themen wie diesem weiß ich nie so recht, was ich sagen oder tun soll – was wohl durch mein zweimaliges Wählen der 110 in Richtung Gott hinlänglich untermauert wird. Wenn ich aber einem Menschen in die Augen schaue, der weit von Gott entfernt ist, dann erinnert mich das daran, dass ich meine Aufmerksamkeit einzig und allein dem ultimativen Thema widmen muss – nämlich, was er letztlich mit der Person Jesu Christi anfangen wird.

Um ein Bild zu benutzen, das Ihnen vielleicht jetzt gar nicht gefällt – mein Ziel bestand nicht in erster Linie darin, sie darauf hinzuweisen, in wie vieler Hinsicht ihre Hände verkrüppelt waren, sondern ihnen vielmehr aufzuzeigen, dass Aussicht auf Heilung besteht.

Nach meinem Verständnis der Bibel ist auch Jesus so mit Menschen umgegangen. Er erwartete nicht von Menschen, die ihr Leben ohne Gott gelebt hatten, dass sie mit einem Schlag heilig waren, wenn er ihnen begegnete. Am wichtigsten war für ihn, dass ungläubige Menschen bereit waren, sich von ihm *verändern* zu lassen. Es spielte keine Rolle, wo sie gewesen waren oder was sie getan hatten; die „ungläubigen" Typen, mit denen Jesus sich anfreundete, waren Lügner und Ehebrecher und Egomanen und Wucherer oder eine Kombination all dieser Dinge. Aber Jesus ging es weniger um die Frage, woher sie kamen, als vielmehr darum, wohin sie gingen, in welche Richtung sie unterwegs waren.

Zumindest bei mir war das so. Ich lud Jesus in mein Leben ein, als ich 17 Jahre alt war. Und ich war damals ein großspuriger, rebellischer, risikobereiter, den Kick suchender, neunmalkluger junger Kerl, der ihn dringend brauchte. Und was glauben Sie, mit wie viel Heiligkeit Jesus bei mir rechnete, als ich ihn kennen lernte? Genau, Sie haben es erfasst. Er machte mit mir genau an der Stelle einen Anfang, wo ich gerade stand. Ich hoffe, dass wir da nicht geblieben sind; ich hoffe, dass wir unterwegs Fortschritte gemacht haben. Aber glücklicherweise hat er mich genau da in die Arme genommen, wo ich mich geistlich gesehen gerade aufhielt.

Und wenn Sie ebenfalls ein Mensch sind, der Jesus nachfolgt, dann hat er auch Sie glücklicherweise genau an der Stelle abgeholt, an der Sie geistlich gesehen gerade standen, oder?

Ich habe zurzeit eine Art Motto, an das sich meiner Überzeugung nach auch Jesus selbst gehalten hat. Es lautet: Jeder, und zwar überall. Genau darum geht es nämlich – jeder kann überall durch die Macht und die Gnade unseres Gottes in eine „neue Kreatur“ verwandelt werden. Jeden Morgen verpflichte ich mich innerlich wieder neu dazu, mich vom Heiligen Geist leiten zu lassen. Ich versuche, anderen Menschen große Mengen radikal einschließender Liebe entgegenzubringen, wenn ich ihre Geschichten höre. Ich versuche, mit Menschen zusammen von der Stelle aus, an der sie gerade stehen, zu Jesus hin zu laufen, im Vertrauen darauf, dass wir unterwegs all die alten Verhaltensmuster der Rechtschaffenheit abschütteln können, die abgeschüttelt werden müssen, damit wir Jesus ähnlicher werden.

Riskieren Sie es!

Ich hoffe, dass Sie inzwischen zu einem eigenen Schluss darüber gekommen sind, wie ich mich bei meiner Begegnung mit dem Paar in dem Restaurant geschlagen habe. Ehrlich gesagt bin ich mit jeder Bewertung einverstanden, die ich von Ihnen bekomme, solange Sie den entscheidenden Aspekt der Geschichte mitbekommen haben: Als Menschen, die Jesus nachfolgen, müssen wir uns regelmäßig dort aufhalten, wo Menschen verkehren, die weit von Gott entfernt sind. Wir müssen offen und voller Mitgefühl ihre Geschichten anhören und ganz selbstverständlich und ständig zur Verfügung stehen, wenn Gott uns die Tür öffnet. Menschen, die weit weg von Gott leben, brauchen die Erlösung und Kraft und die Stabilität, die Sie zu bieten haben – genau wie das bei Ihnen auch war, kurz bevor Sie zu Jesus kamen.

Seit jenem Abend in dem Chicagoer Restaurant habe ich mich oft gefragt, ob die beiden auf Grund der beiden Substantive, die ich ihnen als Einstieg in den christlichen Glauben genannt habe, der ganzen Sache wohl weiter nachgegangen sind. Ich habe mich gefragt, ob noch andere Christen sich um Kontakt und Nähe zu diesen beiden Personen bemüht haben, um die Saat zu wässern, die ich gesät habe. Für mich war wichtig, dass ich bei der ganzen Sache nur den Part übernommen habe, den ich an jenem Abend übernehmen sollte. Den Rest der Geschichte muss dann Gott schreiben. Für mich bedeutet genau das, mich auf der spannenden, vom Geist geführten Seite des Lebens aufzuhalten!

Um es ganz klar zu sagen: Ich muss zugeben, dass dieser schmale, aber auch spannende Grat immer beinhaltet, die Geschichten real existierender Menschen zu erfahren, die ein real existierendes Leben führen. Wie ich es ja auch bei meinen besagten „Gnade und Kraft"-Freunden erlebt habe, wird es dabei auch immer wieder unbehagliche Augenblicke geben. Es werden Einzelheiten der ziemlich chaotischen Lebenswirklichkeit dieser Menschen ans Licht kommen. Und in manchen Fällen werden echte emotionale Anstrengungen erforderlich sein; denn wenn der Heilige Geist die Menschen innerlich anrührt, dann kommen bisweilen auch Sünden und Versagen hoch, die sie oft jahrelang in ihrem Inneren verborgen hatten.

Vor einiger Zeit fuhr ich spätabends nach unserem Mittwochsgottesdienst von dem Parkplatz der Gemeinde. Ich hatte nach dem Gottesdienst noch eine Sitzung gehabt und deshalb war es ziemlich spät geworden. Als ich vom Parkplatz auf die Straße einbiegen wollte, bemerkte ich aus den Augenwinkeln heraus einen Mann, der neben seinem Wagen am Rande des Parkplatzes stand und die Arme um seinen Oberkörper geschlungen hatte, als sei ihm entsetzlich kalt.

Draußen war es stockdunkel, und obwohl ich mich ein wenig wunderte, dass ich ihn überhaupt bemerkt hatte, verblasste dieses Staunen angesichts der Überraschung, die ich Sekunden später erleben sollte. Ich verspürte den intensiven Impuls, zu wenden und zurück auf den Parkplatz zu fahren, um mich zu vergewissern, ob er Hilfe brauchte.

Der Tag war bereits endlos lang gewesen, aber der Heilige Geist führte mich klar und unmissverständlich. Nachdem ich den Wagen gewendet hatte, fuhr ich zu dem Mann hin, parkte meinen Wagen neben dem seinen und stieg aus.

„Ist … ist bei Ihnen alles in Ordnung?" Er blickte auf, erkannte mich und brach im selben Moment zusammen. *Ach, du liebe Güte, in was bin ich denn da jetzt hineingeraten?* Ich versuchte, ihn zu beruhigen, aber er war untröstlich und weinte immer lauter und hemmungsloser, statt sich zu beruhigen.

„Sie werden es nicht glauben", wimmerte er in Tränen aufgelöst, wobei zwischen den einzelnen Silben lange Pausen lagen, „aber ich habe vorhin einer Frau eine Abtreibung bezahlt. Ich kann unmöglich mit der Schuld leben, die ich dadurch auf mich geladen habe. Das halte ich einfach nicht aus. Es ist zu furchtbar! Heute Abend habe ich dann im Gottesdienst gesessen und hatte das Gefühl, dass diese ungeheure Schuld mich erdrückt.“ Seine herzzerreißende Qual war auch daran zu erkennen, dass er einfach nicht aufhören konnte zu weinen. „Es ist, als hätte ich ihr Baby persönlich umgebracht. Ich habe unser Baby getötet!“ Diesen Satz wiederholte er immer wieder, so als müsse er sich die Realität dessen, was geschehen war, immer wieder vor Augen führen. Auch mir brach es das Herz, seinen Schmerz über die lähmende Schuld, die er empfand, hautnah mitzuerleben, aber nichts tun zu können.

Ich fühlte mich völlig hilflos und auch orientierungslos – denn auf diesem Gebiet war ich absolut unerfahren. Mich sehr, sehr vorsichtig an sein Problem herantastend, stimmte ich ihm so behutsam wie möglich darin zu, dass er einen furchtbaren Fehler begangen hatte. Es musste schockierend für ihn sein, dass ich ihm zustimmte, aber das war besser, als die ganze Sache mit einem freundlichen Lächeln unter den Teppich zu kehren. Es war ihm selbst nur zu bewusst, dass er eine grausige Entscheidung getroffen hatte; das war an seiner Mimik und seiner Körperhaltung deutlich abzulesen.

Nach einiger Zeit beruhigte er sich schließlich ein wenig und langsam konnten wir ein Gespräch beginnen. Ich ging nicht darüber hinweg, wie schwerwiegend das war, was er getan hatte, aber ich achtete sehr darauf, ihn nicht weiter zu quälen, indem ich ihm seine Sünde noch mehr unter die Nase rieb. Wenn ich mit der Schlechtigkeit der Sünde eines Menschen konfrontiert bin, denke ich meist erst einmal daran, dass ich nicht besser bin und dass auch ich dem Maßstab Gottes nicht genügen kann. Genauso wahr ist aber auch etwas anderes: Jesus hat auf meinen erbärmlichen Zustand immer mit Annahme und nicht mit Verdammung reagiert. Als ich noch tief in meiner Sünde steckte, legte er mir gegenüber unendliches Mitgefühl, Gnade, Zärtlichkeit und Erbarmen an den Tag.

In jener Nacht damals auf dem Parkplatz war ich davon überzeugt, dass mein Part im Leben dieses Mannes darin bestand, die Liebe und das Verständnis Jesu Christi widerzuspiegeln und es dann dem Heiligen Geist zu überlassen, Sünde aufzudecken.

„Haben Sie denn schon Zeit gehabt, Gott für das um Verzeihung zu bitten, was Sie getan haben?“, fragte ich ihn.

Wir beteten zusammen und kamen dann überein, dass er auch die Frau um Vergebung bitten und herausfinden müsse, wie er auf angemessene Weise Wiedergutmachung leisten könne. In jener Nacht öffnete ein Mann auf einem öden Parkplatz ganz neu sein Herz und begann einen langen, schmerzlichen Weg der Heilung.

Immer wenn ich mich an diese Nacht erinnere, muss ich auch an die unleugbare Kraft der Gnade denken. Ein von Sünde gezeichneter Mensch würde sich für den Rest seines Lebens an ein paar gemeinsame heilige Augenblicke auf einem Kirchenparkplatz erinnern, in denen er direkt mit seinem Fehlverhalten konfrontiert wurde und durch Jesus Christus Vergebung erfuhr.

Ich jedenfalls werde das nie vergessen.

Für mich stellt sich nicht die Frage, ob solche Begegnungen es wert sind, nicht einmal die unangenehmsten von ihnen. Ich möchte Sie herausfordern, das Risiko einzugehen, einmal den eigenen Terminplan zurückzustellen und die Geschichten anderer Menschen zu erfahren, gleichgültig, wie unbequem und unbehaglich es dabei werden kann, wie unbeholfen Sie sich in der Situation fühlen oder wie schwerwiegend die Sünde ist, über die Sie mit jemandem sprechen. Warum ich das meine? Weil Sie vielleicht die einzige Flamme im Dunkel der Nacht eines Menschen sind, die ihn daran erinnert, dass es einen Gott gibt, der ihn geschaffen hat, der ihn liebt und der sich danach sehnt, mit ihm in Beziehung zu treten, und zwar genau an dem Punkt, an dem er gerade steht.

Erste Schritte zur Umsetzung

1. Welche Vorgehensweise praktizieren Sie am häufigsten in Ihrem Umgang mit Menschen, die Gott noch nicht kennen?
   - ❑ Nähe – da sein, wo sich Suchende aufhalten.
   - ❑ Authentisch bleiben – darauf vertrauen, dass Gott Ihre ganz persönliche Art gebrauchen will.
   - ❑ Gemeinsamkeiten entdecken – Möglichkeiten entdecken, um Brücken zu bauen statt Mauern.

- ❑ Sensibel sein – daran denken, dass Menschen, die mit Gott und Glauben nichts zu tun haben wollen, unter Umständen nicht besonders „heilig" sind.

2. Welcher Evangelisationsstil kommt Ihrem eigenen am nächsten? Bitte erläutern Sie Ihre Antwort. (Beispiele auf S. 110–111)
   - ❑ direkt
   - ❑ intellektuell
   - ❑ beziehungsorientiert
   - ❑ einladend
   - ❑ dienend
   - ❑ zeugnishaft
   - ❑ andere: ....
3. Denken Sie einmal an Ihren derzeitigen Einflussbereich – einschließlich Ihres Wohnortes, Ihres Arbeitsplatzes, der Menschen in Ihrer Kleingruppe, Ihrer Freunde, Ihrer Verwandten, Ihrer Bekannten und so weiter. Was glauben Sie, wie Gott sich die Auswirkungen Ihres ganz speziellen Evangelisationsstils bei den Menschen in Ihrem Umfeld vorstellt?
4. Nennen Sie eine Sache, die Sie in Übereinstimmung mit Ihrem persönlichen Evangelisationsstil in dieser Woche aktiv tun können, um mit einem anderen Menschen über seine Geschichte zu sprechen.
5. Sind Sie schon mal mit der „chaotischen Realität" eines Menschen konfrontiert gewesen, so wie ich es in der Geschichte auf S. 117 beschrieben habe? Wie haben Sie das empfunden? Wenn Sie an die Lebensumstände dieses Menschen denken – warum ist es dann Ihrer Meinung nach so wichtig, in allen Situationen, in denen man die Gute Nachricht weitergibt, auf die Führung durch den Heiligen Geist zu hören?

KAPITEL 5

Weitere Schritte erkennen

Vor ein paar Jahren kam ich bei einer Footballübertragung auf einer Großbildleinwand mit einem mir völlig unbekannten Mann ins Gespräch, und ausgerechnet in dem Augenblick, als das Pausenprogramm zu Ende war, schnitt er ein paar sehr grundlegende Themen an. Ich hatte den Eindruck, dass hier etwas Übernatürliches geschah, aber als sich der Raum wieder mit Menschen füllte und die Aufregung über den Beginn der zweiten Halbzeit um sich griff, galt alle Aufmerksamkeit wieder der Leinwand vor uns. Es war jedenfalls kein besonders günstiger Moment, um den Mann beiseite zu nehmen und über eine Lebensübergabe zu sprechen.

Ich überprüfte noch einmal kurz meine Motive, und mir wurde klar, dass ich ihm wirklich nur helfen wollte. Ich hatte nicht den Ehrgeiz, unbedingt derjenige zu sein, der ihm dabei half, an Ort und Stelle zum Glauben zu kommen. Und ich rechnete auch absolut nicht damit, dass er mir vorschlagen würde, doch die zweite Halbzeit des Spiels sausen zu lassen und stattdessen die Grundaussagen des christlichen Glaubens etwas genauer durchzusprechen. Ich wusste, dass er gekommen war, um sich das Spiel anzuschauen (so wie ich übrigens auch), aber ich war auch ganz sicher, dass unser Zusammentreffen und unser Gespräch kein Zufall waren.

Bevor wir uns wieder in den Trubel stürzten, fragte ich ihn deshalb, ob ich ihm irgendwie auf seiner geistlichen Suche helfen könnte – ob es etwas gäbe, was ich seiner Meinung nach tun könne.

Die Antwort, die er mir darauf gab, kam wirklich von Herzen: „Wenn es Ihnen nichts ausmacht, dann können Sie für mich beten, dass ich diese Sache mit dem Glauben besser verstehe."

„Natürlich", entgegnete ich, „das mache ich gern. Und

wenn Ihnen sonst noch etwas einfällt, hoffe ich, dass Sie es mich wissen lassen."

Dann gestand er mir, dass er zwar noch nie ein „christliches" Buch gelesen habe, aber bereit sei, ein Kapitel zu lesen, wenn ich ihm eines schicken würde. „Aber wirklich nur ein Kapitel!", fügte er noch hinzu. Das gutmütige Grinsen auf seinem Gesicht sagte mir, dass diese Einschränkung nur halb ernst gemeint war, aber ich nahm seine Herausforderung an.

Sobald ich zu Hause war, schaute ich mir die Buchrücken in meiner Bibliothek an und versuchte herauszufinden, welches Buch ich ihm schicken sollte, denn ich hatte ja nur ein Kapitel, mit dem ich würde arbeiten können – also nur einen einzigen Versuch!

Ich betete, während ich an den Regalen entlangging, und ich merkte, dass dabei massenhaft Adrenalin floss. *Vater, bitte führe du mich zu dem richtigen Buch. Nimm meine persönlichen Vorlieben mal einfach beiseite … es geht ja hier nur um ihn. Zeige mir einfach, was du möchtest, dass er liest. Bitte führe mich zu dem richtigen Buch, und ich sorge dann dafür, dass er es bekommt.*

Die richtigen Hilfsmittel zur richtigen Zeit

Einige Tage später, als er das Buch schließlich bekommen hatte, dachte ich noch einmal über das Erlebte nach. Es hat in meinem Leben eine Phase gegeben, in der ich mir nach einem solchen Wortwechsel wie ein Vertreter vorgekommen wäre, dem man die Tür vor der Nase zugeschlagen hat. Aber diesmal war es anders.

Diesmal hatte ich absoluten Frieden darüber, wie sich unser Gespräch bei der Sportübertragung entwickelt hatte. Als ich weiter darüber nachdachte, wurde mir klar, dass sich meine Sichtweise im Laufe der Zeit und mit zunehmender Erfahrung drastisch verändert hat. Irgendwann bin ich nämlich darauf gekommen, dass ich trotz all der möglichen Rollen, die ich in solchen evangelistischen Situationen übernehmen konnte, immer wieder eine bestimmte übernahm, nämlich die, für die richtigen Hilfsmittel zu sorgen.

Leute, die für Hilfsmittel sorgen, sind Helfer-Typen. Es sind Menschen, die es sich zur Gewohnheit gemacht haben, die Bedürfnisse der Menschen in ihrem Umfeld zu erkennen und diese auf natürliche Weise und so effektiv wie möglich zu erfüllen. Menschen, die für Hilfestellung sorgen, sind weder Seelenretter für vom Weg abgekommene Typen noch sind sie moralisches Gewissen für versprengte oder verirrte Schafe, noch Möchtegern-Bibelkenner, die Menschen zur Zeit und Unzeit mit Bibelstellen bombardieren. Es sind vielmehr ganz bescheidene Menschen, die dabei helfen möchten, Menschen auf Gott hinzuweisen.

Das dritte E

In den Kapiteln 2 und 3 haben wir uns die ersten beiden „E" angeschaut und wie es aussehen kann, wenn wir sie in unserem Leben praktisch umsetzen. Wenn Sie jemand sein wollen, der den ersten Schritt auf andere Menschen zumacht, dann werden Sie sich dafür entscheiden, Freundschaften mit Menschen zu entwickeln, die in Ihrer Alltagswelt und damit in Ihrem unmittelbaren Umfeld leben, und Sie werden das Risiko eingehen, deren Geschichten in Erfahrung zu bringen. Im vorliegenden Kapitel möchte ich das dritte „E" erläutern – nämlich zu lernen, wie man die angemessenen weiteren Schritte erkennt.

Weitere Schritte – das sind Schritte, die diesem ersten Schritt folgen, den Sie auf jemanden zugemacht haben, und es sind Schritte, die auch riskant sein können – allerdings handelt es sich dabei um ein kalkuliertes Risiko –, weil Sie dabei ja vom Heiligen Geist geleitet werden. Obwohl also Menschen, die Christus nachfolgen, nie genau wissen, wie wohl der nächste Schritt aufgenommen wird, gehen sie das Risiko einiger weiterer Schritte ein, weil es sonst nämlich geistlich gar nicht vorangeht.

• • • • •

Nehmen wir einmal an, Sie sind auf einer Cocktail-Party. Sie gehen das Risiko ein, den ersten Schritt auf jemanden zuzutun, der allein steht, und Sie fangen ein Gespräch an. Im Verlauf dieses Gespräches erfahren Sie ein paar interessante Details aus der Geschichte dieses Menschen. Gehen Sie jetzt auch noch einen Schritt weiter und stellen ein paar tiefer gehende Fragen über seinen Weg oder bleiben Sie lieber an der Oberfläche und machen dann einen Witz, um das Unbehagen über Ihren Abgang ein bisschen abzumildern, während Sie sich peu à peu entfernen?

Oder vielleicht kommen Sie von einer Geschäftsreise zurück, und auf halber Flugstrecke fühlt sich der Mann, der neben Ihnen sitzt, in Ihrer Gesellschaft und bei Ihrem Gespräch wohl genug, um zu erwähnen, dass er einfach nicht mit dem Tod seines Vaters fertig wird, der vor ein paar Monaten verstorben ist. Sie erinnern sich an dieses Buch, das Ihnen selbst einmal während einer solchen Trauerphase sehr geholfen hat. Gehen Sie das Risiko ein, sich als jemand zu outen, der an Gott glaubt, und empfehlen Ihrem Mitreisenden das Buch weiter oder nicken Sie nur mitfühlend und wechseln das Thema?

Sie stehen bei der Weihnachtsfeier Ihres Kindes im Klassenraum und bekommen mit, wie die Lehrerin einer anderen Mutter erzählt, dass Weihnachten wahrscheinlich dieses Jahr für sie ein bisschen schwieriger wird als sonst, weil sie das Fest nicht zu Hause bei ihren Eltern verbringen kann. Allein über die Feiertage ... Das ist nicht gut. Gehen Sie das Risiko ein, sie zum Gottesdienst an Heiligabend einzuladen und dann danach zu sich nach Hause zu einem gemütlichen Kaffeetrinken, oder verhalten Sie sich so, als wüssten Sie nichts von ihrem Kummer?

Es gibt in Ihrem Alltag unzählige Situationen, in denen Sie solche Hinweise bekommen, bei denen Sie vor sich selbst und Gott klären müssen, ob Sie noch einen weiteren Schritt machen, um nachhaltig Einfluss auf das Leben anderer Menschen zu nehmen. Und genau darum, nämlich in solchen Situationen Entscheidungen zu fällen, geht es, wenn man ein Mensch sein möchte, der für die richtige Hilfestellung sorgt.

Sie brauchen nicht begabter, reicher, dünner, schlauer oder sonst etwas zu sein, um mit Gott zusammenzuarbeiten. Es ist dazu nicht mehr nötig als Ihre Bereitschaft, sich von ihm auf ganz alltägliche Weise einsetzen zu lassen. Wenn Sie dazu bereit sind, dann lassen Sie uns jetzt gemeinsam anschauen, wie man lernt, die richtigen weiteren Schritte zu erkennen, durch die Menschen mehr über Gott erfahren.

Erste Kontakte

Ich habe eine Bekannte, die kürzlich mit ihrer Familie in eine andere Stadt gezogen ist. Ein paar Tage nach dem Umzug traf sie zum ersten Mal ihre direkte Nachbarin. Die beiden Frauen wechselten kurz ein paar Worte, wobei die Nachbarin einige Einzelheiten aus ihrem Leben preisgab: Sie hatte vier Kinder, arbeitete in einem großen Unternehmen und hatte ziemliche Mühe, Familie und Beruf unter einen Hut zu bringen. Ihr ältester Sohn – nach ihrer Aussage ein eigenwilliger 18-Jähriger – machte sich gerade Gedanken darüber, ob er aufs College gehen sollte oder nicht und arbeitete zurzeit in einem Supermarkt in der Nähe.

Die gesamte Familie jonglierte pausenlos mit Dutzenden sich überschneidender Aktivitäten wie Fußballspielen und Geschäftsreisen ihres Mannes, was zur Folge hatte, dass die beiden Labrador-Hunde der Familie oft tagelang einfach nur im Garten herumstreunten und viel zu wenig Aufmerksamkeit bekamen. Nachdem die beiden Frauen ein Weilchen geplaudert hatten, wollten sie gerade wieder jede in ihr Haus zurückgehen, als die beiden Hunde von der Terrasse her angesaust kamen, beide mit einem Tennisball im Maul und bettelndem Blick.

„Sehen Sie, genau das meine ich“, sagte die Nachbarin. „Die beiden haben viel mehr Energie. Wir haben als Familie gar nicht genug Zeit, dafür zu sorgen, dass sie sich mal richtig austoben können. Wir haben deshalb alle ein furchtbar schlechtes Gewissen.“ Im Weggehen hörte meine Bekannte noch, wie die Nachbarin ein fast resigniertes Lachen von sich gab, in dem auch zum Ausdruck kam, wie verrückt sie selbst dieses Lebenstempo fand.

Nun könnte man natürlich nach einer Begegnung wie dieser höflich nicken und lächeln und sich mit den Worten zurückziehen: „Tja, also – war nett, Sie kennen zu lernen.“ Aber ich möchte Ihnen hier deutlich machen, dass jeder beliebige typische zehnminütige Plausch Dutzende von Möglichkeiten enthält, wie Sie den Menschen in Ihrem Einflussbereich bei ihren Nöten und Bedürfnissen helfen können.

Versuchen Sie, die Signale von Leuten zu empfangen, die Ihnen – oft auch ganz unbeabsichtigt – Auskunft über ihre Bedürfnisse oder Nöte geben, was Ihnen dabei helfen kann, diesen Personen entsprechende Hilfestellung anzubieten. Man muss kein Genie sein, um in Beziehungen zu erkennen, welche angemessenen weiteren Schritte man gehen kann. Dazu bedarf es nichts weiter als einer Art Radar, der sowohl die Impulse des Heiligen Geistes registriert als auch die Bedürfnisse und Nöte der Person, mit der Sie in Kontakt gekommen sind.

Das kann das richtige Wort zur richtigen Zeit sein oder eine Frage, hinter der eine wohlwollende Absicht erkennbar ist. Vielleicht ist es aber auch ein sorgfältig ausgewähltes Buch oder ein Zettel mit einer Nachricht oder ein Hinweis auf einen passenden Kurs oder eine Veranstaltung. Eine innere Bereitschaft, ein von Herzen kommendes Lachen, ein vertrauenswürdiges Ohr oder – wie die besagte Freundin, die von zu Hause aus arbeitet, entdeckte – die Bereitschaft, an ein paar Nachmittagen in der Woche mit den Hunden Gassi zu gehen und sich mit ihnen zu beschäftigen, während die Familie ihren diversen Verpflichtungen nachkam. Wer weiß, was sich aus einem so kleinen Akt der Liebe alles entwickeln kann!

Es ist wirklich wahr – jeden Tag können scheinbar ganz unwesentliche Dinge zu lebensverändernden Werkzeugen Gottes in den Händen von mitfühlenden, verständnisvollen Menschen werden, die Jesus nachfolgen. Aber Sie werden die Auswirkungen erst dann feststellen können, wenn Sie diese Dinge als Hilfestellung anbieten, um auf die Nöte und Bedürfnisse in Ihrem Umfeld einzugehen.

• • • • •

In einem Jahr war ich im Winter mit dem Wagen zu einer Reihe von Veranstaltungen unterwegs gewesen, bei denen ich Vorträge zu halten hatte. Ich beschloss, mir irgendwo ein Lokal zu suchen und dort allein zu frühstücken und dann ein paar Minuten mit Gott zu reden. Es war ein kalter, windiger Morgen, aber ich erinnere mich noch genau daran, dass ich mich durch die Gegenwart Gottes gewärmt fühlte. Als ich die Straße überquerte, um ein Café zu betreten, flüsterte ich ein Gebet: *Heute, Herr, werde ich alles tun, worum du mich bittest. Nur heute.* Ich wollte nicht zu viel versprechen und dann das gegebene Versprechen nicht halten können, also hielt ich bei meinem Angebot lieber den Ball flach. „Einen Tag lang alles, worum du mich bittest, Gott." Das war mein Angebot.

Ein warmes Frühstück, ein paar Tassen Kaffee und eine Dreiviertelstunde später ging ich wieder zu meinem Wagen zurück. Ich hielt mir einen Arm vors Gesicht, weil der schneidend kalte Wind mir die Schneeflocken mit einer solchen Wucht ins Gesicht trieb, dass sie sich wie Nadelstiche anfühlten. Und dann bekam ich plötzlich – fast akustisch hörbar – einen Impuls von Gott. (Die gibt es in meinem Leben wirklich nicht immer, aber an diesem speziellen Tag war es nun mal so). „Dreh dich um", lautete der Impuls.

Also, wie Sie wahrscheinlich erwartet haben, ging ich erst einmal einfach weiter.

Sehr zu meinem Verdruss ließ sich die Stimme aber von meinem Widerstand nicht beirren. „Dreh dich um", kam der Impuls erneut. Mein Kurzzeitgedächtnis erinnerte mich jetzt daran, dass ich vor noch nicht einmal einer Stunde Gott versprochen hatte, ihm diesen ganzen Tag lang zur Verfügung zu stehen. Wie konnte ich mich da nur schon so bald seiner Führung widersetzen?

Ich drehte mich also um, warf einen Blick hinter mich und sah dort jedoch absolut gar nichts. „Siehst du, Gott", sagte ich beinahe höhnisch. Als ich mich dann aber noch ein bisschen weiter umdrehte, entdeckte ich eine alte Frau – wahrscheinlich war sie mindestens 85 Jahre alt –, die an der Straßenecke unmittelbar vor mir aus einem Linienbus ausgestiegen war. Offenbar war sie unterwegs, um Einkäufe zu erledigen, konnte aber allem Anschein nach den hohen Schneewall aus altem, geräumten Schnee nicht überwinden, der ihr den Weg zu dem ersten Geschäft versperrte, in das sie hineinwollte.

„Wie wollen Sie denn da nur hinüberkommen?" Mein Tonfall signalisierte ihr, dass ich damit rechnete, ihr helfen zu müssen.

„Das wird ganz sicher schwierig, Jungchen, es sei denn, Sie helfen mir", entgegnete sie, ohne dass ihr auch nur das Geringste entging. Ich schaute ein Stück die Straße entlang und musste feststellen, dass der Schneewall ein paar hundert Meter weit die gesamte Straße entlangführte und nirgends eine Lücke zu erkennen war, die man als Durchgang hätte nutzen können. Ich trat ein wenig unentschlossen mit dem Fuß gegen den Wall und stellte fest, dass sich unter der oberen Schneeschicht dickes Eis gebildet hatte. Selbst wenn sich die Frau an meinen Arm geklammert hätte, wäre es so gut wie unmöglich gewesen, den Wall zu überwinden, ohne dabei abzurutschen und zu fallen.

„Also, ich weiß nicht so recht, wie ich es Ihnen sagen soll, aber die einzige Möglichkeit, Ihnen zu helfen, besteht wohl darin, Sie hinüberzuheben."

Einen Augenblick lang sagte sie gar nichts und dann meinte sie: „Na ja, ich kann ja auch nicht den ganzen Tag hier stehen bleiben! Also heben Sie mich schon, aber seien Sie bloß vorsichtig mit mir!" Sie wirkte jetzt nicht mehr ganz so starr, ein erstes Zeichen dafür, dass sie bereit war, sich einem völlig Fremden anzuvertrauen.

So behutsam ich konnte, hob ich sie über den Schneewall und setzte sie direkt vor dem Eingang des Geschäftes wieder ab. Dann fragte ich sie noch, wie sie denn nach ihren Besorgungen wieder nach Hause käme. „Ach, das geht schon, Jungchen", erwiderte sie, eine ihrer zarten kleinen Hände immer noch auf meiner Schulter. „Vielen Dank für Ihre Hilfe. Sie sind wirklich ein netter junger Mann."

Ich beobachtete noch, wie sie das Geschäft betrat, und setzte dann den Weg zu meinem Wagen fort, wegen des eiskalten Winds immer noch fröstelnd. Als ich dann zu meinem ersten Veranstaltungsort fuhr, an dem ich einen Vortrag halten sollte, kam es mir fast so vor, als würde dieser einfache Akt, das unmittelbare Bedürfnis eines Menschen zu erfüllen, indem ich ihm aus einer Notlage half, die wahrscheinlich öffentlicheren und intellektuell anregenderen Ereignisse des Tages übertrumpfen. Ein paar kurze Augenblicke lang – inzwischen in der Behaglichkeit meines geheizten Autos – überlegte ich noch einmal, wie sich das alles entwickelt hatte.

Gott hatte bemerkt, dass eine seiner gebrechlichen, betagten Töchter an einem eisigen Wintermorgen Hilfe brauchte. Er wusste auch von diesem halbwegs fügsamen jungen Sohn, der sich gerade ganz in ihrer Nähe aufhielt, also schickte er durch seinen Geist eine Nachricht an diesen Sohn, um ihn auf die Notlage seiner Tochter aufmerksam zu machen. Natürlich wurde die Nachricht erst verbummelt und dann ignoriert, aber schließlich drang sie doch deutlich hörbar zu ihm durch:

„Dreh dich um“, hatte Gott gedrängt. Und ich hatte mich tatsächlich irgendwann umgedreht.

Das war, in wenigen Worten, alles, was an diesem Morgen passiert war. Gott beschloss, mich zu gebrauchen, um ein ganz praktisches Bedürfnis zu erfüllen. Und obwohl es so offensichtlich einfach war, diente es außerdem dazu, mir mein alltägliches Ziel als Nachfolger Jesu zu verdeutlichen – mir bewusst zu sein, dass Gott auf dieser Welt am Werk war, und bereit zu sein, mich von ihm gebrauchen zu lassen, gleichgültig, ob es sich dabei um einen großen oder einen kleinen Beitrag handelte.

Ich habe keine Ahnung, ob dieser winzige Akt der Hilfsbereitschaft in irgendeiner Form dazu beigetragen hat, dass die alte Dame zum Glauben an Gott gekommen ist. Vielleicht gehörte sie ja schon viel länger zu Jesus als ich. Der springende Punkt war und ist jedenfalls, dass wir willens sein, ein offenes Herz haben und bereit sein müssen, mit folgender Haltung durchs Leben zu gehen: „Wenn ich irgendetwas dazu beitragen kann, dass dir deine Last erleichtert oder gar genommen wird, wenn es etwas gibt, das dir Orientierung in deiner Verwirrung gibt oder dein Vertrauen in den Gott stärkt, der dich geschaffen hat und dich liebt, dann hoffe ich, dass du mich dafür sorgen lässt.“

Ein Mensch werden, der Hilfestellung gibt

Folgender Ansatz funktioniert gut: Wenn ich mich selbst als Person betrachte, die Hilfestellung anbietet, dann entspanne ich mich in der Regel, wenn ich mir bewusst mache, dass der Glaubensweg eines Menschen eben nur das ist – ein Weg. Es handelt sich dabei nicht um eine Kiste, deren Empfang quittiert werden muss, nicht um ein einmaliges Gebet, das gebetet werden, oder einen Vertrag, der unterzeichnet werden muss. Es ist ein Prozess, in dem ständig Fragen wie die folgende vorkommen: „Möchtest du dich vielleicht auf diesem speziellen Gebiet ein wenig beraten lassen?“ oder: „Darf ich dir heute Abend eine christliche CD in den Briefkasten stecken? Ich glaube, sie würde dir gefallen.“

Wenn das Eis in einem beliebigen Gespräch erst einmal gebrochen ist, dann versuche ich, meine Aufmerksamkeit auf alles zu konzentrieren, was der/die andere sagt oder tut, durch das ich erkenne: *Die betreffende Person könnte offen sein für etwas, das ich für sie tun oder ihr geben kann.* Wenn ich mich beispielsweise behutsam nach dem geistlichen Leben einer Person erkundige und sie dann zugibt, dass sie, was den Glauben angeht, noch keine Entscheidung gefällt hat, dann halte ich nach Möglichkeiten Ausschau, wie ich ihr hier vielleicht Orientierung verschaffen und sie über Gott informieren kann, und zwar in möglichst kleinen Schritten. „Ich habe ganz bestimmt nicht alle Antworten", würde ich vielleicht sagen. „Glauben Sie mir, ich habe auch über viele Dinge im Leben noch keine Klarheit, aber es gibt auch ein paar Dinge, deren ich mir völlig sicher bin. Und wenn Sie darüber mehr erfahren möchten oder ich Ihnen irgendwie weiterhelfen kann, dann stehe ich Ihnen gerne zur Verfügung. Lassen Sie es mich nur einfach wissen. Vielleicht möchten Sie ein Buch darüber lesen oder eine Kassette hören. Ich erzähle Ihnen auch gern von mir persönlich, wie es mir im Hinblick auf meinen Glauben ergangen ist. Vielleicht möchten Sie ja auch einfach mehr Informationen über Gott und seine Geschichte mit den Menschen. Sagen Sie mir einfach, was Ihnen weiterhelfen könnte."

Wenn ein solches Angebot dann ausgeschlagen wird, ist das für mich völlig in Ordnung. Und wissen Sie wieso? Weil ich alle Zeit der Welt habe. Möglicherweise muss sich im Leben der betreffenden Person erst noch etwas ereignen und vielleicht sagt sie dann eines Tages zu Ihnen: „Weißt du was? Ich glaube, ich nehme das Angebot jetzt doch an, wenn es noch gilt. Ich glaube, ich könnte ein bisschen Hilfestellung gebrauchen, ein wenig Rat, vielleicht auch ein bisschen Ermutigung."

Und dann komme ich zum Zug und werde aktiv. Ich ernte die Früchte, die sich entwickeln, wenn man ein geduldiger Begleiter ist. Ich diene als eine Art Leitung und biete die Hilfestellung, die zu diesem konkreten Zeitpunkt gerade benötigt wird. Und im Laufe der Jahre habe ich das Vorrecht gehabt, eine große Bandbreite an Hilfestellungen anzubieten. Manchmal war es etwas so Einfaches wie ein Buch oder eine CD, wie ich ja bereits erwähnt habe. Aber dann wieder war das effektivste Hilfsmittel, das ich anbot, die betreffende Person mit jemandem bekannt zu machen, der vor kurzem dieselbe Krankheit, Notlage oder denselben Verlust durchgemacht hatte.

Wenn man einen schweren Schlag erlitten hat, ist es tröstlich zu wissen, dass man damit nicht allein ist. Es ist unglaublich beruhigend zu erfahren, dass andere durch dieselbe Finsternis gegangen sind wie man selbst, oder?

Immer wenn ich miterlebt habe, dass einem Freund oder einer Freundin der Boden unter den Füßen weggezogen wurde, habe ich Gott später dafür gedankt, dass ich am Ball geblieben bin. Ich habe mich gefreut, wenn ich in der Lage war, Hilfen zu nennen oder sogar zur Verfügung zu stellen, durch welche die Betroffenen einen kleinen Schritt näher zum Glauben kamen, und darüber, dass letztlich Geduld – und nicht irgendein starrer Terminplan – ausschlaggebend war.

Und vermutlich sehnen Sie sich doch ebenfalls danach, so etwas eines Tages zu erleben. Glauben Sie mir – das ist nicht nur möglich, sondern sogar wahrscheinlich, wenn Sie die Aufgabe ernst nehmen und jemand werden, der Hilfestellung anbietet, und zwar im Leben jedes Menschen, der Ihnen über den Weg läuft. Wenn Sie Glück haben, führen solche ersten Kontakte auch zu längerfristigen Beziehungen, indem Sie sich zum Beispiel regelmäßig mit dem Nachbarn zum Joggen verabreden oder jemandem über einen Schneewall helfen oder mit dem Hund einer Nachbarin Gassi gehen. An dieser Stelle liegt allerdings auch der Haken bei der Sache: Man weiß nämlich nie so genau, wohin eine Sache führt, wenn man nicht erst einmal dieses Risiko eingeht und sich engagiert. Manchmal ist es so, als würde Gott Ihnen etwas zuflüstern, was Ihnen in Bezug auf bestimmte Menschen Hoffnung macht: „Bleib eine Weile in der Nähe ... diese Beziehung wird sich entwickeln, wenn du sie pflegst ..."

Also, wie kann es Ihnen gelingen, von einem Anfangskontakt ausgehend im Leben von Menschen wirklich etwas Wesentliches zu verändern?

Na, da bin ich aber froh, dass Sie mich das gefragt haben!

Einfach da sein

Auf einer Klausurtagung der leitenden Mitarbeiter von *Willow Creek* habe ich vor ein paar Jahren den von mir so genannten „Einfach-da-sein-Faktor" vorgestellt. Dieser Begriff soll zusammenfassen, auf welche Weise es Jesus damals gelang, ganz konkret das Leben der Menschen in seinem Umfeld positiv zu beeinflussen. Den intensivsten Einfluss hatte Jesus auf seine Jünger, indem er einfach sein Leben mit ihnen teilte. Er lud sie in seine Welt ein und er kam auch in ihre Welt und ihr Leben hinein. Man kann wohl nicht leugnen, dass die bedeutsamsten Veränderungen im Leben während des ganz normalen Alltags mit ihrem Herrn und Meister stattfanden.

Dieser Aspekt des Zusammenseins, bei dem man Anteil am Leben des anderen nimmt, ist grundlegend, wenn man die Form von Gemeinschaft verstehen will, die Menschen kennzeichnet, die an Jesus Christus glauben und ihm nachfolgen. Und ebenso grundlegend ist dieser Aspekt, wenn man verstehen und lernen will, welche weiteren Schritte im Leben von Menschen an der Reihe sind, die Gott noch nicht kennen. Man muss nah bei den Menschen sein, um zu erfahren, was sie brauchen, und es ihnen dann anbieten. Wenn diese Menschen erst einmal wissen, dass Sie auch längerfristig da sein werden, lassen sie sich von Ihnen wahrscheinlich so gut wie jede vernünftige Hilfe anbieten, um sich in ihrer geistlichen Entwicklung unterstützen zu lassen.

Wollen Sie sich darauf einlassen, einfach da zu sein, und zwar bei den unterschiedlichsten Menschen in den unterschiedlichsten Gruppen, in denen Sie verkehren und leben – das heißt ein Stück Leben mit ihnen zu teilen, Nähe zuzulassen und sich ihnen auch mitzuteilen?[1] Wenn Sie sich darauf nicht einlassen wollen oder können – was hält Sie davon ab? Jesus hat uns vorgelebt, wie unser Leben aussehen soll – und zu diesem Leben gehört, dass wir intensive, ernsthafte und echte Beziehungen mit anderen Menschen eingehen. Tragende Freundschaften lassen sich so gut wie immer auf ein solches erstes Gespräch zurückverfolgen, in dem jemand die Entscheidung traf, sich einzulassen, in dem jemand entschlossen war, die Geschichte des anderen zu erfahren, und in dem jemand bereit und aufmerksam genug war, in entsprechenden Situationen die richtige Hilfestellung anzubieten, um eine Notlage zu lindern oder ein Bedürfnis abzudecken.

Eine Christin namens Anne fasste irgendwann den Entschluss, sich ernsthaft um die Menschen in ihrem Leben zu bemühen – besonders um die in ihrer unmittelbaren Nachbarschaft. Sie beschloss, zu diesem Zweck ein paar Referenten aus ihrem Ort zu sich nach Hause einzuladen, die bereit waren, ihre Erkenntnisse und ihr Wissen auf unterschiedlichen Gebieten weiterzugeben. Das ging von Themen wie dem Entwickeln von Familientraditionen bis hin zu der Frage, wie man Beruf und Familie, besonders die Kindererziehung, miteinander vereinbaren kann. Anne lud dazu alle Frauen aus ihrer Wohngegend ein. Nachdem ein paar solcher Veranstaltungen mit Häppchen, Getränken und lockeren Gesprächen stattgefunden hatten, hatte sie zu den meisten Frauen aus ihrem Viertel auf irgendeine Weise Kontakt geknüpft.

Das Vertrauensverhältnis zwischen ihr und diesen Frauen übertrug sich auch auf deren Familien. Nach dem Attentat am 11. September 2001 gingen Anne und ihre beiden kleinen Kinder an einem sonnigen Nachmittag mit kalten Getränken und einer großen Dose Plätzchen auf die Straße. Sie gingen in ihrer Wohnsiedlung auf und ab und luden alle Kinder aus der Nachbarschaft ein – egal, wo ihre Familien geistlich standen –, um sich zu einer bestimmten Zeit bei Anne zu treffen und für die Welt zu beten. Sie war sehr überrascht, als Dutzende von Kindern kamen und Haus und Garten bevölkerten, um in ganz schlichten Worten zu Gott zu beten, er möge ihr Land beschützen.

Anne und ihr Mann engagierten sich auch immer wieder zeitweise für eine Arbeit auf Kuba. Jedes Mal, wenn sie dorthin reisten, informierten sie ihre Nachbarn darüber, was sie dort vorhatten, und nannten ihnen einige Gebetsanliegen. „Die Unterstützung unserer Nachbarn hat uns im Laufe der Jahre immer wieder völlig umgehauen“, erzählte Anne mir kürzlich. „Jedes Mal, wenn wir uns wieder auf eine Reise vorbereiten, fragen viele von ihnen, wie sie uns unterstützen können. Meist startete unsere Familie mit Riesenladungen von Kleidung, die von Nachbarn gespendet wurden. Von engen Freunden wird uns immer wieder zugesichert, dass sie an uns denken, und manche von ihnen beten auch für uns, wenn wir unterwegs sind.“

Als Anne und ihr Mann im vergangenen Jahr von einer solchen Reise zurückkamen, beschlossen sie, Interessierte zu einem lockeren Treffen bei sich zu Hause einzuladen, um die Nachbarn über ihre Reise und das, was sie erlebt und erreicht hatten, auf dem Laufenden zu halten. Ein Bekannter von Anne, der Pastor war, erklärte sich bereit, einen kurzen Vortrag über die Zustände auf Kuba zu halten und darüber, was Amerikaner tun konnten, um den dort wohnenden Menschen das Leben unter kommunistischer Herrschaft zu erleichtern.

Danach berichteten Anne und ihre Familie von ihren Erlebnissen und Erfahrungen auf Kuba und zeigten dazu Bilder. Stellen Sie sich doch nur einmal vor, wie viele Einzelgespräche sich aus den Informationen und der Atmosphäre dieses gemeinsamen Abends ergaben!

Zehn Jahre nach ihren ersten Bemühungen, Kontakte zu den Nachbarn zu knüpfen, bestätigt sie heute, dass wohl diese allerersten Treffen für die festen Beziehungen, die sich entwickelten, ausschlaggebend waren – Beziehungen, die auch Krisenzeiten im Leben der Nachbarn überdauert haben: Krankheiten, Fehlgeburten, berufliche Veränderungen, geplatzte Träume und Enttäuschungen durch Kinder.

Vor diesem Hintergrund können Sie sich wahrscheinlich vorstellen, wie bekümmert Anne war, als sie wegen der Versetzung ihres Mannes mit der ganzen Familie umziehen musste. All die Jahre, in denen sie so viel in die Beziehungen mit der Nachbarschaft investiert hatte – alles umsonst! Sie war völlig fertig – bis Gott sie, bildlich gesprochen, anstieß und ihr Mut machte, ihre Kraft jetzt dafür einzusetzen, ihre gemeinsame Zeit mit dieser Nachbarschaft zu einem guten Abschluss zu bringen. Sie begann, für die neue Familie zu beten, die in ihr Haus einziehen würde, in der Hoffnung, dass diese dann die Rolle des „Beziehungsklebstoffes" übernehmen würde, den sie bis jetzt innegehabt hatte.

Die Familie, die kurz darauf das Haus von Anne und ihrem Mann erwarb, war ebenfalls gläubig. In Erwartung des bevorstehenden Wechsels veranstaltete Anne eine Eiscremeparty, um die neuen Hausbesitzer willkommen zu heißen und um sich von den Nachbarn zu verabschieden, die in den vergangenen zehn Jahren für sie wie eine Familie geworden waren.

„Es kamen 75 Leute!", erzählte mir Anne einige Zeit später. „Und es war ein unglaublich gelungenes Fest. Man konnte die

Wärme, Herzlichkeit und Kameradschaft förmlich mit Händen greifen."

Auf dem Fest machten Anne und ihr Mann Fotos von jeder Familie aus der Nachbarschaft und schenkten ihren „Nachfolgern" dann ein Album mit all den Bildern. Anne hinterlässt ihrer Meinung nach ein Erbe, das die Liebe und das Mitgefühl Jesu für die Menschen in ihrer Nachbarschaft weiter zum Ausdruck bringt. Diese Menschen werden dadurch immer ein kleines Stückchen näher zu dem Gott gestupst, der sie erschaffen hat und sich nichts sehnlicher wünscht, als mit ihnen in Beziehung zu treten.

Zur Stelle sein

Jetzt denken einige von Ihnen vielleicht: *In meinem Leben gibt es all diese Gelegenheiten und Möglichkeiten gar nicht, von denen hier die Rede ist. Ich habe schon unzählige Male den ersten Schritt auf jemanden zugemacht, aber es hat sich daraus nichts ergeben außer dem Austausch von ein paar Nettigkeiten, wenn es hoch kam höchstens ein kurzes Gespräch. Ich habe das Gefühl, das führt zu nichts.*

Wenn auch Sie so denken, dann möchte ich Sie herausfordern, ein bisschen frischen Wind in Ihre evangelistische Routine zu bringen. Konzentrieren Sie sich so wie Anne auf eine ganz bestimmte Personengruppe, mit der Sie ohnehin unmittelbar zu tun haben. Das kann fast jede beliebige Gruppe sein. Ob es sich um Kollegen aus der Firma handelt, um Nachbarn, die Personen, die mit Ihnen zusammen im Gymnastikkurs sind, die Leute aus dem Café um die Ecke oder von der Tankstelle, es können die Eltern der Freunde Ihrer Kinder sein – wer auch immer. Ich wette, dass Ihnen bei etwas genauerem Nachdenken etliche Personen aus Ihrem unmittelbaren Umfeld einfallen, die die Gelegenheit mit beiden Händen ergreifen würden, Teil einer Gemeinschaft zu werden. Wenn Sie nicht die Erfahrung machen, dass sich Türen öffnen, wenn Sie den ersten Schritt auf jemanden zumachen, und Sie dadurch nicht die Möglichkeit haben, sich langfristig in das Leben von Menschen einzubringen, dann fangen Sie doch bei den Personen an, mit denen Sie ohnehin schon zusammen sind – an Ihrer

Arbeitsstelle beispielsweise. Bemühen Sie sich dann als Erstes darum, zu erkennen, welche weiteren Schritte Sie in diesen Beziehungen unternehmen können. Irgendwann gibt Gott Ihnen dann vielleicht die perfekte Gelegenheit, indem er Ihnen die Tür zu einem geistlichen Gespräch öffnet.

Ich erinnere mich noch an einen Mitarbeiter in *Willow Creek* namens Dave, der in einem Dilemma steckte, das wohl fast alle Christen kennen. Er wünschte sich zwar, anderen von Jesus und dem christlichen Glauben zu erzählen, aber ihm fehlte eine zündende Idee, wie er mit den Menschen aus seinem unmittelbaren Umfeld in Kontakt kommen konnte.

Irgendwann traf er sich mit mehreren Nachbarn aus seinem Wohngebiet, die ebenfalls zur *Willow Creek*-Gemeinde gehörten, und gemeinsam dachten sie darüber nach, wie man signalisieren könnte, dass man sich für die Leute aus der Gegend interessierte und gerne in Kontakt mit ihnen treten würde – und zwar letztlich auch mit dem Ziel, mit ihnen über Gott ins Gespräch zu kommen. Leider war diese „Planungsgruppe" ziemlich unverbindlich, denn die Personen, die daran teilnahmen, hatten bereits zahlreiche andere Aufgaben und Verpflichtungen, sodass ihnen im Grunde keine Freiräume für etwas Neues blieben. Sie befürchteten, dass ihnen durch die bereits vorhandenen Belastungen durch Familie, Beruf und die Mitarbeit in der Gemeinde keine Kraft für die neue Initiative bliebe. Wie Sie sich wahrscheinlich vorstellen können, ging auch Dave irgendwann die Puste aus. „Dann bin ich eben auch ein evangelistischer ‚Loser'", klagte er scherzhaft.

Wie sicher viele von Ihnen, so hatte auch Dave seine liebe Mühe damit, einerseits der Anweisung Jesu folgen zu wollen und Menschen in seinem Umfeld zu helfen, andererseits aber auch die Tatsache zur Kenntnis zu nehmen, dass sich keine erkennbaren weiteren Möglichkeiten auftaten. Weil er sich aber nicht so leicht von seinem Anliegen abbringen ließ, fasste Dave einen Plan. Er ging auf einen Mann zu, der ebenfalls bei diesem ersten Planungstreffen dabei gewesen war, und forderte ihn mit folgendem Satz heraus: „Ich wette, dass ich ein besseres Kickball-Team zusammenstellen kann als du." Sein Nachbar lachte ihn zwar aus, nahm die Herausforderung jedoch an und entgegnete: „Die Wette gilt."

Am darauf folgenden Sonntag kamen gegen Abend auf

dem Sportplatz der Schule des Viertels acht Familien – bestehend aus insgesamt etwa 40 Personen – zusammen. Dave und seine Frau sowie ihre beiden Kinder waren die Leiter (denn der Ball gehörte nämlich ihnen) und man bildete zwei Mannschaften.

Erst spielten alle zusammen ein schnelles Spiel und überließen dann den Rasen den Kindern, während die Erwachsenen sich am Spielfeldrand aufhielten, miteinander plauderten, Anekdoten über ihren Nachwuchs austauschten und sich dabei besser kennen lernten. Ihre Söhne und Töchter vergnügten sich währenddessen beim Spiel.

„Dieses erste Spiel ist jetzt etwa ein Jahr her", erinnerte sich Dave kürzlich. „In den Sommermonaten hat sich dann ein harter Kern von Familien jeden Sonntagabend zum Kickballspielen getroffen, und den Kindern hat das so gut gefallen, dass sie auch allen ihren Freunden davon erzählt haben. Oft kamen auch Leute zufällig vorbeigefahren, sahen, dass sich dort Dutzende von Menschen tummelten, und fragten sich, was da wohl los war.

In den ersten paar Monaten kamen an den Sonntagabenden durchschnittlich 65 Eltern und Kinder. Den Leuten gefiel es! Ursprünglich waren die Spiele als Aktivität gedacht gewesen, um überhaupt Kontakt zu knüpfen, aber die Leute kamen immer wieder, weil ... na ja, einfach weil es so viel Spaß machte. Wir erfanden Regeln, damit es spannend und interessant blieb: Mütter und Väter mussten beispielsweise mit ihrem jeweils schwachen Fuß spielen und ähnliche Varianten, damit alle etwa gleiche Chancen hatten. Wir spielten bei einem Treffen nie sehr lange, sodass die Leute weiterhin Lust auf mehr hatten. Es lief wirklich großartig!

Als dann der Winter nahte, informierten wir uns bei Hallen und Indoor-Sportanlagen, ob es nicht Möglichkeiten gab, für unsere Sonntagabendaktivität einen Platz zu mieten. Ich ging zu den anderen Familien, die mit zum harten Kern der Gruppe gehörten, und erklärte, dass wir unsere Kickballtreffen auch im Winter fortsetzen könnten, wenn wir eine kleine Geldsumme zusammenlegten. Ohne auch nur den Hauch eines Zögerns waren alle dafür, weiterzumachen.

Nach den ersten paar Monaten beschlossen meine Frau und ich, die Planungs- und Organisationsarbeit auf mehrere Schultern zu verteilen, sodass jeder etwa gleich viel zu tun hatte und ebenfalls Verantwortung trug. Also waren abwechselnd jede Woche immer zwei Ehepaare für die Treffen verantwortlich. Schon allein durch die Planung und die Organisation unserer Treffen wuchsen und gediehen die Beziehungen untereinander – es war wirklich erstaunlich! Wann immer es möglich war, stellte ich die verantwortlichen Organisations-Ehepaare so zusammen, dass eines schon zur Familie Gottes gehörte, das andere jedoch nicht. Wenn die vier sich dann vor dem Sonntag trafen, um Snacks vorzubereiten, Teilnehmer an den Termin zu erinnern und Aktivitäten nach dem Spiel zu planen, schweiften ihre Gespräche häufig auch zu geistlichen Themen ab, normalerweise durch so einfache Fragen ausgelöst wie: ‚Gehört eure Familie eigentlich zu irgendeiner Gemeinde?'

Natürlich hatte nicht jede Familie jeden Sonntag Zeit zum Spielen, aber die Gruppe wuchs dennoch stetig – und es entwickelten sich immer mehr echte Freundschaften, die auch immer intensiver wurden. Inzwischen sind sonntagabends etwa 150 Personen mit dabei."

Interessant an Daves Kickballgruppe ist auch, dass inzwischen alle möglichen anderen Anlässe gemeinsam gefeiert wurden, nachdem erst einmal eine Grundlage für Beziehungen vorhanden war. Man sah sich gemeinsam den *Super-Bowl* an, feierte den Valentinstag zusammen, man fuhr gemeinsam in die Frühjahrsferien oder andere Kurzurlaube, und im Sommer wurden Grillpartys bei den unterschiedlichen Familien veranstaltet.

Neun Monate, nachdem die Gruppe ins Leben gerufen worden war – das war ungefähr der Zeitpunkt, als das neue *Willow Creek*-Auditorium eröffnet wurde –, hatte Dave eine Idee. Die Kickballgruppe war nicht mit einer konkreten Gemeinde oder Kirche verbunden und hatte auch keine einheitliche Glaubensrichtung. Das ursprüngliche Ziel der Zusammenkünfte war ja gewesen, Kontakt zu Menschen zu knüpfen, gleichgültig, wo sie in ihrer spirituellen Entwicklung gerade standen, aber jetzt hatte Dave die Idee, die gesamte Gruppe offiziell zur Eröffnungsfeier des neuen *Willow Creek*-Gemeindezentrums einzuladen.

„Ich werde nie vergessen, was ich dabei von einer Frau erfuhr", erzählte Dave mir. „Als ich sie ebenfalls zu der großen

Eröffnungsfeier einlud, sagte sie, dass ihr Mann und sie eigentlich schon seit Jahren den Wunsch hätten, sich einer Gemeinde anzuschließen, sie aber nirgends das Gefühl gehabt hätten, wirklich willkommen zu sein. Sie wussten nicht, was man tun musste, um ‚zu einer Gemeinde zu gehören', und fühlten sich in einem solchen geistlichen Umfeld mit entsprechenden Ritualen, Regeln und Erwartungen auch eher unwohl.

‚Vielleicht versuchen wir es mal mit deiner Gemeinde!', sagte die Frau. Ich war begeistert – ihre Geschichte war nur eines von vielen Wundern, die wir in nur einem Jahr in der Kickball-Gruppe erleben durften. Ausnahmslos jede Familie, die eine Einladung in die ‚Willow Creek'-Gemeinde bekommen hatte, kam auch – zwar nicht alle zur Eröffnungsfeier, aber doch irgendwann. Es war einfach unglaublich!"

Evangelisation hat nichts mit Raumfahrtwissenschaft zu tun. Das Einzige, was man braucht, sind ein bisschen Geduld, ein bisschen Ausdauer und ein großes offenes Ohr für die Impulse des allgegenwärtigen Gottes und, voilà, schon ergeben sich die nächsten Schritte. Dave sagt, dass inzwischen Familien, die neu in die Gegend ziehen, immer irgendwann in der Kickball-Gruppe landen, um von da aus Kontakte im Ort zu knüpfen. „Vor kurzem sind drei neue Familien zugezogen, alle in dieselbe Straße. Und innerhalb eines Monats sind alle drei zum Kickball gekommen", erzählte er. „Irgendwie schon ungewöhnlich, aber es funktioniert!"

• • • • •

An den meisten Tagen, an denen nicht Kickball gespielt wird, sind Dave und sein Sohn auf dem Rasen vor dem Haus anzutreffen, wo sie Fangen spielen oder einfach nur herumbolzen. Irgendwann zog der Sohn ihrer schon recht betagten Nachbarn – ein Mann um die 40 – wieder bei seinen Eltern ein, weil er an einer besonders heimtückischen Krebserkrankung litt, durch die seine gesamte Muskulatur sehr rasch zerstört wurde. Mike, so hieß der Sohn, brauchte bei fast allen alltäglichen Verrichtungen Hilfe: beim Aufstehen und beim morgendlichen Duschen, beim Anziehen, beim Zubereiten der Mahlzeiten und auch beim Essen.

Dave bemerkte, dass Mike bei gutem Wetter häufig aus dem Haus kam, um in seinem elektrischen Rollstuhl herumzufahren und ihm und seinem Sohn Scott beim Spielen zuzuschauen, während er eine Zigarette rauchte. Mit der Zeit lernte Dave Mike ziemlich gut kennen, erfuhr von seiner Kindheit, seinen größten Erfolgen, seinen Hoffnungen und Vorlieben, seinen Sehnsüchten und Ängsten.

„Es ging Mike zusehends schlechter", erinnert sich Dave. „Seine Muskeln verweigerten irgendwann vollständig ihren Dienst, und er wurde als Schwerstpflegefall auf einer Intensivstation im Krankenhaus behandelt, weil sein nicht funktionierendes Zwerchfell seine Atmung stark behinderte. Ich kannte ihn und seine Eltern inzwischen schon so gut, dass es für mich selbstverständlich war, Mike im Krankenhaus zu besuchen.

Ich werde nie den Sonntagabend vergessen, als mein Handy klingelte und ich die furchtbare Nachricht erhielt. Die Apparate, die Mike am Leben hielten, sollten am folgenden Donnerstag abgeschaltet werden, und sein Vater rief mich jetzt an, um mir mitzuteilen, dass Mikes Tage gezählt waren. Ich hatte Mike noch ein paar Stunden vor dem besagten Anruf gesehen, und obwohl ich wusste, dass ich eigentlich alles hätte stehen und liegen lassen müssen, um ins Krankenhaus zu fahren und mich von Mike zu verabschieden, drückte ich mich davor. Ich konnte es einfach nicht ertragen, ihn sterben zu sehen.

Als ich am darauf folgenden Tag zufällig zwischen zwei Geschäftsterminen direkt am Krankenhaus vorbeifuhr, lenkte ich den Wagen sofort an den Bordstein, um meine Frau anzurufen. ‚Komm bitte gleich zum Krankenhaus, damit wir Abschied nehmen können', schlug ich vor. Aber sie war über den Verlauf der Dinge so aufgewühlt, dass sie sagte, sie brächte es einfach nicht fertig, Mike in seinem schrecklichen Zustand zu sehen. Deshalb lag es jetzt ganz bei mir – es war allein meine Entscheidung."

Dave wusste genau, was er zu tun hatte.

„Ich erinnere mich noch daran, wie ich auf die Intensivstation kam und Mike dort tief schlafend antraf. Seine Atmung wurde durch Geräte in Gang gehalten, die rhythmische Geräusche machten. Er sah ganz ruhig und friedlich aus.

Okay, Gott, betete ich still. *Hier bin ich. Ich bin gekommen und jetzt passiert nichts. Da werde ich dann wohl einfach hier stehen und Mike anschauen, bis er aufwacht – sollte ich etwa deshalb herkommen? Ich werde also einfach hier stehen und warten.* Meine Gedanken schossen mir im Rhythmus der Beatmungsmaschine durch den Kopf. *Soll ich wirklich hier sein? Oder dränge ich mich auf? Warum bin ich bloß gekommen? Es gibt Millionen Orte, an denen ich jetzt lieber wäre!*

Ich hatte selbst ein paar Jahre zuvor den Kampf gegen den Krebs gewonnen", berichtete Dave, „und das Allerletzte, was ich mir wünschte, war, an einem Bett zu stehen und mit ansehen zu müssen, wie ein Freund an dieser Krankheit starb." Und inmitten all der Gedanken, die ihm im Kopf herumschwirrten, wurde Dave plötzlich durch irgendetwas jenseits der Glasscheibe des Intensivzimmers abgelenkt. 30 Minuten lang beobachtete er gedankenverloren die Abläufe auf der anderen Seite des Fensters und blieb geduldig bei Mike, bis dieser aufwachte.

„In dem Augenblick, als Mikes Augenlider ein wenig flatterten und sich dann mühsam öffneten, trat ich in sein Blickfeld. ‚Nein, lass nur – es ist wirklich nicht nötig, dass du aufstehst ', scherzte ich. Als er mit dem für ihn typischen strahlenden Lächeln reagierte, das ich so lieb gewonnen hatte, kam eine Schwester herein.

‚Wer sind denn Sie?', fragte sie, als sie mich bemerkte.

‚Ich bin wegen der Tanzstunde hier', erwiderte ich. Wieder lächelte Mike, und ich drückte seine Hand, um ihn wortlos aufzumuntern.

Mike und ich hatten bereits in der Zeit, bevor er ins Krankenhaus kam, unsere ganz eigene Methode der Verständigung entwickelt. Seine Stimme war so schwach und leise, dass er kaum noch ein Flüstern zustande brachte, also verständigten wir uns oft mit Hilfe unserer Mimik oder mit unterschiedlich starkem Händedruck.

„Ich bin ja eigentlich kein Pastorentyp", fuhr Dave fort, als er noch einmal an den besagten Tag zurückdachte. „Ich hatte keine Ahnung, was man in einer solchen Situation sagt. Obwohl ich mir ziemlich sicher war, dass ich ihm wahrscheinlich völlig falsche Fragen stellte, setzte ich mich auf Mikes Bettkante. ‚Hast du Angst, Kumpel?', fragte ich. ‚Weißt du, was los ist … ich meine, verstehst du, was diese Woche passieren soll?' Ich stellte all diese Fragen eher, um meine eigene Angst zu bewältigen, als in der Absicht, unser Gespräch fortzusetzen. Ich wusste, dass Mike mir nicht antworten konnte, aber ich redete trotzdem weiter.

‚Ich habe eine Frage an dich, Mike', begann ich. ‚Wenn all diese Geräte abgeschaltet werden, kommst du dann in den Himmel?' Ich hielt mein Ohr ganz nah an seine Lippen, und er flüsterte: ‚Ich glaube schon. Ja, ich glaube schon.'

Ich hatte keine Ahnung, was ich als Nächstes tun sollte, Bill. Ich wollte seine Antwort nicht in Zweifel ziehen, aber ich hatte auch das starke Gefühl, dass er sich ganz und gar nicht sicher war, wohin er am darauf folgenden Donnerstag gehen würde. Ich sagte, dass ich der Meinung sei, es könne uns vielleicht beiden gut tun, noch mal über ein paar Dinge zu reden. Zum Beispiel darüber, worum es eigentlich geht, wenn vom Himmel die Rede ist, und woher wir eigentlich wissen können, ob wir auch wirklich dorthin kommen. Ich fragte, ob es ihm recht sei, wenn wir kurz beteten, um diese Sache mit dem Himmel zu klären, und Mike war einverstanden. Da waren wir nun also, wir beiden Männer – Mike lang ausgestreckt in einem sterilen Krankenhausbett und ich war neben ihn gekauert, meine Hände um seine gefalteten Hände gelegt.

Ich betete immer einen Satz, machte eine Pause, betete den nächsten Satz, machte wieder eine Pause und wartete auf irgendeine Bestätigung dafür, dass Mike sowohl gehört als auch verstanden hatte, was ich betete. Als ich weiterbetete, spürte ich einen klar erkennbaren Händedruck bei einer bestimmten Aussage, der Mike zuzustimmen schien. Ich betete darum, dass er die Sicherheit hatte, gerettet zu sein. Druck. Ich bat Gott, ihm Frieden zu schenken in Bezug darauf, wo er in Ewigkeit sein würde. Druck. Ich dankte Gott dafür, dass Mike in Ewigkeit bei ihm im Himmel sein würde, weil Mike an Jesus als seinen Herrn und Erlöser glaube. Darauf drückte Mike meine Hand sehr lange und sehr fest.

Die Besuchszeit war fast zu Ende und ich musste gehen. Bevor ich mich verabschiedete, sah ich Mike noch einmal an und sagte: ‚Hey, weil du ja in den Himmel kommst, sage ich dir nicht Lebewohl. Ich sage einfach: ‚Bis dann.' Reserviere uns da oben eine gute Straße, auf der Scott und du und ich dann zusammen bolzen können, okay?'

Ich ging ein paar Schritte in Richtung Tür, drehte mich aber dann noch einmal langsam um, um ein letztes Mal Mikes strahlendes Lächeln zu sehen. Seine Lippen formten ein ‚Danke', bevor er ein letztes Mal lächelte. Und dann ging ich."

Am darauf folgenden Donnerstag wurden die Geräte, die Mike am Leben hielten, wie geplant abgeschaltet, und er starb. Bei der Beerdigung ein paar Tage später musste Dave noch einmal an seine letzte Begegnung mit Mike denken. „Es war, als würde Gott hörbar sagen: ‚Danke, dass du gekommen bist, Dave. Danke, dass du auf den Impuls von mir reagiert hast und einfach da warst. Mehr wollte ich gar nicht von dir.'"

An dem Freitag nach der Beerdigung gingen Dave und seine Frau nach nebenan, um Mikes Eltern in ihrer Trauer beizustehen. Etliche Nachbarn – von denen viele auch zu der Kickballgruppe gehörten – kamen ebenfalls; fast alle hatten entweder Essen für Mikes Eltern mitgebracht oder Blumen.

Als gegen Abend alle nach Hause gegangen waren, saß Dave Mikes Eltern in der Stille und Leere des Wohnzimmers gegenüber. Er erzählte ihnen von seinem letzten Besuch bei ihrem Sohn. Bevor er jedoch auf Einzelheiten zu sprechen kam, unterbrach Mikes Mutter ihn mit einem bekümmerten Lächeln.

„Das wissen wir, Dave. Das wissen wir alles. Als wir Mike am Mittwochmorgen besucht haben – am Tag, bevor die Geräte abgeschaltet wurden –, hat er auf einen großen Block geschrieben, dass ihr beide zusammen gebetet hättet. Er schrieb: ‚Jetzt ist alles okay, Mutter und Vater', und zwar in ganz großen Buchstaben. Was genau hast du mit unserem Sohn gebetet, Dave?"

Dave erzählte jetzt wortwörtlich alles und erwähnte auch jeden Händedruck von Mike. Er schloss seinen Bericht mit den Worten: „Ihr Sohn ist jetzt ganz bestimmt im Himmel." Er sah in die erleichterten Gesichter der bekümmerten Eltern, die sich für ihren Sohn nichts mehr gewünscht hatten, als dass er die Ewigkeit im Himmel bei Gott verbringen würde.

• • • • •

Ich weiß ja nicht, wie es Ihnen geht, aber ich persönlich finde es schon sehr interessant, dass Gott einen Mann genau zu dem Zeitpunkt, als seine Zeit auf dieser Erde zu Ende ging, veranlasst, in einen Vorort von Chicago zu ziehen. Erstaunlich ist außerdem, dass gleichzeitig der Geist Gottes bei einem Mann namens Dave – ebenfalls ein Bewohner dieses Vorortes – den intensiven Wunsch hervorruft, mit den Menschen in seiner unmittelbaren Nachbarschaft in Kontakt zu kommen, und es handelt sich dabei um einen Wunsch, der einfach nicht wegzudrängen ist.

Für mich ist es einleuchtend, dass Gott beschloss, Dave an einer ziemlich coolen Reich-Gottes-Aktion zu beteiligen, weil dieser Menschen in seinem Umfeld helfen wollte – weil er sich mehr um die Befriedigung ihrer Bedürfnisse kümmern wollte als um seine eigenen. Ich finde, alle Menschen, die Jesus nachfolgen – und nicht nur Leute wie Dave –, sollten bereit sein, in das Leben um sie herum einzutauchen. Und zwar durch die Bereitschaft, kreative Möglichkeiten anzubieten, wie Familien miteinander in Kontakt kommen und Beziehungen aufbauen können. Oder einfach, indem sie sich darum bemühen, die Menschen kennen zu lernen, die in den Häusern nebenan und gegenüber wohnen, oder indem sie ihren eigenen Terminplan umstoßen, um am Sterbebett eines Menschen Beistand zu leisten und dabei zu helfen, dass er wirklich in den Himmel kommt.

Das Leben ist zu kurz – für Sie selbst und auch für die Menschen, die Sie kennen –, als dass Sie es sich leisten könnten, nicht zur Stelle zu sein. Wenn der Geist Sie anstupst, über ein Fußballfeld, einen Parkplatz oder in ein Krankenhauszimmer zu gehen – oder wohin auch immer –, dann sollten Sie das Risiko eingehen, dort hinzugehen und einfach zur Stelle zu sein. Gehen Sie das Risiko ein, genau das zu tun, wozu Gott Sie auffordert, und bieten Sie jede zur Verfügung stehende Unterstützung an, damit ein weiterer Mensch eines Tages ebenfalls im Himmel bolzen kann.

Es ist einer der „weiteren Schritte“, die Sie niemals bereuen werden.

Erste Schritte zur Umsetzung

1. Auf Seite 124 werden wir noch einmal daran erinnert, dass man „nicht begabter, reicher, dünner, schlauer oder sonst etwas zu sein [braucht], um mit Gott zusammenzuarbeiten. Es ist dazu nicht mehr nötig als Ihre Bereitschaft, sich von ihm auf ganz alltägliche Weise einsetzen zu lassen." Warum fällt es Ihrer Meinung nach manchen Menschen so schwer, das zu glauben?
2. Stellen Sie sich vor dem Hintergrund der Geschichte über die alte Frau, die den Schneewall vor dem Geschäft überwinden musste, einmal folgende Frage: Wie groß ist Ihre Bereitschaft, Ihren ganz normalen Tagesablauf durch die Bedürfnisse oder gar die Notlage eines anderen Menschen unterbrechen zu lassen?
   - „Meine Bereitschaft ist da sehr groß! Ich habe das Gefühl, dass Gott mir jeden Tag solche Gelegenheiten schenkt."
   - „Ja, irgendwie bin ich schon bereit ... aber normalerweise brauche ich eine Weile, um mich auf eine solche Unterbrechung einzustellen."
   - „Meine Bereitschaft ist eher gering. Ich habe es zurzeit auch ziemlich schwer, und ehrlich gesagt erfordert es schon fast übermenschliche Anstrengung, meine eigenen Bedürfnisse und Nöte abzudecken."
3. Um eine Person zu werden, die anderen Hilfestellung anbietet, muss man u. a. besonders aufmerksam darauf achten, ob aus dem, was jemand sagt, ein mögliches Bedürfnis oder eine Not erkennbar wird, in der man helfen könnte. Wie stellen Sie es praktisch an, im Gespräch mit anderen das Augenmerk auf deren Bedürfnisse oder Nöte zu richten?
4. Ich habe in diesem Kapitel geschrieben, dass ich jedes Mal froh bin, dass Gott und ich am Ball geblieben sind, statt zu früh aus der Beziehung auszusteigen, wenn ein Mensch ganz am Ende ist. Ist es Ihnen schon einmal passiert, dass Sie in einer Beziehung „am Ball geblieben" sind und dann ein positives Ergebnis sahen? Wenn ja, beschreiben Sie diese Erfahrung.
5. Schauen Sie sich noch einmal die Definition des „Einfach-dasein"-Faktors in diesem Kapitel an. Für wen sind Sie zurzeit in Ihrem Leben gerade „einfach da"? Mit anderen Worten: Welche

Ihrer Freunde oder Angehörigen würden bezeugen, dass Sie auch „langfristig" für sie da sind – mit ihnen in Beziehung stehen, sie kennen, sie lieben und sie beharrlich und stetig auf den Glauben hinweisen?

6. Welche Gedanken und Gefühle erlebt Dave Ihrer Meinung nach, wenn er hier über seine Beziehung zu Mike nachdenkt? Glauben Sie, dass Sie jemals das Leben eines Menschen auf diese Weise positiv beeinflussen können? Warum bzw. warum nicht?
7. Bei Dave wurde die Gemeinschaft mit den Nachbarn durch ein einfaches Kickball-Spiel ins Leben gerufen. Fallen Ihnen ein paar einfache Schritte ein, die Sie nach Gottes Willen unternehmen können, um ein paar Bedürfnissen und Nöten zu begegnen, die Ihnen aufgefallen sind? Was würde es für Sie persönlich bedeuten, in Ihrem unmittelbaren Umfeld „einfach zur Stelle zu sein"?

Anmerkung

[1] Zusammenfassung der Aussagen aus Gary Pole: *Seeker Small Groups*. Zondervan 2003, S. 208.

TEIL 3

Die Macht von Geschichten

KAPITEL 6

Ihre eigene Vorher-Nachher-Geschichte

Unsere Vorliebe für Geschichten beginnt schon ganz früh in unserem Leben. Kleine Kinder betteln übermüdete Eltern an: „Bitte, bitte, noch eine Geschichte!“ Wenn wir dann mündige Mitglieder der Gesellschaft werden, die ihren Beitrag leisten, verwandelt sich unsere kindliche Faszination für den strahlenden Helden oder die Zauberfee in den schlichten Wunsch, Anteil an der Realität eines anderen zu haben, in der Hoffnung, dadurch unsere eigene Realität besser zu verstehen. Uns fesseln Geschichten mit Charakteren, die scheinbar genau wie wir sind, Handlungsstränge, die uns das Leben mit ganz anderen Augen sehen lassen, lebendige Schilderungen von Teilen der Welt, in denen wir nie waren, und bohrende Fragen, durch die wir gezwungen sind zu erklären, was wir eigentlich glauben.

Kein Wunder, dass Jesus grundlegende Lektionen in Sachen Weisheit und wichtige theologische Lehrinhalte in ganz einfache Geschichten verpackte. Als größter Geschichtenerzähler aller Zeiten ersann Jesus Geschichten über fast alles – von großen Festessen über Senfkörner, Bäume, die Frucht bringen, bis hin zu verlorenen Schafen und Münzen.

Jesus wusste genau, worin die Kraft einer guten Geschichte liegt.

Manche der treffendsten und eindringlichsten Geschichten, die Jesus erzählte, handeln von Menschen wie dir und mir. „Ein Landwirt hatte dringende Arbeiten zu erledigen und ging deshalb los, um Arbeiter anzuheuern“, fing er beispielsweise an. Oder: „Eine Frau stand eines Tages in ihrer Küche und backte Brot …“ Die große Bandbreite der von Jesus erzählten Geschichten war schon im Laufe seines Wirkens auf der Erde legendär: Das Mitgefühl des guten Hirten. Die Offenbarung der Nadelöhr-Erfahrung für den Reichen. Die Bitte des verlorenen Sohnes. Die Hartnäckigkeit einer Witwe. Aber seine Geschichten wiesen ausnahmslos auf eines hin: auf die größere, umfassendere Geschichte Gottes mit den Menschen.

Auch jeder Mensch, der heute auf dieser Erde lebt, hat eine ganz eigene Geschichte. Und wahrscheinlich das Wichtigste, was einem klar werden kann, ist Folgendes: „Meine Geschichte ist Teil der umfassenderen Geschichte Gottes – und das ist die beste Geschichte, die je erzählt wurde.“ Wenn Menschen die großartige Wahrheit erfassen, dass es einen direkten Bezug zwischen dem Evangelium und ihrer eigenen Geschichte gibt, dann gehen ihnen alle möglichen Lichter auf:

- „Ich kann wieder gefunden werden, so wie der verlorene Sohn.“
- „Der gute Hirt sorgt auch für mich.“
- „Meine tiefsten Bedürfnisse – wie die der Witwe – können wirklich erfüllt werden.“
- „Ich kann das Leben in seiner ganzen Fülle erfahren, wenn ich nur ein winziges bisschen Glauben habe.“

Es ist wirklich wahr: Jeder kann geheilt, erneuert und verwandelt werden und in den Genuss eines erfüllenden Lebens gelangen. Und wie ich jetzt ja schon wiederholt erwähnt habe, besteht ein wesentlicher Teil meines Lebensauftrages darin, Menschen, die noch diesseits des Kreuzes stehen, dabei zu helfen, jenseits des Kreuzes eine ganz andere, neue Geschichte zu haben. Ich möchte meine Zeit darin investieren, um Menschen dabei zu helfen, dem auferstandenen Christus zu begegnen, ihnen helfen zu verstehen, dass ihre persönliche Geschichte im Zusammenhang mit Gottes größerer, umfassenderer Geschichte einen Sinn ergibt.

• • • • •

Nehmen wir einmal an, Sie und Ihre noch nicht gläubige Nachbarin haben sich in den vergangenen Monaten miteinander angefreundet. Je mehr Sie miteinander zu tun haben, desto ehrlicher und offener wird Ihre Beziehung. Sie haben sich schon ein paar Mal in Richtung geistlicher Themen vorgewagt, und Ihre Nachbarin weiß, dass Sie „irgendwas mit Gott zu tun haben". Eines Tages fragt sie Sie, warum Sie von Gott eigentlich so begeistert sind. „Klar bete ich auch, wenn ich in der Klemme sitze", führt sie ein wenig weiter aus. „Und zu Weihnachten gehe ich auch mal in die Kirche … aber mehr brauche ich auch gar nicht. Wieso ist diese Sache für dich so wichtig?"

Ich frage mich, wie Sie in diesem erdachten Szenario wohl antworten würden. Hätten Sie eine Antwort parat? Denn wie Sie die Sekunden ausfüllen, die einer solchen Frage unmittelbar folgen, ist das, was ich als entscheidenden Augenblick bezeichne.

Sehen Sie die Sache einmal so: Wenn Sie Ihr Leben mit den „3E" leben, dann legen Sie damit die Grundlage dafür, dass Evangelisation Wurzeln schlagen kann, aber die Fähigkeit, eine gute Geschichte zu erzählen, ist das, was konkret Frucht bringt. Und auch umgekehrt gilt: Man kann sich in das Knüpfen von Freundschaften mit Menschen hineinstürzen, die geistlich gesehen auf der Suche sind, man kann herausfinden, wie ihr Weg bisher verlaufen ist, ja ihnen sogar in manchen Dingen Hilfestellung geben, und dann die ganze Sache trotzdem noch vermasseln, weil man im entscheidenden Augenblick nicht die passende Geschichte parat hat (das dürfen Sie mir wirklich glauben).

Wenn Menschen, die noch keine Beziehung zu Gott haben, ihre Türen weit öffnen und ernsthaft Fragen über Ihren Glauben stellen, dann sollten Sie nicht erstarren und auch nicht mit einem Sperrfeuer von Bibelversen reagieren, die für die betreffende Person wahrscheinlich ohnehin keinen Sinn ergeben. Sie sollten auch nicht auf eine Apfelsinenkiste steigen und den Leuten erst mal predigen, was hier eigentlich Sache ist und dass sie ihr Leben endlich mal auf die Reihe bekommen sollen. Und Sie sollten sich auch nicht auf eine Reihe kleiner, aber wenig hilfreiche Predigten beschränken.

Viel effektiver wäre es, wenn Sie sich darum bemühen, dass in Ihrer Antwort ganz automatisch zum Ausdruck kommt, dass Sie „radikal einschließend" sind – was das bedeutet, haben wir ja bereits an anderer Stelle deutlich gemacht. Und dann, wenn Sie von Ihrer inneren Haltung her ganz und gar bei der Sache sind und sich wirklich eingelassen haben, können Sie lernen, Ihre Geschichte zu erzählen – Ihre ganz schlichte, persönliche Geschichte, die darüber Aufschluss gibt, welche

Bedeutung Gott für und welchen Einfluss er auf Ihr Leben hat. Wer weiß ... vielleicht geben Sie damit ja dem Heiligen Geist etwas, womit er dann arbeiten kann, um den betreffenden Menschen näher zu Gott zu ziehen.

Und nun zurück zu Ihrer Nachbarin. Die hypothetische Frage, die sie Ihnen gestellt hat, lautete ja: „Wieso bist du eigentlich von Gott so begeistert?“ Wenn Sie nicht in der Lage sind, innerhalb von 45 Sekunden Ihre Antwort ganz natürlich zu vermitteln, dann ist das hier genau das richtige Kapitel für Sie.

Was gute Geschichten weniger gut macht

Wenn Sie den Eindruck haben, ich stünde der Fähigkeit von Christen, ihre Geschichten kurz und wirkungsvoll zu erzählen, ein wenig skeptisch gegenüber, dann liegt das daran, dass es wirklich so ist. Nach fast jedem Gottesdienst, an dem ich in unserer Gemeinde mitwirke, stehe ich gemeinsam mit anderen Pastoren und Seelsorgern zur Verfügung, um mit Personen Gespräche zu führen, die das möchten.

Gelegentlich muss ich auch früher weg, weil ich noch ein Flugzeug erreichen muss oder irgendeine andere Verpflichtung habe, aber neun von zehn Mal stehe ich im Gästebereich und führe viele Einzelgespräche.

Außer diesen Kontakten nach den Gottesdiensten habe ich häufig an Orten zu tun, wo ich gewöhnlich ebenfalls Christen treffe. Und außerdem bin ich einen Großteil des Jahres unterwegs und treffe dabei noch mehr Menschen aus dem christlichen Umfeld. Für mich ist es normal, dass ich an jedem dieser Schauplätze mit Menschen ins Gespräch komme und, wenn ich den Impuls bekomme, heraushöre, wo sie auf ihrem geistlichen Weg gerade stehen. „Erzählen Sie mir Ihre Geschichte“, sage ich dann. „Nur zu ... ich bin ganz Ohr.“

Daher habe ich schon Hunderte von Geschichten zu hören bekommen, ja vielleicht sogar Tausende. Und ich muss gestehen, dass es meist nicht besonders schön ist. Nicht, weil die Leute keine Geschichte zu erzählen hätten oder nicht bereit wären, sie zu erzählen, sondern weil sie ihre Geschichten oft so grottenschlecht erzählen.

Ich kann gar nicht sagen, wie oft ich schon vor einem Christen gestanden habe, der wirklich guten Willens war, dann aber in einer ärgerlich langatmigen, in immer größer werdenden Kreisen verlaufenden Reise auf der Straße der geistlichen Erinnerung dahinstolpert. Und jedes Mal schießen mir dieselben Gedanken durch den Kopf: *Wenn ich jemand wäre, der noch keine Beziehung zu Gott, aber einen Hauch des Interesses an dieser Sache namens Christentum hätte, dann würde ich mir vermutlich nach dem Anhören deiner Geschichte wünschen, Heide zu bleiben.*

Das klingt jetzt zwar hart, aber ich werde mich dennoch nicht dafür entschuldigen. An dieser Stelle haben wir wohl alle ein klares Wort nötig. Wenn wir wirklich eine Beziehung zu Gott haben, müssen wir daran arbeiten, die Geschichte unseres persönlichen Glaubens weiterzugeben. Denn wenn diese Geschichte nicht sorgfältig durchdacht ist und klar, eindeutig und gut strukturiert erzählt wird, kann das unabsehbare Folgen haben.

• • • • •

Vor einiger Zeit kam einmal jemand an einem Flughafen auf mich zu, der offensichtlich meine Seele retten wollte. Wir saßen in einer Wartehalle am Flugsteig fest und warteten auf unseren Flieger. Aus irgendeinem Grund hatte ich absolut keine Lust, mich mit ihm zu befassen, aber mir fiel auch keine Fluchtmöglichkeit ein. Er fing an, mir von seiner innigen Beziehung zu Gott zu erzählen, und während er so redete (merkte er überhaupt, dass ich da war?), befand ich mich in einem schwierigen Dilemma: *Sage ich ihm, dass ich Pastor bin, oder lasse ich ihn einfach weiterreden und tue so, als wäre ich wirklich sein nächstes Missionsobjekt?* Ich beschloss dann, fürs Erste noch ein Weilchen unentschlossen zu bleiben.

Er begann mit einer Art Ausbruch: „Sie werden es nicht glauben! Eines Nachts hat Gott mich geweckt." Die Leidenschaft und Ungläubigkeit in seiner Stimme signalisierten den Anfang einer Geschichte, von der ich sicher war, dass sie interessant werden würde. „Ich schaute auf meine Armbanduhr", fuhr er fort, „und es war 2:22 Uhr." Der Mann machte eine Pause, um meine Reaktion auf diesen „Aufmacher" abzuwarten.

Ich erwiderte: „Wow." Immer noch saß ich da, unentschlossen, aber mittlerweile auch leicht genervt, als er weiterredete.

„Dann, in der nächsten Nacht, weckte Gott mich wieder auf. Es war ... 3:33 Uhr!“ Er redete weiter, obwohl ich ihm keinerlei Signal gegeben hatte, fortzufahren, weder in Worten noch nonverbal. „Und dann“, er bekam jetzt kaum noch Luft, „in der folgenden Nacht ...“

Ich unterbrach ihn, ohne auch nur den Versuch zu unternehmen, Interesse zu heucheln. „Lassen Sie mich raten“, wagte ich mich vor, „es war 4:44 Uhr?“

„Woher wussten Sie das?!“, rief er.

In diesem Augenblick ging mir nur eine einzige Frage durch den Kopf: *Warum? Warum nur, oh, warum nur, oh, warum nur?*

Warum geben Menschen in diesen heiklen ersten paar Augenblicken eines neuen Kontakts ausgerechnet solches Zeugs weiter? Warum breiten sie sich derart über irgendwelche geistlichen Merkwürdigkeiten aus als Ausgangspunkt für ein Gespräch mit jemandem, von dem sie den Eindruck haben, dass er noch keine Beziehung zu Gott hat? Warum?

• • • • •

Wir haben doch alle selbst schon merkwürdige Geschichten mit Gott erlebt. Sie wissen schon: Es passiert etwas Rätselhaftes, als sonst niemand in der Nähe ist, und man deutet es als Eingreifen Gottes. Ich selbst habe jedenfalls ein paar solcher Geschichten erlebt. (Na, gut, aber ich erzähle Ihnen nur eine.)

Die „merkwürdige Geschichte mit Gott“, die ich in *Willow Creek* am häufigsten erzähle, spielte sich an einem Abend vor etlichen Jahren ab, als ich sehr spät von einer Auslandsreise nach Hause kam. Meine Frau Lynne war verreist und die Kinder waren damals schon aus dem Haus. Alles war still.

Kurz nach Mitternacht ging ich ins Bett und glitt gerade in den Schlaf hinüber, als ich plötzlich den intensiven Impuls verspürte, in den Keller zu gehen und dort nach dem Rechten zu sehen. Weil ich von der Reise hundemüde war, ignorierte ich den Impuls zwei Mal. Schließlich hatte ich fast körperlich das Gefühl, dass ich angestupst wurde.

„Geh und sieh im Keller nach dem Rechten!“ Die Stille brüllte mich förmlich an.

Also quälte ich mich aus dem Bett und schleppte mich nach unten, um im Keller nach dem Rechten zu sehen. Allem Anschein nach hatte sich das Abzugsrohr der Heizung vom Schornstein gelöst, und es strömte Kohlenmonoxid in unseren Keller, breitete sich dort aus und stieg langsam im Haus nach oben.

Interessant, dachte ich, als ich die Heizung ausstellte und ein paar Kellerfenster öffnete.

Nur schlafen, war dann mein nächster Gedanke, als ich wieder ins Schlafzimmer ging.

Am nächsten Morgen rief ich den Heizungsmonteur an, erklärte, was passiert war, und bat ihn, sich um meine defekte Heizung zu kümmern. Nachdem er sich alles angeschaut hatte, meinte er: „Wissen Sie, bei der Kälte gestern Abend wäre Ihre Heizung die ganze Nacht durch gelaufen, wenn Sie sie nicht ausgeschaltet hätten. Die gesamten Abgase hätten sich im Haus ausgebreitet, und ... na ja, wahrscheinlich wären Sie jetzt tot. Das war wohl eine ganz gute Idee von Gott, Sie aufzufordern, im Keller nach dem Rechten zu sehen."

Merkwürdige Gott-Geschichten. Rätselhafte Ereignisse im Leben, bei denen sich Christen darüber einig sind, dass sie weder Zufall noch irgendwie anders zu erklären sind als durch das gezielte Eingreifen Gottes. Vermutlich hat jeder Christ eine solche Geschichte erlebt, aber muss ich wirklich ausgerechnet diese Geschichten völlig Fremden als Allerersterstes erzählen? Meine letzte merkwürdige Geschichte mit Gott ist nie die erste Karte, die ich ausspiele, wenn jemand wirklich ernsthaft wissen möchte, weshalb ich Christ bin. Können Sie sich folgendes Gespräch vorstellen? „Also, Bill, weshalb folgen Sie mit einer solchen Leidenschaft Jesus Christus nach und leben nach dem Willen Gottes?"

„Weil Gott eines Nachts – es war genau 2:22 Uhr – durch meine Heizung zu mir gesprochen hat!"

Nein, diese Art Blitzstart sollten wir uns wirklich sparen. Deshalb hier mein Appell an Sie: Fangen Sie Ihre Glaubensgeschichte nicht gerade mit dem merkwürdigsten Erlebnis an, das Sie jemals mit Gott hatten. Sparen Sie sich das für später auf – für *viel* später.

• • • • •

Und als hätte ich mich jetzt noch nicht unbeliebt genug gemacht, möchte ich Ihnen noch vier weitere Kritikpunkte an persönlichen Glaubensgeschichten nennen; danach werde ich dann umschalten und Ihnen ein paar Tipps geben, wie Sie Ihre Geschichte erzählen können, wenn jemand wirklich ernsthaft wissen möchte, warum Sie mit Gott leben. Eines möchte ich zuvor jedoch noch klarstellen: Ich freue mich darüber, wenn Menschen ihre persönliche Geschichte weitergeben wollen. Ich freue mich über den Gott, der ihnen überhaupt Geschichten zum Weitererzählen schenkt. Aber wenn es darum geht, wo unsere Zuhörer die Ewigkeit verbringen, dann, so behaupte ich, müssen wir diese Geschichte einfach besser erzählen.

Kritikpunkt 1: Langatmigkeit

Die allermeisten Glaubensgeschichten, die ich zu hören bekomme, sind viel zu lang. Ich will ja nicht grausam sein, aber wenn ich mich darauf einlasse, mir eine Geschichte anzuhören, deren Länge ich auf etwa drei Minuten schätze (oder noch weniger – aber dazu kommen wir später), dann erwarte ich, dass meine Kleidung auch noch in Mode ist, wenn diese Geschichte zu Ende erzählt ist. Achten Sie beim Erzählen auf die Körpersprache Ihrer Zuhörer. Wandern ihre Blicke rastlos umher? Verschränken sie die Arme oder atmen tief aus, während Sie erzählen? Oder geschieht vielleicht etwas noch Schlimmeres? Wenn ja, dann haben Sie ein Problem (hier zeigt sich einmal mehr meine gut entwickelte Gabe, das Offensichtliche zu benennen).

Halten Sie Ihre Geschichte kurz und knackig, und geben Sie Ihren Zuhörern die Möglichkeit, ein paar Verständnisfragen zu stellen. Sorgen Sie dafür, dass sie Lust auf mehr bekommen, und vertrauen Sie darauf, dass Gott einen Dialog in Gang setzt, wenn Sie mehr über Ihren Glaubensweg erzählen sollen.

Kritikpunkt 2: Ungereimtheiten

Das Einzige, was noch schlimmer ist als eine lange Geschichte, ist eine wirre, zusammenhanglose. Folgendes geschieht ziemlich häufig: Ich frage: „Wie sind Sie denn zum Glauben an Jesus Christus gekommen?“ Und als Antwort bekomme ich dann eine Geschichte mit einem halben Dutzend Erzählsträngen mit etwa 16 Hauptpersonen. Ich erfahre von Büchern, die diese Menschen gelesen haben, von übernatürlichen Situationen, die sie erlebt, und von Kongressen, an denen sie vor zwölf Jahren einmal teilgenommen haben. Ich höre von langen Korridoren, die sie entlanggegangen sind, von Engeln, die ihnen in ihrem Schlafzimmer erschienen sind, und von verstorbenen Verwandten, mit denen sie mitten in der Nacht geredet haben.

Also, Sie haben jetzt wahrscheinlich eine Vorstellung davon, was ich meine, oder? Halten Sie Ihre Geschichten einfach – mit einem klaren Handlungsstrang, durch den möglichst deutlich wird, wie Ihr Glaubensweg verlaufen ist. Wir werden später noch darauf zu sprechen kommen, wie das ganz praktisch aussehen kann.

Kritikpunkt 3: Insidersprache

Begriffe wie „Erlösung", „wiedergeboren", „Jesus annehmen" und „persönlicher Herr und Heiland" sagen Menschen, die Jesus nicht nachfolgen, kaum etwas. Ich höre unzählige Geschichten, die so klingen, als würden sie in irgendeiner Geheimsprache oder auf Kanaanäisch erzählt.

Es ist zwar eine Menge Arbeit, Ihre Geschichte vom Insiderjargon zu befreien, aber es lohnt sich auf jeden Fall. Ein großes Lob von einem nicht gläubigen Zuhörer könnte etwa lauten: „Ich habe jedes Wort verstanden, das du gerade gesagt hast."

Kritikpunkt 4: Überheblichkeit

Dieser letzte Kritikpunkt veranlasst mich gelegentlich dazu, richtig laut zu werden, und manchmal kann ich mich gar nicht mehr beruhigen. Das liegt ganz einfach daran, dass dieser Punkt mir so besonders wichtig ist. Mir haben schon häufig Fremde ihre Geschichte erzählt, die nicht wussten, dass ich Jesus bereits nachfolge. Nachdem ich ein paar fromme Bemerkungen und überhebliche Mutmaßungen zu hören bekam, habe ich dann oft einfach dicht gemacht, und zwar deshalb, weil so offensichtlich war, dass es diesen Menschen kein bisschen um mich ging. Das Einzige, was sie interessierte, war, festzulegen, wie hier die Rollen verteilt waren: dass nämlich sie diejenigen waren, die den Durchblick hatten und alles auf die Reihe bekamen und ich die bedauernswerte Person war, die in vielerlei Hinsicht absolut nicht dem Maßstab entsprechen kann und somit einfach nur unzulänglich ist.

Es gibt vielleicht keine effektivere Methode, als die Frömmeleikarte auszuspielen, wenn man erreichen will, dass Nichtgläubige das Weite suchen. Wenn Sie es schaffen möchten, dass jemand dauerhaft von allem abgestoßen ist, was mit Gott zu tun hat, dann versuchen Sie es doch mal mit Überheblichkeit. Das funktioniert eigentlich immer.

• • • • •

Bevor wir jetzt mit einigen Tipps zum Erzählen der eigenen Geschichte mit Gott fortfahren, sollten Sie eines im Hinterkopf behalten: Wenn diese Kritikpunkte bei Ihnen Ängste auslösen oder Ihnen ein schlechtes Gewissen machen, weil Sie solche und ähnliche Fehler in Gesprächen mit Freunden über Jesus und Ihren Glauben schon begangen haben, dann haben Sie durchaus die Möglichkeit, hier wieder etwas gutzumachen.

Ich werde immer wieder von Personen gefragt, was sie denn tun sollen, wenn sie in solchen evangelistischen Situationen Fehler gemacht haben, indem sie beispielsweise Druck ausgeübt oder die Sache auf andere Weise völlig vermasselt haben. Oder wenn sie vielleicht versucht haben, Menschen zu einer Entscheidung zu bewegen und geistlich über die „Torlinie" zu bringen, obwohl ihre Aufgabe von Gott vielleicht nur darin bestand, die betreffende Person bis zum Strafraum zu begleiten.

Und ich antworte auf solche Fragen immer dasselbe. „Wie wäre es, wenn Sie sich bei den betroffenen Personen entschuldigen? Ich weiß ja nicht, wie es bei Ihnen ist, aber meine nichtgläubigen Freunde finden es richtig klasse, wenn ich mich bei ihnen entschuldige."

Ich nahm einmal an einer Regatta teil, bei der unsere Crew in eine ziemlich brenzlige Situation geriet. Ein paar Leute bekamen ein bestimmtes Manöver nicht richtig hin, was ich mit einer äußerst unschönen Bemerkung quittierte. Ich mag gar nicht daran denken!

Als wir nach der Regatta wieder angelegt hatten und das Boot sauber machten, rief ich die Leute noch einmal zusammen und sagte: „Jungs, ich muss mich bei jedem Einzelnen von euch entschuldigen. Ihr wisst ja alle, dass ich versuche –

wenn auch oft ziemlich erfolglos –, mit meinem Leben den Weg zu gehen, den Gott für mich vorgesehen hat. Und ihr wisst ja auch, dass ich diesem Ziel längst nicht immer gerecht werde, was unter anderem auch an dem deutlich wird, was ich heute bei der Regatta zu euch gesagt habe. Es tut mir wirklich Leid – bitte vergebt mir."

Und wissen Sie was? Sie finden es absolut toll, wenn ich ihnen gegenüber Fehler eingestehe. Und sie lieben es geradezu, mir gegenüber Großmut an den Tag zu legen und mir zu vergeben, wenn ich sie darum bitte.

Wenn Sie Fehler gemacht haben, als Sie anderen von Jesus und Ihrem Glauben erzählt haben, dann gehen Sie zu den Menschen hin, denen Sie damit Unrecht getan haben, und sagen Sie ihnen, dass es Ihnen Leid tut. „Ich bin übers Ziel hinausgeschossen." Oder: „Ich habe dich unter Druck gesetzt, und das war nicht richtig." Oder: „Ich habe dich gelangweilt oder verwirrt. Ich habe dich angepredigt. Ich war überheblich. Bitte vergib mir." Was auch immer es sein mag – übernehmen Sie als einen ersten Schritt der Wiedergutmachung die Verantwortung für Ihren Fehler.

Das Vorher-Nachher-Schema

In der Bibel wird uns versprochen, dass sich ein Mensch verändern kann und wird, wenn er zum Glauben an Jesus Christus kommt: Das alte Selbst muss den Platz für ein ganz neues Selbst räumen. Wenn Sie also Ihre Geschichte erzählen, dann lautet die entscheidende Frage doch: Was hat sich durch Jesus in Ihrem Leben wirklich verändert? Mit anderen Worten: Wie waren Sie, bevor Sie Jesus gebeten haben, in Ihr Leben hineinzukommen, und wie sind Sie jetzt?

Gestatten Sie mir einen Vergleich, um Ihnen diesen Punkt noch deutlicher zu machen. Nehmen wir einmal an, Sie treffen zufällig eine Freundin, die Sie seit einem halben Jahr nicht gesehen haben, und die Freundin fängt sofort an, ausführlich von der Diät zu berichten, die sie gerade hinter sich hat. Alles, was Sie jetzt wissen möchten, ist doch, ob sich durch diese Diät in ihrem Leben etwas verändert hat, oder? Anders ausgedrückt: Hat sie vor der Diät einen höheren Körperfettanteil gehabt oder mehr gewogen? Und wiegt sie jetzt durch die Diät weniger? Welche konkreten, erkennbaren Veränderungen hat die Diät bewirkt?

Oder nehmen wir an, jemand sagt: „Ich habe eine Gesprächstherapie hinter mir und die Gespräche mit dem Therapeuten haben mir unwahrscheinlich weitergeholfen." Ihre erste Frage würde doch darauf abzielen, was konkret passiert ist: „Weshalb hast du einen Therapeuten aufgesucht und was hat sich durch die Therapie für dich geändert?" Mit anderen Worten: Welche Vorher-Nachher-Veränderungen hat der Therapeut in Gang gesetzt?

Dasselbe gilt auch für die Erfahrungen, die wir in unserem Leben als Christ machen. Wenn Ihnen jemand die Tür zu einem Gespräch öffnet, indem er Sie fragt, wieso Ihnen diese Beziehung zu Jesus so wichtig ist, dann beschreiben Sie so schlicht und einfach wie möglich, wie Ihr Leben war, bevor Sie Jesus kennen gelernt haben, und was sich verändert hat, seit Sie mit ihm leben. Das Interessante dabei ist, dass Ihr Vorher-Nachher-Vergleich gar nicht dramatisch oder spektakulär zu sein braucht. Er soll einfach nur kurz, knackig, stimmig – und wahr sein.

• • • • •

Im 9. Kapitel des Johannes-Evangeliums wird davon berichtet, wie Jesus mit seinen Jüngern unterwegs ist und ein Mann auf ihn zukommt, der von Geburt an blind ist. Weil er durch die Heilung dieses Blinden die Macht Gottes zeigen will, spuckt Jesus auf den Boden, stellt aus dem Speichel und der Erde einen Brei her und streicht diesen dann dem Mann auf die Augen.

„Geh", sagte Jesus, „und wasche es im Teich von Siloah wieder ab." Wie durch ein Wunder geht der Mann wirklich und wäscht sich dort, und als er nach Hause zurückkommt, kann er sehen.

Stellen Sie sich vor, wie verblüfft die Freunde, Angehörigen und Nachbarn dieses Mannes waren! Der Mann, den sie nur blind kannten, war nicht mehr blind. Als sie ihn fragten, was sie von diesem Jesus halten sollten, wissen Sie, was der Mann da zu ihnen sagte? „Ich war blind und jetzt kann ich sehen."

Oder gehen Sie ein Kapitel zurück zu Johannes 8. Erinnern Sie sich noch an die ganz frisch mit Gnade beschenkte Frau, die beim Ehebruch ertappt worden war? Jesus rettete sie aus einer extrem demütigenden Situation und vor den Steinen der Pharisäer.

„Ich verdamme dich nicht", sagte er zu ihr, „sondern ich vergebe dir." Und dann machte er ihr Mut, von jetzt an anders zu leben und einen neuen Weg einzuschlagen.

Auch wenn diese Frau schon Tausende von Erfahrungen gemacht hatte – was glauben Sie wohl, welche Geschichte sie ihr Leben lang immer wieder erzählt hat? Ich garantiere Ihnen, dass sie nicht mit irgendeiner Geschichte über einen undichten Heizungsabzug gekommen ist … „Also um 2.22 Uhr nachts …"

Auf gar keinen Fall! Sie hat jedem, den sie traf, von diesem heißen, staubigen Tag erzählt, an dem ein Mann namens Jesus alles veränderte. „Ich war am Tiefpunkt meines Lebens angelangt", hat sie vielleicht berichtet, „und ich habe mich so entsetzlich geschämt. Ich wurde in einer unglaublich peinlichen Situation ertappt, und ich bin an meiner Reue und an meiner Scham beinahe erstickt. Und dann bin ich Jesus Christus begegnet und er hat mir einen Neuanfang ermöglicht. Er hat mich nicht verurteilt. Er hat mir Gnade erwiesen!"

Was glauben Sie wohl, wie oft sie diese Geschichte erzählt hat? Wahrscheinlich hat sie immer wieder ihre ganz einfache, wahre Geschichte darüber erzählt, wie Jesus einen solchen Eindruck auf sie machte, dass sich daraufhin ihr Leben in alle Ewigkeit veränderte.

• • • • •

Oder denken Sie an Zachäus. In Lukas 19, Vers 2 steht, dass Zachäus ein reicher Steuereintreiber war, dessen Leben sich nur um eines drehte: Geld. Er war ein selbst ernannter Geldscheffler, aber nachdem er mit Jesus gegessen hatte, wurde alles anders. Nach dem Essen erklärte Zachäus nämlich, dass er auf Heller und Pfennig zurückzahlen werde, was er gestohlen oder den Menschen zu Unrecht abverlangt hatte, und dass er die Hälfte seines Besitzes den Armen schenken werde. Haben Sie auch nur den Hauch eines Zweifels daran, welche Geschichte er wohl in künftigen Gesprächen immer wieder erzählt hat, wenn er gebeten wurde: „Und, Zachäus, wie ist das eigentlich mit dieser Sache mit Gott, die dir so wichtig ist?"

Ich höre förmlich, wie Zachäus entgegnet: „Ich sag dir mal, was passiert ist … es war einfach unglaublich! Ich war irgendwie in so einen Trott verfallen, dass mein gesamtes Leben nur noch vom Geld beherrscht war. Ich war so sehr in meine Geldgier verstrickt, dass ich mich nicht mehr davon lösen konnte. Aber dann habe ich Jesus kennen gelernt. Und wisst ihr was? Jesus hat mich von meiner Habgier befreit. Er hat mich gelehrt, mich um Menschen zu sorgen – mich wirklich zu sorgen –, und ganz besonders um die Armen. Das hat Jesus für mich getan – er hat mich von schlechten Gewohnheiten und negativen Verhaltensweisen befreit und mir den Weg in eine andere, eine ganz neue Richtung gezeigt."

Natürlich wissen Sie jetzt schon, welche Frage ich als Nächstes stelle. Was glauben Sie wohl, wie oft Zachäus diese spezielle Vorher-Nachher-Geschichte erzählt hat? Ja, Hunderte Male. Und meiner Einschätzung nach muss das Weitererzählen von Geschichten darüber, was Jesus in unserem Leben bewirkt hat, auch gar nicht komplizierter sein.

Was hat wohl der Apostel Paulus über sein eigenes Vorher-Nachher erzählt? „Ich war völlig in meiner Selbstgerechtigkeit gefangen", hat er vielleicht gesagt. „Das war mein Ding: urteilen, verurteilen, hassen, töten, und das alles, weil diese Menschen ihren Glauben an Gott nicht so lebten, wie ich es für richtig hielt." Sie erinnern sich ja sicher daran, dass Paulus die Leute, die sich damals als Christen zu erkennen gaben, verfolgte.

„Aber dann bin ich Jesus begegnet, und zwar in einem gleißend hellen Licht, als ich unterwegs nach Damaskus war", würde Paulus vielleicht fortfahren, „und da wurde mir das ganze Ausmaß meiner Schuld bewusst. Ich stolperte praktisch mit der Nase auf diese Sache namens Gnade. Aus dem selbstgerechten Ankläger ist ein Empfänger von Gnade geworden."

Meine eigene Geschichte hat mich Stunden innerer Kämpfe gekostet, in denen ich mich abgemüht habe, um herauszufinden, worin der springende Punkt meiner Vorher-Nachher-Geschichte liegt, damit meine ich den Aspekt, den ich unbedingt vermitteln möchte, wenn Leute mich fragen, warum ich bereit bin, mein gesamtes Leben dem vollzeitlichen Dienst zu widmen. Wie Sie ja wissen, bin ich mit der falschen Vorstellung aufgewachsen, dass ich die Gunst Gottes nur erlangen kann, indem ich etwas leiste. Ich war der falschen Überzeugung, dass Gott nur dann von mir beeindruckt ist, wenn ich immer mehr Geld verdiene, mir einen Namen mache und immer mehr leiste.

Wenn Menschen mich fragen, warum ich von Gott so begeistert bin, erkläre ich ihnen Folgendes: „Es hat in meinem Leben eine Zeit gegeben, in der ich ganz sicher war, dass die einzige Möglichkeit, die Gunst Gottes zu gewinnen, darin bestand, etwas zu leisten, zu schaffen und immer nach noch mehr und noch Größerem zu streben. Aber dann bin ich dem Sohn Gottes auf unglaubliche Weise begegnet und habe erfahren, dass es nur eine einzige Möglichkeit gibt, seine Gunst zu erlangen: indem ich nämlich das Geschenk seiner Gnade annehme. Fast augenblicklich stellte sich bei mir ein überwältigender innerer Friede ein. Meine Seele wurde ruhig und meinem nutzlosen Streben und Schaffen war ein Ende gesetzt. Meine gesamte Welt war auf den Kopf gestellt."

An dem Tag, als ich Jesus wirklich traf, verschoben sich die tektonischen Platten meiner Seele dauerhaft und ein für alle Mal; und das ist der Grund für meine Leidenschaft, Männern und Frauen diesseits des Kreuzes zu helfen, jenseits des Kreuzes eine ganz andere Geschichte zu erzählen. Mehr will ich gar nicht.

• • • • •

Und jetzt denken Sie einmal über Ihre eigene Geschichte nach: Was ist der Kerngedanke Ihres Lebens, der für Menschen wichtig sein könnte, die weit von Gott entfernt leben?

Das erinnert mich an einen Freund, den ich auf diesem Gebiet ein bisschen beraten habe. Auf die Frage nach seiner Geschichte antwortete er Folgendes: „Bis zu dem Punkt, an dem ich Jesus begegnet bin, war mein Leben von langsamer Selbstzerstörung bestimmt. Ich saß in einem schrecklichen Abwärtsstrudel selbstzerstörerischer Verhaltensweisen fest. Aber dann habe ich Jesus kennen gelernt. Er hat mir die Kraft gegeben, ein gesundes und konstruktives Leben zu führen, und ich bin ihm dafür unendlich dankbar."

Wenn Sie über Ihre eigene Vorher-Nachher-Geschichte nachdenken, dann erkundigen Sie sich doch auch einmal bei anderen Christen nach deren Geschichten. Finden Sie heraus, inwiefern Jesus ihren Lebensweg beeinflusst hat, um eine Vorstellung davon zu bekommen, wie Sie Ihr eigenes „Wieso eigentlich Jesus?" formulieren möchten.

Einige von Ihnen kennen wahrscheinlich Bob Buford, den Verfasser von erfolgreichen Büchern wie „Halbzeit" und *Finishing Well.* Ich war schon oft Zeuge, wenn er im Business-Bereich seine Geschichte erzählt hat. Oft sagt er Folgendes: „Ich war nur ein gelangweilter, reicher Kerl. Dann bin ich Jesus Christus begegnet. Bis dahin hatte ich Erfolg, aber er gab meinem Leben einen Sinn. In meiner Beziehung zu Jesus Christus habe ich endlich den Sinn meines Lebens entdeckt."

Oder denken Sie an die Geschichte von Chuck Colson zurück. Er geriet auf direktem Weg vom Weißen Haus in eine Gefängniszelle, nachdem in den 1970er Jahren der *Watergate*-Skandal aufgedeckt wurde. Erinnern Sie sich noch? Am einen Tag aß er noch zusammen mit dem Präsidenten zu Abend, am nächsten Tag leistete ihm nur noch seine Schuld Gesellschaft. Aber dann lernte er Jesus Christus kennen und zu seinem eigenen Erstaunen fand er bei ihm Gnade.

• • • • •

Einige von Ihnen waren in der Vergangenheit vielleicht ausgesprochen ängstlich. Sie haben Ihre Angst wie eine Zwangsjacke getragen, die Ihnen die Bewegungsfreiheit nahm. Diese Angst hat Sie daran gehindert, die Freiheit zu genießen, die Jesus Ihnen geben will und kann, und sich darin zu entfalten. Aber dann ist Ihnen dieser Jesus persönlich begegnet und plötzlich begann Zuversicht in Ihrem Innern zu erblühen.

Vielleicht waren einige von Ihnen Teilnehmer an einem lebenslangen Beliebtheitswettbewerb. Das einzige Ziel Ihres Lebens war es, andere durch Ihr Image zu beeindrucken. Aber dann ist Ihnen Jesus begegnet. Und jetzt konzentrieren Sie Ihre Anstrengungen auf das Dienen, darauf, im Verborgenen zu bleiben oder in der Freiheit zu leben, die Sie finden, wenn Sie nicht länger versuchen, ein Publikum zu beeindrucken und ihm Beifall zu entlocken.

Vielleicht kennen Sie auch jemanden, der Folgendes zu berichten hätte: „Bevor ich Jesus begegnet bin, hatte ich dieses quälende Gefühl, ganz allein zu sein. Meine Familie war ziemlich zerrüttet. Tagsüber war ich meist allein und nachts fühlte ich mich unendlich einsam und verlassen. Aber dann bin ich Jesus begegnet! Er hat mich in seine Familie aufgenommen, und jetzt weiß ich, was es bedeutet, erwünscht zu sein, umsorgt zu werden, jemanden zu haben, der sich um mich kümmert, und geliebt zu sein."

So einfach ist das. Wer waren Sie vorher und wer sind Sie jetzt durch die Freundschaft mit Jesus?

„Ich musste immer wetteifern ... aber jetzt bin ich dankbar."

„Ich war selbstzerstörerisch ... jetzt bin ich gesund."

„Ich war schuldig ... aber jetzt bin ich befreit."

„Angsterfüllt ... aber jetzt zuversichtlich."

„Verzweifelt ... aber jetzt voller Hoffnung!"

Es lohnt sich, einen Blick in Ihr Inneres zu werfen, um die dreifache Grundlage Ihrer Geschichte noch einmal festzumachen:

1. den *Schlüsselbegriff*, der beschreibt, wer Sie waren, bevor Sie Jesus kennen gelernt haben;
2. die *Tatsache*, dass Sie dann eine Beziehung zu Jesus begonnen haben;
3. und den *Schlüsselbegriff*, der beschreibt, wer Sie jetzt sind, nachdem Sie bereits eine Zeit lang mit Jesus unterwegs sind.

• • • • •

Im vergangenen Jahr habe ich im Rahmen einer Predigtreihe jedem Gemeindemitglied in unseren Mittwochsgottesdiensten dieselbe Aufgabe gestellt. Ich habe gesagt: „Ich möchte, dass ihr in der kommenden Woche eure Geschichte in höchstens 100 Wörtern aufschreibt." Bevor sie die Gelegenheit hatten, über diese Aufgabe zu stöhnen – insbesondere über die nur 100 Wörter –, fuhr ich fort und erklärte, dass meine eigene Geschichte – die über meine falsche Vorstellung, von Gott nur dann angenommen zu werden, wenn ich mich geistlich unglaublich anstrengte – aus genau 77 Wörtern bestand. Ich habe sie gezählt. Es dauert etwa 45 Sekunden, sie zu erzählen, und ich schätze, dass ich sie wohl schon über tausend Mal erzählt habe.

„Auf den Leinwänden ist jetzt gleich eine E-Mail-Adresse zu sehen“, erklärte ich den anwesenden Gemeindegliedern, „und ich möchte euch um Folgendes bitten: Wenn ihr eure Geschichte – in höchstens hundert Worten – fertig gestellt habt, dann schickt sie mir doch bitte an diese Adresse. Sollten es so viele Einsendungen sein, dass ich sie nicht alle persönlich auswerten kann, dann werde ich ein kleines Team von Leuten zusammenstellen, das mir dabei hilft. Ihr bekommt auf jeden Fall eine prompte und ehrliche Rückmeldung. Wenn wir der Meinung sind, dass eure Geschichte noch ein wenig nachgebessert werden könnte, dann werden wir es euch mitteilen – darauf könnt ihr euch verlassen.

Wenn wir jedoch erst zweieinhalb Seiten weiter scrollen müssen, um überhaupt zu erfahren, worum es in der Geschichte geht, dann erfahrt ihr auch das. Wenn eure Geschichte auch nur einen Anflug von Überheblichkeit oder Frömmelei aufweist, dann solltet ihr lieber einen Schritt von eurem Computer zurücktreten, wenn ihr unsere Antwort erhaltet. Und wenn eure Geschichte mit einem merkwürdigen Erlebnis mit Gott beginnt, dann solltet ihr euren Computer lieber eine Zeit lang gar nicht erst einschalten.

Wenn ihr aber euer Ziel erreicht – nämlich eure Geschichte kurz und prägnant und überzeugend zu vermitteln –, dann geben wir euch eine Eins und ermutigen euch, sie weiterzuerzählen.“

Die Reaktion auf diese Hausaufgabe war schlicht überwältigend. Hunderte von Gemeindegliedern nahmen mein Angebot wahr und unterstrichen damit ihren Wunsch, noch besser weitererzählen zu können, welche Auswirkung die Beziehung zu Jesus auf ihr Leben gehabt hat. Die folgenden Beispielgeschichten stammen von ganz normalen Menschen, die ein ganz normales Leben führen und dabei versuchen, ihren Weg so gut es geht mit Gott zu gehen. Sie haben so wie wir alle Schmerz und Enttäuschungen sowie Isolation und Verzweiflung erlebt, aber sie erkennen, wo Gott eingegriffen hat, und sind in der Lage, das auf eindrucksvolle, prägnante Weise auszudrücken.

Wenn Sie jetzt diese kurzen Beispielgeschichten lesen, dann

achten Sie einmal auf die Motive, die Sie am meisten ansprechen. Am Ende dieses Kapitels werde ich dann auch Sie einladen, Ihre persönlichen 100 Worte zu Papier zu bringen.

„Ich habe mich jahrelang leer gefühlt, als gäbe es da ein Loch in meinem Inneren. Deshalb war ich ständig auf der Suche nach Dingen, die dieses Loch füllen könnten: ein neues Haus, Kinder, neue Freunde, Kleidung, ein neuer Job … meine Leere wurde dann auch immer für kurze Zeit gefüllt, aber ich fand nie die eine Sache, durch die dieses Loch endgültig geschlossen wurde. Eines Tages hörte ich eine Predigt darüber, dass man eine Beziehung zu Jesus haben kann. Als ich das verstand, Jesus in mein Leben hinein ließ und die Beziehung zu ihm vertiefte, war diese Leere weg – endgültig."

„Ich war immer auf der Suche nach Annahme. Ich nahm Drogen und trank, um das Gefühl zu haben, jemand zu sein. Ich hielt die Tatsache, dass Gott mich auf diese Welt gebracht hatte, nur für einen grausamen Scherz. Aber dann lernte ich Jesus kennen. Er hat mich von den Drogen und vom Alkohol weggebracht und mir zum ersten Mal das Gefühl gegeben, etwas wert zu sein. Die innere Leere ist jetzt weg. Ich weiß nun, dass es viele Gründe gibt, warum ich hier bin … unter anderem, damit ich meine Geschichte erzähle, um anderen Hoffnung zu machen."

„Ich war mein ganzes Leben lang zornig und deprimiert, weil ich dachte, ich bekäme nicht das, was mir zusteht. Ich war zynisch und isoliert. Aber nachdem ich zu Jesus gefunden hatte, hatte ich zum ersten Mal das Gefühl, geliebt und angenommen zu sein. Die Leute in meinem Umfeld fingen an, mich als den zu mögen, der ich war, und mein ganzes Leben veränderte sich. Ich erlebte, wie schön es ist, den Menschen mein wahres Ich zeigen zu können."

„Mein Leben war voller Scham und Angst. Ich war völlig verkrampft und von anderen isoliert. Meine Einsamkeit führte dazu, dass ich auch zusehends meine Hoffnung verlor. Aber dann lernte ich Jesus kennen. Er befreite mich aus meinem selbst errichteten Gefängnis aus Angst und Scham. Mir ist vergeben und ich bin geliebt! Ich habe Frieden darüber, wer ich bin und wen Gott aus mir gemacht hat. Das Loch in mir ist jetzt mit Freude gefüllt – Freude über das Wissen, dass ich ein geliebtes Kind Gottes bin."

„Ich habe mich unglaublich mit den Lasten einer anstrengenden Berufstätigkeit, meiner Ehe und einer wachsenden Familie abgemüht. Ich habe versucht, alles aus eigener Kraft zu bewältigen, was dazu führte, dass ich überfordert, überarbeitet, frustriert, wütend, unsicher, ängstlich und erschöpft war … alles gleichzeitig! Die Herausforderungen sind zwar immer noch da, aber Jesus erleichtert meine Lasten und gleicht meine Defizite aus. Jetzt konzentriere ich mich auf das, was für Gott wichtig ist, und er kümmert sich um das, was ich wirklich brauche. Ich begegne dem Leben jetzt ruhig und zuversichtlich, während ich Gottes Weisheit und seine unverdienten Geschenke genieße."

Sie können Ihren eigenen Glaubensweg auf ähnliche Weise zusammenfassen. Halten Sie die Geschichte kurz, konzentrieren Sie sich dabei auf das Wesentliche, sorgen Sie dafür, dass Ihre Aussagen einfach zu verstehen sind, und vermitteln Sie sie in einer inneren Haltung der Bescheidenheit. Das ist schon alles.

• • • • •

Quig Fletcher und Pat McDaniel sind zwei Männer, die schon seit den Anfangszeiten von *Willow Creek* mit dabei sind. Sie haben beide gesagt, ich könne sie gerne für die Arbeit an diesem Buch einspannen, also möchte ich ihre Geschichten jetzt als großartige Beispiele für eine gut formulierte Vorher-Nachher-Geschichte anführen.

Quig ist seit über 25 Jahren Vorsitzender der Treffen des Verwaltungsrats in *Willow Creek*. Bevor er so ein treues Gemeindemitglied wurde, kreuzten sich unsere Wege bereits beim CVJM in Palatine, Illinois. Wir spielten regelmäßig einmal die Woche Racquetball, was dazu führte, dass sich unsere Freundschaft vertiefte.

Damals war Quig, wie er selbst zugab, noch kein besonders gläubiger Mensch. Er dachte, dass es für ihn keinerlei Hoffnung gäbe, in den Himmel zu kommen, da er ja ohnehin nicht aufhören könne zu sündigen. Als ich zum ersten Mal im Umkleideraum auf ihn zuging, um mit ihm zu reden, standen wir uns bereits so nah, dass er auch für Gespräche über geistliche Themen offen war. Als dann für mich der Zeitpunkt gekommen war, ihm meine Geschichte zu erzählen, war ich zunächst doch ein bisschen unsicher, weil sie so völlig unspektakulär war. Ich war kein resozialisierter Serienkiller, und Gott hatte mich auch nicht von der Gewohnheit befreien müssen, für 1.000 Dollar am Tag Kokain zu konsumieren. Meine Geschichte war also nach dem gängigen Maßstab völlig undramatisch.

Also ging ich mit Quig meine ganz schlichte Geschichte zum Glauben durch, und schon kurz darauf begann er, regelmäßig in die Gemeinde zu kommen – damals waren wir noch eine kleine Versammlung junger Erwachsener, die in einem Kino zusammenkam. Es vergingen viele, viele Jahre, aber eines Tages – Quig war mittlerweile schon 46 Jahre alt – begegnete er Jesus Christus persönlich, und sein Leben veränderte sich radikal. Durch das Wirken Gottes in seinem Leben betrachtete Quig sich nicht länger als berufsmäßigen Sünder, sondern als frisch gesalbten Heiligen – aus der Hoffnungslosigkeit heraus und jetzt unterwegs zum Himmel.

„Rückblickend", so sagte Quig mir kürzlich, „hätte ich Jesus Christus viel eher in mein Leben eingeladen, wenn mir jemand das Evangelium erklärt hätte. Ich war eigentlich offen dafür, bekam aber irgendwie keine Chance."

Seit damals arbeitet Quig ehrenamtlich in der *Willow Creek*-Gemeinde mit. Sein Vermächtnis an *Willow* wird sein, dass er das Grundstück aufgetrieben hat, auf dem sich die Gemeinde heute befindet. Wir werden oft gefragt, wie wir eigentlich ausgerechnet in South Barrington, Illinois, an der Ecke Algonquin und Barrington Road gelandet sind, und ich gebe darauf immer dieselbe Antwort: weil ein fähiger Makler namens Quig Fletcher im Alter von 46 Jahren Jesus Christus begegnet ist, seither verbindlich in der Gemeinde mitarbeitet und eines Tages dieses Stück Land für uns ergattert hat.

Ein anderer *Willow Creek*-Veteran, Pat McDaniel, wurde durch eine Golfpartie mein Freund – eigentlich witzig, weil ich nämlich Golf verabscheue. Ein paar von meinen Kumpels überredeten mich jedoch eines Tages, mit ihnen und einigen anderen eine Runde zu spielen, und Pat war einer aus dieser Gruppe von Männern, von denen ich keinen einzigen kannte. Ich machte den ersten Schritt auf ihn zu, indem ich das Grün überquerte und mich ihm vorstellte. Aus diesem scheinbar unbedeutenden Wortwechsel entwickelte sich eine bleibende Freundschaft.

Eines Tages erzählte ich Pat dann meine Glaubensgeschichte – wieder völlig unspektakulär, nichts Besonderes eben. Aber er war fasziniert genug, um ebenfalls – zusammen mit seiner Frau – zum Gottesdienst in das Kino zu kommen. Nachdem er den Punkt erreicht hatte, an dem er zugab, dass er die Probleme, mit denen er konfrontiert war, nicht mehr allein lösen konnte, wandte Pat sich an Jesus, den Problemlöser schlechthin. Seine Probleme verschwanden zwar nicht von heute auf morgen, aber Gott gab Pat die Kraft, mit dem fertig zu werden, womit er konfrontiert war. Und seit damals arbeitet er treu in der Gemeinde mit – als Kollektenzähler, als Mitglied unseres Verwaltungsrats und als einer der stärksten Fürsprecher der Armen in der Gemeinde. Und all das stellt nur einen Bruchteil von Pats üppigem Vermächtnis dar.

War irgendetwas Spektakuläres daran, den ersten Schritt auf jemanden zuzugehen, beispielsweise im Umkleideraum einer Sportanlage oder auf einem Golfplatz, und eine ganz schlichte Geschichte zu erzählen? Natürlich nicht. Aber Gott braucht nicht immer etwas Spektakuläres, um seine Ziele zu erreichen. Manchmal will er nichts weiter als einen Typen wie mich, der seine unspektakuläre Geschichte weitererzählt. Indem ich das dann auch wirklich tue, kann der Heilige Geist einen Funken entzünden, der dann dazu führt, dass sich eines Tages ein Wunder im Leben dieses Menschen ereignet und er zum Glauben an Gott kommt. Sie finden den Beweis dafür in den Geschichten dieser beiden Männer, die als treue Pfeiler in einer Gemeinde mitarbeiten und von Gott gebraucht werden, um die Welt zu erreichen.

• • • • •

Ihre einfache, schnörkellose Vorher-Nachher-Beschreibung von Jesu Wirken in Ihrem Leben kann tief greifende Auswirkungen haben. Sie ist es also wert, dass Sie daran arbeiten. Sie ist es wert, dass sie richtig gut wird. Sie ist es wert, dass Sie Gott jeden Tag aufs Neue bitten: „Gott, wenn sich mir eine Gelegenheit eröffnet, den ersten Schritt auf jemanden zuzumachen, wenn es jemanden gibt, von dem du möchtest, dass ich ihm meine Geschichte erzähle, dann bin ich am heutigen Tag dazu bereit."

Ich verspreche Ihnen Folgendes: Sie werden über die Kraft Ihrer eigenen Geschichte zutiefst erstaunt sein, wenn Sie sie sorgfältig konzipiert und überarbeitet haben. Wenn Sie Ihre persönliche Glaubensgeschichte offen und ehrlich weitergeben, werden Sie geistlich die Funken fliegen sehen, wenn Gott diese Geschichte gebraucht, um das Leben Ihrer Zuhörer zu verändern. So, und jetzt sind Sie an der Reihe. Sind Sie bereit? Die Regeln sind immer noch dieselben: Nehmen Sie ein Blatt Papier und schreiben Sie Ihre Geschichte in höchstens 100 Worten auf.

Erste Schritte zur Umsetzung

1. Was sind Ihre Lieblingsgeschichten in der Bibel und warum gerade diese?
2. Es scheint so, als wären die meisten biblischen Personen wegen ihres Glaubens bekannt. Sind Sie schon einmal nach Ihrem Glauben gefragt worden? Wie reagieren Sie normalerweise, wenn Menschen Sie nach Ihrer Beziehung zu Gott fragen?
3. In dem vorliegenden Kapitel werden vier Hauptkritikpunkte an Glaubensgeschichten genannt. Welche treffen bei Ihnen am ehesten zu?
   - ❑ Langatmigkeit
   - ❑ Ungereimtheiten
   - ❑ Insidersprache
   - ❑ Überheblichkeit
4. Nehmen wir einmal an, Sie hätten Ihre „Vorher-Nachher-Geschichte" aufgeschrieben: Wem könnten Sie diese in der kommenden Woche erzählen? Erzählen Sie die Geschichte Ihres Glaubens drei verschiedenen Personen und lassen Sie sich von ihnen anhand folgender Kriterien beurteilen:
   - ❑ Kürze (Sie haben Ihre Geschichte in 45–60 Sekunden erzählt.)
   - ❑ Klarheit (Sie haben sich an den Ablauf der Geschichte gehalten.)
   - ❑ Einfachheit (Sie haben frommen Insiderjargon vermieden.)
   - ❑ Bescheidenheit (Sie haben Ihre Geschichte ohne eine frömmelnde oder überhebliche Haltung erzählt.)

KAPITEL 7

Gottes Gute Nachricht

Als der kühle Dunstschleier sich am frühen Morgen des 7. Mai 1954 langsam auflöste, begann der Bau an einer acht Kilometer langen Brücke, die mehrere Halbinseln von Michigan miteinander verbinden sollte. Dies war eine große Errungenschaft, weil das Gewässer namens *Mackinac Straits* zuvor nur mit Fähren zu überqueren war. Nicht selten brachte dies Verzögerungen von bis zu 36 Stunden mit sich.

Dieser gigantische Bau, für den 466.300 Stahlbolzen, etwa 450.000 Kubikmeter Beton, über 65.000 Kilometer Drahtseil und 11.350 Arbeiter sowie fast eine Milliarde Dollar eingesetzt wurden, wurde schließlich nach genau dreieinhalb Jahren Bauzeit für die Öffentlichkeit freigegeben.

Ich würde sagen, ein ziemlicher Aufwand für eine einzige Brücke, aber im Laufe der Weltgeschichte haben Menschen immer wieder gewaltige Anstrengungen unternommen, um solche monumentalen Bauwerke zu errichten. Und wissen Sie, warum?

Weil der Wunsch, Kluften zu überwinden, so groß ist.

Menschen, die auf einem Felsvorsprung leben, möchten gern die Bewohner eines anderen Felsvorsprungs besuchen. Kaufleute möchten ihre Kunden auf der anderen Seite erreichen können. Familien und Freunde möchten sich gegenseitig besuchen. Und seit Anbeginn der Zeit haben Menschen auch das verzehrende Verlangen, irgendwie die Kluft zwischen sich und Gott zu überbrücken.

Aber wie kann das gehen?, fragen sie sich.

Sie sind sich bewusst, dass Gott ganz *anders* ist, und deshalb stellten sie sich ihn als erhaben und fern vor: vollkommen. Heilig. Ehrfurcht gebietend. Nach ihrer Vorstellung bewirkt diese Andersartigkeit Gottes eine große Distanz zwischen Schöpfer und Schöpfung, und zwar mit tief greifenden Folgen:

Wenn sie schon nicht einmal ihrem eigenen Maßstab genügen können und Gott auf die beschriebene Weise „anders" ist als sie selbst, dann muss es ihrer Einschätzung nach erst recht unmöglich sein, seinem Maßstab gerecht zu werden. *Es verlangt mir übermenschliche Anstrengung ab, will ich das jemals schaffen!*, denken sie.

Im Laufe der Zeit haben sich dann Glaubenssysteme entwickelt, die alle versuchen, die Frage zu klären, die jeden umtreibt: *Wie können wir diesen heiligen Gott erreichen?* Ein Ansatz nach dem anderen kam in Mode, immer in der Hoffnung, damit die bestehende Kluft zu überwinden, aber die besagten Ansätze hatten alle eines gemeinsam: Die Bemühungen zum Überwinden der bestehenden Kluft gingen immer von den Menschen aus.

Alle schienen sich darin einig zu sein, dass die Menschen nur etwas konsequenter zu sein bräuchten, ein bisschen mehr beten, ein bisschen edler leben, etwas frömmer werden und ein paar gute Taten mehr vollbringen müssten, um zu Gott zu gelangen. Dahinter stand der Gedanke, dass Menschen all diese intensiven Bemühungen im Laufe eines Lebens quasi ansammeln und dadurch Gott näher kommen könnten. *Hoffentlich*, so dachten sie, *haben wir uns bis zum Ende unseres Lebens zur anderen Seite der Kluft vorgearbeitet, um dann dort für alle Ewigkeit eine blühende Beziehung zu Gott zu genießen.*

Beschäftigen Sie sich doch einmal etwas intensiver mit den Weltreligionen, und schauen Sie, ob Sie nicht auch zu dem Ergebnis gelangen, dass alle großen Weltreligionen davon ausgehen, dass wir Menschen die Kluft zwischen uns und Gott aus eigener Kraft und durch eigene Anstrengung überwinden müssen. Es gibt jedoch weder Beweise dafür noch irgendeine andere Bestätigung, dass das zu schaffen ist, solange wir auf dieser Erde leben.

Wir finden dieses Prinzip, Gott aus eigener Kraft erreichen zu wollen, bei jeder der großen Weltreligionen – außer bei einer, dem christlichen Glauben.

In der Bibel finden wir eine bemerkenswerte Aussage darüber, wie die Kluft zwischen Gott und den Menschen überwunden werden kann. Dort steht, dass Gott diese Kluft sah, durch die die sündige Menschheit von ihm getrennt war. Er sah die unendliche Distanz zwischen sich und den Menschen so, wie sie auch wirklich war – zu gewaltig, als dass Menschen sie sich auch nur ansatzweise vorstellen können. Gott wusste, dass kein noch so gewaltiges Maß menschlicher Anstrengung – keinerlei Brückenbauaktionen – ausreichen konnte, um eine so breite und tiefe Kluft zu überwinden. Also übernahm Gott es selbst, diese Kluft zu überwinden, und zwar einzig und allein aus Liebe. Er legte das Fundament und baute eine Brücke, um diese Distanz zu überwinden und die sündigen Menschen zu erreichen. Er sandte seinen Sohn Jesus Christus und ließ ihn am Kreuz für uns sterben – an dem Kreuz, das als ultimative Brücke dienen sollte.

Das war viel Aufwand für eine einzige Brücke, aber Gottes Wunsch, die Kluft zwischen sich und den Menschen zu überwinden, war eben so groß. Nach Stunden schrecklicher Qualen, die Jesus physisch Blut, Schweiß und Tränen abverlangten, erklärte Gott, dass seine Brücke jetzt der Öffentlichkeit zur Verfügung stehe, dass jeder, der wolle, sie überqueren könne.

• • • • •

Dies ist Gottes Geschichte – seine bemerkenswerte Geschichte von Erlösung und Wiederherstellung. Und es gibt keine wichtigere Aufgabe, als Überbringer der großartigsten Botschaft zu sein, die die Menschheit je gehört hat. Denn durch das, was Jesus getan hat, können Sie Ihren Freunden und Ihrer Familie mit großer Zuversicht erzählen, dass die Brücke, nach der sie suchen, schön längst gebaut wurde! „Ihr könnt eure Schutzhelme abnehmen, eure Maurerkelle fallen lassen und eure Baubemühungen einstellen“, können Sie zu ihnen sagen, „weil der Bau schon längst fertig ist und Gottes Brücke bereits überquert werden kann.“ Und genau deshalb sind wir hier: um diese Nachricht weiter zu verbreiten. Die Brücke ist schon längst fertig.

Bleibt nur noch die Frage, was die Menschen dann tun werden. Werden sie ihre menschlichen Bauprojekte stehen und liegen lassen und die Brücke überqueren, die Gott gebaut hat … oder werden sie ihre eigenen Brückenbaubemühungen fortsetzen und beten und hoffen, dass sie eines Tages genug getan haben?

Der eine Ansatz führt lediglich zu Verhaltensänderungen,

aber der andere bewirkt eine Veränderung von innen nach außen, bei der sich das Denken wandelt, Gewohnheiten sich ändern, Beziehungen gedeihen. Und durch die unvergleichliche Kraft der Geschichte Gottes werden ganze Lebensgeschichten neu geschrieben.

Die Brücke

Wie vermitteln Sie also am besten diesen lebensverändernden Weg, wenn Sie in einem Gespräch spüren, dass Ihr Gegenüber für geistliche Themen offen ist? Ich glaube, dass dabei Illustrationen am besten funktionieren. Bereits Hunderte Male habe ich dazu ein bestimmtes Bild verwendet – das Brücken-Bild –, wenn meine nichtgläubigen Gesprächspartner gern verstehen möchten, wieso das, was Jesus am Kreuz für uns getan hat, so wichtig und bedeutsam ist.

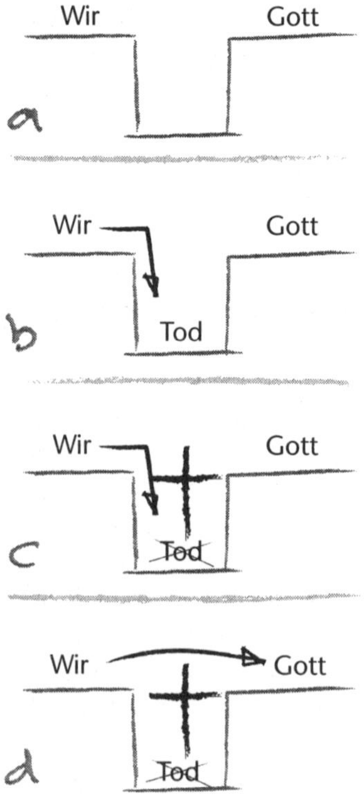

Die Erklärung ist ziemlich einfach und man kann sie sich schnell einprägen: Auf einer Seite der Brücke ist Gott. Auf der anderen Seite sind die Menschen. Zwischen Gott und den Menschen existiert eine breite und tiefe Kluft, die dadurch entstanden ist, dass Menschen oft gegen Gott rebellieren, ihre eigenen Wege gehen und dadurch an ihrem Schöpfer und Gott vorbei leben. Das nennt die Bibel „Sünde".

Wenn nun Menschen zu Gott gelangen wollen, sind sie mit einem Dilemma konfrontiert. Sie können diese Kluft nicht einfach mit einem großen Satz überwinden. Also versuchen sie es mit menschlicher Anstrengung, mit Leistung und hoffen, damit die Kluft zu überwinden. Am Ende wird aber jedem Menschen klar, dass all unsere menschlichen Bemühungen niemals ausreichen können, um auf die andere Seite zu gelangen.

Wir können jedoch dankbar dafür sein, dass Gott unser Dilemma versteht. Und weil er uns so sehr liebt, hat er eingegriffen, damit wir eine Möglichkeit haben, mit ihm in Kontakt zu treten und ihm wirklich nah zu sein. Seine Lösung besteht darin, dass er seinen Sohn Jesus dazu bestimmt hat, diese Brücke zu sein.

• • • • •

Wenn Sie sich auch nicht mehr an alle Einzelheiten des Brückenbildes erinnern können, so sollten Sie sich doch Folgendes merken: Jesus ist auf die Erde gekommen, um unsere Brücke zu sein, und wer immer diese Brücke überquert, ist in Ewigkeit bei Gott. Jesus hat das folgendermaßen formuliert: „Achtet deshalb genau darauf, was ich euch jetzt sage: Wer mein Wort hört und an den glaubt, der mich gesandt hat, der wird ewig leben. Ihn wird das Todesurteil Gottes nicht treffen, denn er hat die Grenze vom Tod zum Leben schon überschritten“ (Johannes 5,24).

Und bis zu dem Tag, an dem Sie Ihren irdischen Körper verlassen, können Sie mit einer unglaublichen Gewissheit und mit großem Mut leben, weil Sie, wie es mein Kollege Gene Appel formuliert hat, „wissen, wer Sie sind; Sie wissen, wohin Sie unterwegs sind, und Sie wissen, was in diesem Prozess aus Ihnen wird“.

Die Illustration von der Brücke bedeutet mir persönlich ziemlich viel, und sie hat mir persönlich auch weitergeholfen, weil Jesus mich – wie Sie sich ja wahrscheinlich denken können, nachdem Sie die Geschichte meines Glaubens gelesen haben – mit Schutzhelm auf dem Kopf und einer Maurerkelle in der Hand angetroffen hat. Jeden einzelnen Tag meines Lebens schuftete ich an meinem ganz persönlichen Bauprojekt. Ich war 17 Jahre alt, als ich die Brücke überquerte und endlich begriff, dass ich den Helm abnehmen und meine Kelle auf den Betonboden fallen lassen konnte. Gott hatte eine Brücke gebaut. Und durch den Glauben an diese Tat konnte ich über diese Brücke gehen und meinem Schöpfer von Angesicht zu Angesicht begegnen.

Die Wahrheit, die ich damals als Teenager entdeckte, ist dieselbe Wahrheit, auf die ich heute Menschen aller Altersstufen hinweise: Gleichgültig, was Sie in Ihrer Vergangenheit getan haben, gleichgültig, wie weit Sie vom Weg abgekommen sind und wie sehr Sie sich verirrt haben, gleichgültig, wie festgefahren Ihr Leben ist, Gottes Einladung an Sie lautet: „Lass die Maurerkelle fallen und nimm den Schutzhelm ab, den du die ganze Zeit getragen hast. Geh einfach über die Brücke, die ich aus Liebe zu dir gebaut habe, und ein für alle Mal, mein Kind: Bitte, komm nach Hause."

Tun kontra Getan

Die einfachste Veranschaulichung dessen, was das Christentum von anderen Religionen unterscheidet, ist das „Tun kontra Getan"-Konzept. Ich sage Menschen, die der festen Überzeugung sind, sie müssten sich Gnade verdienen, dass es bei fast allen Religionen darum geht, etwas zu *tun*. Am Ende geht es nämlich darum, ob man ausreichend gute und richtige Dinge getan hat, um Gottes Gunst und Wohlwollen zu verdienen. „Um Gottes Vergebung und Gnade zu erlangen", so besagt diese Denkweise, „muss man dies und jenes tun und sich anstrengen und opfern und alles richtig machen und alles Mögliche versprechen."

„Das Typische am christlichen Glauben dagegen", erkläre ich den Menschen dann, „besteht darin, dass es bereits geschafft, also *getan* ist. Die Bibel macht nämlich deutlich, dass das, was Jesus am Kreuz getan hat, genügt. Er hat das, was wir niemals selbst schaffen könnten, schon für uns getan. Er lebte das vollkommene Leben, das wir nie führen könnten, und er starb aus freien Stücken am Kreuz, um die Strafe für unsere Vergehen abzugelten – und wenn Sie das für sich in Anspruch nehmen, was er vollbracht hat, und wenn Sie bereit sind, seinem Willen zu folgen, dann empfangen Sie nicht nur Gottes Gnade, sondern Sie bekommen ein brandneues Leben. Er adoptiert Sie dadurch in seine Familie hinein und fängt an, Sie von innen heraus zu verändern."

Wenn man diese beiden Worte „Tun/Getan“ auf einen Zettel schreibt, wird dadurch diese eindrucksvolle Wahrheit im Herzen und im Denken eines Menschen verankert. Ob jemand sich in diesem Augenblick für Jesus entscheidet oder nicht – er oder sie wird nie vergessen, was das Christentum von allen anderen Religionen unterscheidet. Was nötig ist, um für die Sünde zu bezahlen und ewigen Zugang zu Gott zu erlangen – wurde bereits getan.

Die Illustration von der Leiter

Die Illustration von der „Leiter der guten Taten“ macht deutlich, dass dieses Bedürfnis nach Gott universal ist. Wenn Sie Freunde oder Bekannte haben, die der Meinung sind, dass sie Gott gar nicht brauchen, dann könnte dieses Bild genau das Richtige für Sie sein.

Stellen Sie sich eine Leiter der guten Taten vor, die sehr viele Sprossen hat. Ganz oben auf der Leiter sitzt Gott, denn er ist heilig – vollkommen gut. Ganz unten an der Leiter sind dann natürlich die ganz Bösen – Massenmörder und andere Verbrecher. Der Rest der Menschheit befindet sich irgendwo dazwischen. Wenn ich diese Skizze zeichne, bitte ich mein Gegenüber meist, einzuzeichnen, wo er selbst sich auf der Leiter sieht, und zwar gemessen an seiner persönlichen „Tugendhaftigkeit“.

Bevor ich dann fortfahre, stelle ich ein paar Vermutungen an. Ich sage beispielsweise: „Mutter Teresa (MT) würde wahrscheinlich auf eine Stufe im oberen Viertel der Leiter gehören. Und nur mal so geschätzt, Billy Graham wäre wahrscheinlich direkt unterhalb von ihr. Was mich angeht, so garantiere ich, dass ich auf jeden Fall unterhalb der beiden lande.“ Ich notiere dann die Initialen der drei genannten Personen auf der Leiterskizze und lasse einen angemessen großen Abstand zwischen BG (Billy Graham) und BH (mir). Ich kenne eben meinen Platz.

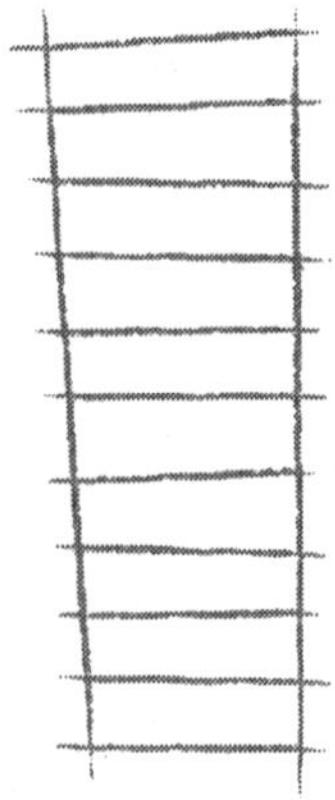

Dann gebe ich den Stift an mein Gegenüber weiter. Die Person, mit der ich gerade im Gespräch bin, schreibt dann fast immer die eigenen Initialen ein ganz klein wenig unterhalb von meinen.

„In Ordnung", sage ich dann. „Dann hätte ich noch eine Frage an Sie: Was wollen Sie tun, um diesen Abstand nach oben wettzumachen?"

„Mutter Teresa hatte einen Plan, wie sie diesen Abstand nach oben verringern konnte", fahre ich dann fort, „und zwar das Kreuz Jesu Christi. Billy Graham hat ebenfalls einen Plan, wie er die Kluft zwischen seinem eigenen moralischen Maßstab und dem Maßstab Gottes ausgleicht, der ja vollkommen ist. Es ist das Kreuz Jesu Christi. Und wie sieht Ihr Plan aus? Wenn Sie glauben, dass Sie Gottes Maßstab der Heiligkeit mit einem persönlichen Selbstverbesserungsprogramm erfüllen können, dann werden Sie den Rest Ihres Lebens in einem Hamsterrad verbringen. Echte Freiheit finden Sie nur dann, wenn Sie Ihre menschlichen Pläne aufgeben und sich stattdessen dafür entscheiden, das anzunehmen, was Jesus am Kreuz für Sie getan hat. Ihnen kann vergeben werden. Sie können ein erfülltes Leben führen. Die Kluft zwischen ihm und Ihnen kann ein für alle Mal geschlossen werden, wenn Sie daran glauben, dass Jesus stellvertretend für Sie gestorben ist, und ihn in Ihr Leben einladen."

Glauben Sie das eigentlich selbst?

Ich glaube, dass ein Drittklässler, der sich traut, die Gute Nachricht weiterzugeben und dem etwas an Menschen liegt, erfolgreich sein kann. Es ist nämlich gar nicht kompliziert. Jesus, der Evangelist schlechthin, hat gesagt, dass dazu nicht mehr nötig ist, als an die Kraft des Evangeliums zu glauben und dann loszugehen! „Bringt diese Nachricht – die erstaunlichste Nachricht aller Zeiten – zu Menschen jeder Herkunft und aller Rassen, Religionen und Stämme", sagte er. „Und teilt ihnen mit, dass sie Rettung finden können. Lebt so, dass man euch anmerkt, dass ihr auch selbst an die lebensverändernden Auswirkungen dieser Nachricht glaubt."

Bei „Anfängern" könnte Jesus sagen: „Denkt einmal daran zurück, wie die Kraft von Gottes Geschichte euer Leben verändert hat. Erinnert euch daran, wie der Heilige Geist euch die ersten, zarten Impulse gegeben, wie er euch angestupst hat und wie ihr euch dann gefühlt habt, als sich das Evangelium an eure Seele geheftet hat und anfing, euch zu verwandeln. Früher war euer Leben leer und leblos, heute seid ihr erfüllte und blühende Persönlichkeiten. So – und jetzt geht los und erzählt das jemandem."

• • • • •

Ich möchte Ihnen etwas gestehen. Vor ein paar Jahren hatte ich das große Vorrecht, den bereits erwähnten großen bekannten Evangelisten Billy Graham persönlich kennen zu lernen. Im Laufe unseres Gespräches gestand ich ihm, dass ich selbst wirklich noch nie bei einer Billy-Graham-Evangelisationsveranstaltung gewesen sei, obwohl doch bereits Hunderte Millionen von Männern, Frauen und Kindern ihn in überfüllten Stadien und Arenen in mehr als 85 Ländern bei mehr als 400 Veranstaltungen gehört hätten. Das ist natürlich nicht unbedingt die Information, die man jemandem zukommen lassen möchte, wenn dieser Jemand Billy Graham ist. Aber da waren wir beide nun, nur Billy, ich und die peinliche Wahrheit.

Wie Sie sich wahrscheinlich schon gedacht haben, war seine Reaktion darauf ausgesprochen freundlich. Er lud mich sogar großzügigerweise ein, an einer Evangelisationsveranstaltung teilzunehmen, die in Kürze in San Antonio stattfinden sollte! Ich würde also eine von Billys Evangelisationsveranstaltungen *hautnah* miterleben!

Ich kam schon sehr früh dort an und ging durch die gewaltige Arena, bevor das Programm begann, nahm die Größe der Bühne und die endlosen Stuhlreihen in mich auf, die bald mit Christen, aber auch vielen Neugierigen gefüllt sein würden. Ich war guter Dinge, aber ich wurde mit der Zeit immer unruhiger, weil die Arbeiter offenbar vergessen hatten, den gesamten vorderen Bereich vor der gewaltigen Bühne zu bestuhlen. Von da aus, wo ich stand, sah es aus, als könnte man dort mindestens noch einmal 1.000 Stühle hineinquetschen – aber blieb überhaupt noch genügend Zeit, um das zu schaffen?

(Sie haben wohl gedacht, ich hätte gerade meine Beichte abgeliefert – aber das Schlimmste kommt erst noch.)

Weil ich helfen wollte, ging ich direkt zu einem von Billy Grahams Mitarbeitern und fragte vorsichtig nach, wann denn die Stühle dort aufgestellt werden würden (sie hatten es sicher einfach übersehen). Ich erinnere mich an seine Antwort, als wäre es erst gestern gewesen: „Wir stellen nie Stühle direkt vor die Bühne. Wir brauchen genügend Platz, wenn die Menschen nach vorn kommen, um Jesus in ihr Leben hineinzubitten." Etwas mitleidig klopfte er mir auf die Schulter und ging dann seiner Wege.

Klar, äh … ja, natürlich. Ich … äh … natürlich wusste ich das.

Nachdem ich mich von dieser Fettnäpfchenattacke einigermaßen erholt hatte, dachte ich dann: *So ist das also, wenn man an die Kraft der Geschichte Gottes glaubt – wirklich glaubt!* Später am Abend, als Tausende von Menschen nach vorn in diesen unbestuhlten Abschnitt strömten, staunte ich darüber, welch eine Zuversicht die Mitarbeiter in die Botschaft Gottes hatten. Es war wirklich atemberaubend.

Haben Sie auch diese Gewissheit, dass Gottes Geschichte wirklich Leben verändern kann? Ich bin zwar sicher, dass das bei vielen von Ihnen der Fall ist, aber meine eigenen unwissenschaftlichen Studien offenbaren heute einen besorgniserregenden Widerspruch bei Christen jeder Couleur: Obwohl die meisten Christen sagen, dass das Evangelium wirklich erneuern, retten und verändern kann, werden sie ausgesprochen schüchtern und zurückhaltend, wenn es darum geht, auch so zu leben. „Äh, das Evangelium? Ja, das ist ein gutes Thema, wenn jemand sich mit Menschen unterhält, die noch keine Beziehung zu Gott haben. Und es ist wirklich toll, wenn Menschen gerettet werden, weil jemand ihnen die Geschichte Gottes erzählt hat. Ich hoffe, dass es funktioniert."

Ich nenne diese Leute „Vermeider". Es sind Menschen, die Jesus nachfolgen, aber immer die Bälle schön flach halten. Kein Wort zu viel sagen. Sich ja nicht „outen". Über Gottes Einladung zu seiner Gnade sprechen? Kommt nicht in Frage, nicht in diesem Leben (auch wenn's um das ewige Leben anderer geht).

Vermeider machen zwar einen ersten Schritt auf jemanden zu und merken auch noch, wenn Gott eine Tür einen Spaltbreit öffnet, sodass sie eintreten könnten, aber dann verstummen sie urplötzlich. Da könnte ja jemand auf die Idee kommen, ganz direkt zu sagen: „Also, nun erzähl doch mal, warum du mit Gott und für Gott lebst ..." Und Vermeider würden sich sofort in ihrer eigenen Unsicherheit verheddern, weil sie beispielsweise Folgendes denken: *Ich kann das bestimmt nicht richtig in Worte fassen. Ich habe schon so oft Ablehnung erlebt und bin ausgegrenzt worden, wenn ich etwas über meinen Glauben gesagt habe, deshalb mach ich das nicht mehr. Das macht mir einfach zu viel Angst.*

Und so machen sie in dieser Hinsicht einfach zu. Es stimmt: Vermeider schießen wirklich den Vogel ab, was das Vergeigen von Chancen angeht, Menschen, die ohne Gott leben, von ihm zu erzählen.

• • • • •

Als Gene Appel darüber nachdachte, ob er sich dem Pastorenteam von *Willow Creek* anschließen sollte, flog ich ihn zu unserem Büro in South Haven, Michigan. Wir verbrachten den größten Teil des Tages damit, einfach in der Stadt herumzulaufen. Wir beteten und überlegten, was Gott mit ihm und mir vorhaben könnte. Später am Nachmittag riefen ein paar der Männer aus meiner berühmt-berüchtigten Gruppe der Suchenden und Streuner an, um mich zum Segeln einzuladen. „Los, gib dir 'n Ruck!", meinten sie. „Es ist ein so herrlicher Tag, da sind wir auf einem Boot mit Sicherheit am besten aufgehoben."

Ich sagte Gene, dass ich einfach mitfahren müsse. Der Sommer ging langsam zu Ende, und die Tage, an denen wir noch würden segeln können, waren gezählt. Außerdem waren diese Jungs wie eine Familie für mich.

Gene wagte es nicht, sich zu weigern.

Nachdem wir auf See vor Anker gegangen waren und uns mit Getränken und Snacks ein wenig erfrischten, bekamen die Jungs irgendwie mit, dass Gene Pastor in Las Vegas war. Gene lachte über die darauf folgenden abgedroschenen Witzchen, als hätte er sie noch nie zuvor gehört.

Als sich dann alle wieder etwas beruhigt hatten, sah einer der Männer Gene an und meinte: „Nun mal im Ernst, wieso landet so ein normaler Typ wie Sie als Pastor in Las Vegas?"

Alle Blicke waren daraufhin auf Gene gerichtet und selbst mir stockte der Atem. Ich hatte keine Ahnung, wie er jetzt reagieren würde, aber ich erinnere mich noch daran, dass ich dachte: *Wenn Gene bei einer solchen sechsspurigen Einladungsautobahn nicht den Mumm hat, etwas über Gott und seinen Glauben zu sagen, dann ist er definitiv nicht unser Mann.* Dieser Gedanke jagte mir mit unglaublicher Geschwindigkeit durch den Kopf. Obwohl es wirklich nicht so geplant war, entpuppte sich diese Bootstour für Gene als ultimatives Einstellungsgespräch.

Nachdem er die gestellte Frage ein, zwei Minuten hatte in der Luft hängen lassen, erklärte Gene ganz ruhig, mit großer Selbstverständlichkeit und ohne sich in irgendeiner Form zu rechtfertigen oder zu entschuldigen, dass sein Vater sehr plötzlich und unerwartet gestorben sei, als er selbst noch ein sehr junger Mann gewesen war. Das hatte Gene mit der Frage konfrontiert, was wohl nach dem Tode kommen mochte. Das Leben müsse doch mehr sein als das, was wir um uns herum sehen und berühren können ...

„Ich fing an, mich intensiv mit dem christlichen Glauben auseinanderzusetzen", erklärte Gene, „und ich fand ihn absolut überzeugend. Also wagte ich es und ließ Jesus in mein Leben hinein und fand das sehr befriedigend. Je mehr ich mich im Glauben weiterentwickelte, desto intensiver wünschte ich es mir, als Lebensaufgabe allen, die Interesse haben, zu sagen, dass es einen Gott gibt, der sie liebt.

Und so kam es dazu, dass ich tue, was ich eben tue."

Als Gene seine Ausführungen beendet hatte, saß ich da und fragte mich, wie die Jungs wohl reagieren würden. Obwohl die Atmosphäre leicht angespannt war, lehnte sich einer von ihnen zurück und kommentierte Genes Ausführungen: „Cool."

• • • • •

Ich war kürzlich bei einem Freund, der damals auf dem Boot mit von der Partie war. Er erkundigte sich, wie es denn dem

„Priester aus Vegas“ so gehe, und ich erzählte ihm, dass der Typ aus Vegas inzwischen ein Typ aus Chicago sei.

„Ihr habt ihn eingestellt?“, fragte er.

„Ja. Wir haben ihn eingestellt.“

„Gut. Freut mich, dass ihr so entschieden habt“, meinte er. „War 'n guter Typ … wirklich 'n guter Typ.“

Eine ganze Weile später dachte ich noch einmal über diese Einschätzung nach. Dieses Etikett „guter Typ“ war bedeutsam, weil es gerade von diesem speziellen Freund kam. Und offen gestanden hätte er Gene ganz bestimmt nicht so bezeichnet, wenn dieser der Frage nach Gott und seinem Glauben ausgewichen wäre. Nach Einschätzung dieses Freundes war Gene ein „guter Typ“, weil er an dem besagten Tag offen und aufrichtig gewesen war. Er hatte mutig und klar seine Geschichte erzählt und er hatte auch Gottes Geschichte mit Überzeugung und Feingefühl wiedergegeben.

Ja, Gene hatte es richtig gemacht. Er hatte Mut bewiesen und Flagge gezeigt, indem er zu dem stand, was er glaubt. Und ohne eigentlich recht zu wissen und formulieren zu können, weshalb, respektierten ihn die Jungs gerade deshalb.

Etwas Selbstbeherrschung bitte!

„Vermeider“ tun Gott im Prozess der Evangelisation ganz sicher keinen Gefallen, aber in dieser Hinsicht sind sie ganz bestimmt nicht die Einzigen. Es gibt noch eine weitere Gruppe, die ich als „Explodierer“ bezeichne und die oft beim Bau von Gottes Reich ebenso hinderlich sind.

Ich habe Mitgefühl mit den „Explodierern“, weil ihre Motive in der Regel uneigennützig sind. Bei ihnen ist es meist so, dass es in ihrem Leben von einem bestimmten Punkt an auf dramatische und wunderbare Weise durch die Gute Nachricht aufwärts gegangen ist. Sie sind so erfüllt von der Gnade Gottes, dem Frieden und allem, was mit dem Reich Gottes zu tun hat, dass sie ihre Begeisterung darüber einfach nicht für sich behalten können.

„Explodierer“ sind fest davon überzeugt (und das tun sie auch bei jeder sich bietenden Gelegenheit kund), dass es einfach unnatürlich ist, wenn Menschen, die Christus nachfolgen, einmal längere Phasen erleben, in denen sie nicht von Gottes übernatürlichem Eingreifen in ihrem Leben erzählen. Sie haben Römer 1, Vers 16 regelrecht auf ihre Stirn tätowiert, wo davon die Rede ist, dass wir offen und ohne Scheu Gottes Geschichte erzählen sollen. Und deshalb laufen sie ewig mit diesem „Ich habe gute Nachrichten"-Ausdruck auf dem Gesicht herum.

Meist strahlen „Explodierer" permanent Optimismus aus, so als würden sie jeden Augenblick platzen, wenn ihnen nicht gleich jemand – egal, wer – über den Weg läuft, dem sie die Gute Nachricht weitersagen können. In Erwartung dieses Augenblicks bewaffnen sich „Explodierer" mit jeder biblischen Wahrheit, die Menschen bekannt ist, einschließlich Bibelstelle mit Kapitel und Versangabe, mit Verweis und Querverweis sowie griechischer und hebräischer Urfassung. Sie machen ständig erste Schritte auf Menschen zu, an jedem Ort, zu jeder Tages- und Nachtzeit, manchmal auch dann, wenn sie es gar nicht sollen. Sie nehmen jedes Risiko in Kauf – egal, ob kalkulierbar oder nicht –, um jemanden in ein Gespräch über geistliche Themen zu verwickeln.

Das klingt ja alles ganz gut, bis man sich das Gespräch, das sich dann entwickelt, einmal ein wenig genauer anhört. Denn wenn ein Nichtchrist in das Blickfeld eines „Explodierers" gerät, dann kann man dessen Auftrag in sechs Worten zusammenfassen: Sprich um jeden Preis über Jesus.

Statt mitfühlend und innerlich beteiligt zuzuhören, täuschen „Explodierer" Aufmerksamkeit nur vor, während sie gleichzeitig schon geistliche Munition sammeln und dann losfeuern.

Sie lassen außer Acht, dass die Person, mit der sie da gerade reden, ein wunderbares Geschöpf des höchsten Gottes ist, überspringen eine authentische Kontaktaufnahme (wer hat denn für so was schon Zeit?) und lassen stattdessen ein paar Minuten nutzlosen Smalltalks über sich ergehen, während sie sich auf die Durchführung ihres eigentlichen Planes vorbereiten.

„Explodierer" warten – und warten – und warten.

Sie warten so lange, bis sie einfach nicht mehr warten können. Und dann ... Achtung, aufpassen! In irgendeinem kosmisch vorherbestimmten Augenblick legen „Explodierer" dann los und überziehen ihr verblüfftes Opfer mit einem Sperrfeuer aus Wahrheiten: „Jesus-ist-der-Weg-und-die-Wahrheit-und-das-Leben-und-niemand-kommt-zum-Vater-außer-durch-ihn-und-damit-bist-DU-gemeint-mein-Junge!“

Der Blutdruck von „Explodierern“ steigt dann in ziemlich ungesunde Höhen, bis sie endlich ihre Verbal-Ladung abgefeuert haben. Bis der Blutdruck wieder in den Normalbereich gesunken ist, ist die Großartige-Schöpfung-Gottes-Person schon ein paar Schritte zurückgewichen und denkt: *Was um alles in der Welt war denn das?* Eines jedenfalls garantiere ich Ihnen: Was auch immer es gewesen sein mag, mit Liebe hatte es definitiv nichts zu tun. „Explodierer“ können Gottes Liebe gar nicht widerspiegeln, wenn sie gerade dabei sind zu explodieren. Das ist körperlich, geistlich und seelisch gesehen unmöglich.

Vielleicht haben Sie ja schon einmal einen „Explodierer“ in Aktion erlebt. Und vielleicht sind Sie ja darüber hinaus sogar schon selbst einmal „Explodierer“ gewesen. Mein Rat an alle „Explodierer“: Wenn Gott Ihnen den Impuls gibt, loszugehen, wenn er die Tür für ein Gespräch geöffnet hat, wenn er dafür gesorgt hat, dass Sie auf unbekanntem Terrain stehen, und wenn er etwas arrangiert, dann lassen Sie ihn auch alles andere tun. Lassen Sie den Heiligen Geist den Fluss und die Richtung des Gespräches bestimmen. Halten Sie sich zurück und preschen Sie nicht in eine Richtung los, die mit dem Rest des Gespräches gar nichts mehr zu tun hat. Denken Sie daran, dass das Retten und Erlösen Aufgabe Gottes ist und nicht die Ihre.

Ich weiß nicht, an welcher Stelle des Spektrums Sie sich ansiedeln, dessen eines Ende das Vermeiden und Ausweichen ist und das andere das überfallartige Evangelisieren. Ich habe im Laufe der Zeit jede Menge von beidem erlebt: Christen, die von einer kompletten Lähmung befallen wurden, wenn auch nur ansatzweise die Möglichkeit bestand, dass sie mit einem suchenden Menschen über den Glauben an Jesus Christus sprechen konnten, die einfach verstummten, wenn die Rede auf Gott kam; und Christen, die solche Angst davor hatten, zu schweigen und einfach mit anzusehen, wie ihre Freunde weiter ohne Gott lebten, dass sie ständig nur redeten. Aber ich versichere Ihnen: Gleichgültig, was für ein Typ Sie sind – Sie können ein Mensch werden, der auch dann noch entspannt, sicher und vor allem er selbst bleibt, wenn er bis zum Hals in einem Gespräch über geistliche Themen steckt.

Glauben Sie an die Kraft des Evangeliums. Und dann prägen Sie sich ein paar der Veranschaulichungen und Illustrationen ein, damit Sie Gottes Geschichte wirklich mit Leidenschaft erzählen können. Es steht einfach zu viel auf dem Spiel, als dass wir unseren Part beim Weitersagen von Gottes Leben spendender Geschichte an eine sterbende Welt vernachlässigen könnten.

Eine belastete Welt entlasten

Als ich vor ein paar Jahren gerade dabei war, meiner Osterpredigt den letzten Schliff zu geben, erhielten wir die Nachricht, dass der einzige noch lebende Bruder meiner Mutter verstorben war. Mein Onkel hatte das Down-Syndrom gehabt und deshalb waren ihm zeit seines Lebens auch die einfachsten Alltagsverrichtungen schwer gefallen.

Auf dem Weg zur Beerdigung in Michigan, wo auch meine Mutter damals lebte, fing ich an, von dem herrlichen neuen Körper zu träumen, den er jetzt für die Ewigkeit bekommen würde. Was für eine Erleichterung das für ihn sein würde! Keine Schmerzen und kein Leiden mehr. Keine Tage mehr mit schier unlösbar erscheinenden Aufgaben und keine schlaflosen Nächte. Trotz der tiefen Trauer darüber, dass Jim nicht mehr lebte, war mir die Tatsache ein großer Trost, dass er jetzt mühelos und ungehindert in Gottes Gegenwart tanzen und springen konnte.

Als unser Flugzeug bei der Rückkehr wieder gelandet war, war dieser Trost, den mir die Vorstellung darüber, wie sich mein Onkel in seinem neuen Zuhause fühlen mochte, gewesen war, urplötzlich wie weggeblasen. Wir erfuhren nämlich, dass die Schwester meiner Mutter ebenfalls ganz unerwartet gestorben war. Sie können sich vielleicht vorstellen, was für ein Kummer das für meine Mutter war. Über 30 Jahre lang hatte sie keinen von ihren Geschwistern verloren und nun waren innerhalb weniger Tage gleich zwei von ihnen gestorben.

Unser Leben kam uns wie eine seelische Achterbahnfahrt vor. Da hatten wir bereits wieder ein wenig Trost und Frieden gefunden, erlebten aber unmittelbar darauf einen weiteren freien Fall. Ich musste daran denken, welch einen Schock der Tod immer wieder auslöst. Ich weiß, dass die Sterblichkeitsrate des Menschen immer so ungefähr bei hundert Prozent liegt, und natürlich weiß ich auch, dass das schon immer so war. Aber wenn jemand stirbt, den man selbst kennt und liebt, dann ist das trotzdem immer unaussprechlich furchtbar. Ich glaube, dass wir das an dieser Stelle alle gern verdrängen, indem wir uns vormachen, dass alle anderen sterben müssen, nur wir nicht … und diejenigen, die uns am meisten bedeuten. Meiner Meinung nach verdrängen Menschen den Tod, da für viele sehr zwiespältige Empfindungen damit verbunden sind – sie wissen nicht, was danach kommt. Sie verdrängen den Gedanken an den Tod irgendwie, weil sie nicht sicher sind, ob sie bereit sind, ihrem Schöpfer gegenüberzutreten. Sie kapieren irgendwie nicht, dass es Himmel und Hölle tatsächlich gibt, und vor allem wissen sie nicht, wie sie es anstellen sollen, am richtigen Ort zu landen. Sie sind nervös wegen dem, was auch immer nach ihrem letzten Atemzug mit ihnen geschieht und wo sie dann sind. Und ein bisschen Verleugnung und Verdrängung hilft da schon ein wenig, um die Ängste abzumildern … zumindest glauben viele Menschen das.

Die Bibel macht jedoch deutlich, dass jeder von uns unausweichlich mit dem Tod konfrontiert wird. Aber als Menschen, die Jesus nachfolgen, ist der Tod nur der Übergang in die ewige Gemeinschaft mit Gott, wenn wir das wollen und uns dafür entscheiden. Viele Menschen kennen zwar den bekannten Ausspruch aus Johannes 3, Vers 16, aber der Inhalt dieser Botschaft erschüttert immer noch die Fundamente unseres Lebens. „So sehr hat Gott die Welt geliebt, dass er seinen eigenen Sohn gab, damit alle, die an ihn glauben, nicht verloren gehen, sondern ewiges Leben haben." Sie können es haben, Sie können es kennen lernen, Sie können sich dessen absolut sicher sein und darin Ruhe und Gelassenheit finden.

Kennen Sie jemanden, der heute diese absolute Gewissheit braucht? Wenn ja, dann finden Sie einen Weg, sie ihm zu geben!

Ich bin davon überzeugt, dass Sie, wenn der richtige Zeitpunkt kommt, diesen Menschen ansprechen, sich mit ihm zu einer Tasse Kaffee treffen und anfangen können, Stückchen für

Stückchen die Sache mit der tiefen Kluft zwischen Gott und den Menschen durchzugehen, und dann können Sie beispielsweise sagen: „Aber wir sind ihm so wichtig, dass er seinen Sohn hergegeben hat – sein Sohn dient als Brücke, die uns den Zugang zu Gott ermöglicht. Dieser Zugang – in Form eines Geschenkes namens Gnade – ist jedem möglich, der daran glaubt, dass Jesus für uns gestorben ist, und diese Brücke überquert, die Gott für uns gebaut hat. Die Entscheidung liegt ganz bei uns."

Sie spüren, wie Ihr Herz schneller schlägt, während Sie jedes Wort abwägen. Aber wenn der Augenblick genau richtig ist, können Sie sagen: „Und auch dich hat Gott so sehr geliebt, dass er seinen Sohn für dich geopfert hat. Derselbe Gott, der das gesamte Universum erschaffen hat, hat auch dich erschaffen, und er hat einen guten Plan für dein Leben. Du brauchst deine Lasten nicht mehr alleine zu schleppen. Du kannst deine Erschöpfung, deinen Kummer, dein Leiden, dein Bedauern und deine Frustration ablegen. Denn eines Tages wirst du ein ganz neuer Mensch sein! Du wirst heil, gesund, vollständig und hundertprozentig zufrieden sein. Und bis zu diesem Tag verspricht Jesus, bei dir zu sein – und zwar jeden einzelnen Tag –, deine Lasten für dich zu tragen, dir den Weg zu einem erfüllten Leben zu zeigen und deinem Leben sowie deiner Zeit einen Sinn zu geben."

Nun werden Sie den vertrauten „Ich bin sicher, aber vielleicht doch noch nicht so sicher"-Blick in den Augen Ihres Freundes oder Ihrer Freundin entdecken. Sie werden sich an den Augenblick zurückerinnern, als Sie zum ersten Mal von Gottes erstaunlicher Gnade hörten und sich nicht sicher waren, wie Sie eine solche lebensverändernde Information in Ihren gut eingerichteten Alltag integrieren sollten. „Lass dir Zeit", werden Sie dann zu der betreffenden Person sagen. „Das ist wirklich eine große und wichtige Entscheidung. Aber ich stehe dir jederzeit zur Verfügung, wenn du Fragen hast oder darüber reden möchtest."

• • • • •

Wir leben in einer Zeit, in der alles und jedes misstrauisch beäugt wird, aber die Geschichte Gottes mit den Menschen ist gewichtig. In der Bibel heißt es, dass das Wort Gottes lebendig ist, dynamisch, schärfer als ein zweischneidiges Schwert und nützlich, um die Wahrheit zu lehren, Sünde aufzuzeigen und zu tadeln, falsche Wege zu korrigieren und Menschen zu zeigen, wie man rechtschaffen und redlich leben kann. Wir sind heute zwar mit Terrorismus, Krankheiten, Chaos und allen nur erdenklichen Verrücktheiten konfrontiert, aber wir können sicher sein, dass Gott für einen Weg zum Frieden sorgt. Alle Menschen können sich seiner Gegenwart in alle Ewigkeit absolut sicher sein und brauchen bei dem Gedanken an ein schreckliches Leben nach dem Tod nicht mehr vor Angst zu zittern.

Im Himmel herrscht Vollkommenheit – es gibt dort eine perfekte Umwelt, viele tief gehende Beziehungen, Schönheit, Freude, Frieden und Ruhe. Stellen Sie sich das doch nur einmal vor! Sie müssen sich keine Sorgen mehr machen, dass es der Wirtschaft zusehends schlechter geht, Sie brauchen keine Angst vor Terrorismus zu haben und sich keine Sorgen wegen Krankheiten zu machen, es wird keine Verwirrung und kein Chaos mehr geben, sondern einfach Vollkommenheit – reine, unverfälschte Vollkommenheit.

Ist es nicht toll, dass wir diese Liebesbotschaft Gottes in das Leben eines anderen Menschen hineinsprechen dürfen?! Und was für ein Tag wird das sein, an dem Sie dann endlich miterleben dürfen, dass Ihr Freund, Ihr Familienmitglied diese ersten kleinen Babyschritte über Gottes Brücke geht.

Greg Ferguson, der Leiter eines unserer Lobpreisteams in der Gemeinde, hat einmal einen Liedtext über diese Vorfreude auf das endgültige Überschreiten der Brücke verfasst – von diesem Leben in das kommende. Nehmen Sie diese Worte tief in sich auf, und denken Sie dabei an diejenigen Ihrer Freunde oder Angehörigen, die vielleicht wissen möchten, dass für sie die Zeit gekommen ist, den Bauarbeiterhelm und die Kelle abzulegen und ihre selbst initiierten Bauprojekte stehen zu lassen. Sie können sich von jetzt an auf eine Ewigkeit bei Gott freuen, bei dem Gott, der sie geschaffen hat, so wie sie sind, der ihnen einen Sinn und ein Ziel gegeben hat und der sie für immer mit seiner bedingungslosen Liebe lieben wird.

Was für ein Tag

Greg Ferguson[1]

Was wird das für ein Tag sein
Wenn auch das letzte Herz, das gefangen war, frei schlägt
Und wenn alles, was in uns ist
In himmlischer Harmonie singt

Süße Befreiung von all unseren finstersten Ängsten
Der Klang von Lachen, das jahrelang verloren war
Nie wieder wirst du einsame Tränen vergießen
Wenn dein trauriges Herz endlich singt

Halleluja, was für ein Tag das sein wird.
Halleluja, was für ein Tag!
All die Engel, die du nie gesehen hast
Die dich hinter den Kulissen beschützt haben
Werden endlich ihr Ziel erreicht haben
Nämlich dich wiederhergestellt und heil zu präsentieren

Schau nur, wie der Vater lacht
Und sein frohes Kind hochhebt
Und hör die himmlischen Heerscharen singen
In einem süßen gefühlvollen Engelschor
Sie singen Halleluja, was für ein Tag wird das sein
Halleluja, was für ein Tag

Hier und Jetzt in dem Dazwischen
Können wir es als unmöglichen Traum abschreiben
Aber für mich ist es mehr als ein Traum
Selbst jetzt sehe ich genug, um zu glauben
Ich weiß zwar nicht, wie lang's noch dauern wird
Oder wie oft uns das Herz noch brechen muss, aber
Ich gehe einfach neben dir her
Egal, wohin der Weg uns führt

Aber wenn wir genau hinhören
Dann vernehmen wir einen Hauch der himmlischen Heerscharen
Hören die süßen, heiligen Stimmen summen
Nur einen Vorgeschmack auf das künftige Lied
Sie singen: „Halleluja, was für ein Tag das sein wird!"

Erste Schritte zur Umsetzung

1. Wissen Sie ohne den Hauch eines Zweifels, dass der Grund, weshalb Gott eine Brücke für Sie gebaut hat, sein großes Verlangen war, die Kluft zu überbrücken, die Sie von ihm trennte?
   ❑ Ja ❑ Nein
2. Wählen Sie eine oder zwei der folgenden Bibelstellen aus und machen Sie sich heute im Gebet darüber Gedanken. Lassen Sie sich durch diese Verse an Gottes ungeheure Liebe zu Ihnen erinnern.
   Psalm 27,10 — Psalm 55,22
   Psalm 71,17–18 — Psalm 147,3
   Römer 5,5 — Römer 5,8
   Römer 8,35.38–39 — 2. Thessalonicher 2,16–17
3. Welche der Illustrationen in diesem Kapitel kommt dem Grund am nächsten, weshalb Sie mit Jesus leben?
   - Die Brücke: Gott liebt Sie so sehr, dass er seinen Sohn aufgefordert hat, als Brücke zu dienen, die die Kluft zwischen Ihnen und Gott überbrückt.
   - „Tun" kontra „Getan": Sie müssen sich den Weg zu Gottes Gnade nicht erarbeiten. Jesus hat am Kreuz bereits den vollen Preis für unsere Sünde bezahlt.
   - Die Leiter: Auch wenn Sie ein noch so guter Mensch werden, sind Sie dennoch alles andere als vollkommen. Die einzige Möglichkeit, diese Lücke zwischen Ihrem Lebensmaßstab und dem heiligen, vollkommenen Maßstab Gottes zu schließen, besteht darin, für sich in Anspruch zu nehmen, was Jesus Christus getan hat.
4. Können Sie sich vorstellen, jemandem, der weit von Gott entfernt lebt, eine dieser Illustrationen zu vermitteln? Welche Ängste und Befürchtungen könnten Christen davon abhalten, es zu tun?
5. Die Vermeider kontra die Explodierer. Auf einer Skala, auf der die Vermeider 1 sind und die Explodierer 10 – wo würden Sie sich platzieren? Wie würden Sie ein „gutes Mittelmaß" auf der Vermeider/Explodierer-Skala definieren?

Wenn sich Gelegenheiten ergeben, über geistliche Dinge zu sprechen ...

... verschließe ich mich eher.	... neige ich dazu, Leute mit der Wahrheit zu überfallen.

6. Am Schluss dieses Kapitels haben Sie gelesen, dass es im Himmel eine „perfekte Umwelt, viele tief gehende Beziehungen, Schönheit, Freude, Frieden und Ruhe" gibt. Denken Sie an drei Ihrer Freunde, die vielleicht Interesse daran haben könnten, von dieser Wahrheit zu hören. Notieren Sie auf einem Blatt Papier deren Namen und die Gründe, weshalb sie die Wahrheit Ihrer Meinung nach kennen lernen möchten. Bitten Sie Gott, Ihnen Möglichkeiten aufzuzeigen, wie Sie diesen Personen die betreffenden Informationen vermitteln können.

Anmerkung

[1] Originaltext: *What A Day It Will be*, © 1996 Ever Devoted Music (ASCAP)

What A Day It Will Be
Greg Ferguson

What a day it's gonna be
When at last your captive heart beats free
And all that is within you sings
In heaven's harmony

Sweet release from all your darkest fears
The sound of laughter that's been lost for years
You'll never cry another lonely tear
As your sad heart finally
Finally sings

Hallelujah, what a day it will be
Hallelujah, what a day it will be!
All those Angels that you've never seen
Watching over you behind the scenes
Will at last have reached their goal
Presenting you restored and whole

Just watch the Father laugh and smile
Lifting up his joyful child
And hear the host of heaven sing
In sweet and soulful angel choir
Singing, hallelujah, what a day it will be
Hallelujah, what a day it will be!

Here and now in the in between
We can write it off as an impossible dream
But it's more than a dream to me
Even now I can see enough to believe
I don't know how long it's gonna take
Or how many times our hearts are gonna break but
I'll be walking right along with you
No matter what we have to walk into

But even now if we listen close
We can hear a glimmer of the heavenly host
Hear the sweet holy voices humming
Just a taste of the song that's comin'
Singing, „Hallelujah, what a day it will be!"

KAPITEL 8

Lektionen vom Meister persönlich

Auf einem langen Flug blätterte ich kürzlich in einer Zeitschrift und stieß dabei im hinteren Teil des Blattes auf einen Teil zum Herausreißen, auf dem unter der Überschrift „Lektionen vom Meister persönlich" Werbung für Videos gemacht wurde. Sie wissen sicher, was ich meine. Tiger Woods beschreibt, wie er ein Super-Golfspieler geworden ist, der weltberühmte Pavarotti gibt Gesangsstunden und Russell Coutts, Steuermann der Segelcrew von Neuseeland, die den *National Cup* gewonnen hat, gibt Erfolgsgeheimnisse des Regattensegelns preis.

Die Werbeanzeige in dieser Zeitschrift versprach bisher unerreichte Erfolge. „Schaffen Sie bisher unüberwindbare Hindernisse aus dem Weg ... Erreichen Sie noch heute Ihre kühnsten Ziele!" Für nur ein paar Cent pro Tag könne man von nun an peinliche Fehler vermeiden, Selbstvertrauen erlangen, um Spitzenleistungen in Lieblingsdisziplinen zu erreichen und sich selbst in die höheren Sphären anderer begabter und erfolgreicher Koryphäen hineinzukatapultieren.

Während ich ein paar Wochen später gerade dabei war, meine Predigt für den Mittwochsgottesdienst vorzubereiten, dachte ich darüber nach, wie ich eine unverbrauchte und anwendbare Beschreibung effektiver Evangelisation präsentieren könnte. Mir kam der Gedanke, was wohl Jesus vorschlagen würde, wenn er jetzt körperlich in meinem Arbeitszimmer anwesend wäre. Wie würde er es anstellen, ein Gespräch über geistliche Themen in Gang zu bringen? Was würde er sagen, um die Angst, die Hemmungen und die Unsicherheit abzubauen, die Menschen empfinden, wenn sie über Gott reden?

Ich musste noch einmal an die Videoserie denken – wäre es nicht toll, wenn es ein Trainingsvideo von *unserem* Meister persönlich gäbe, auf dem dieser erklärt, wie man Menschen näher zu Gott bringen kann? Es wäre so hilfreich, an einem Beispiel

Szene für Szene vorgeführt zu bekommen, wie man Freundschaften aufbaut, die Geschichte seines Gegenübers in Erfahrung bringt und dann auch weitere Schritte erkennt – und das alles aus der Perspektive von Jesus selbst.

Ich sah es ganz genau vor mir: Ein Sprecher tritt vor die Kamera, die Ärmel hochgekrempelt, die Daumen locker in die Hosentaschen gehakt: „Und – haben Sie heute Abend schon was Spannendes vor? Sie sitzen sicher gerade im Jogginganzug und mit Dreitagebart auf dem Sofa und starren auf den Fernseher, weil Sie davon ausgehen, dass es bestimmt wieder einmal ein langweiliger Samstagnachmittag wird. Deshalb nehme ich einmal an, dass Sie nichts gegen ein kleines Abenteuer einzuwenden hätten. Was wäre, wenn ich Ihnen sagen würde, dass heute Ihr vorhersehbares, von Routine bestimmtes Leben auf das eines anderen Menschen prallen und es zum Besseren verändern wird – und zwar für immer?"

Bei den Worten „für immer" hält er erst einmal inne. Möchten wir nicht *alle* gern etwas tun, das für immer Bestand hat?

Die Gedanken rasten mir durch den Kopf, als ich versuchte, mir das Drehbuch für ein solches Video ganz konkret vorzustellen. Ich brauchte Inhalte. Einzelheiten. Fakten, die diesen neuen Ansatz untermauerten und erklärten, wie Jesus selbst Gespräche mit Fremden in Gang brachte, die er unterwegs traf. Ich brauchte Beweise für das, was er im Sinn hatte, wenn er mit jemandem über seinen Vater sprach. Wie weit ging er dabei in einem konkreten Gespräch und wie wusste er, wann er genug gesagt hatte?

Ich fing sofort an, das Neue Testament zu durchforsten, und beschäftigte mich immer wieder sehr intensiv damit, wie Jesus mit Menschen umgegangen ist. Ich hoffte, ein paar Lektionen vom wahren Meister darüber zu bekommen, wie man Menschen auf den christlichen Glauben hinweisen kann, und zwar auf ganz natürliche, praktische und angemessene Weise.

Dabei fiel mir ein Gespräch, das Jesus geführt hat, besonders ins Auge.

Ich sah die ziemlich bekannte Geschichte von der Begegnung zwischen Jesus und der Frau am Jakobsbrunnen an diesem Tag in einem ganz neuen Licht. Sie illustriert meiner Ansicht nach besonders gut seine unglaubliche Beziehungsfähigkeit. Ich schnappte mir einen Becher heißen Kaffee, spürte, wie sich meine Wirbelsäule an der Rückenlehne meines Schreibtischsessels entspannte, und konzentrierte mich auf das 4. Kapitel des Johannes-Evangeliums, indem ich mir die Anfangsszene bildlich vorstellte.

Veränderungen an den unwahrscheinlichen Orten

Es ist ein unglaublich heißer Tag. Jesus und seine zwölf Jünger ziehen gerade quer durch eine dürre Gegend des Mittleren Ostens und machen nach einer ganzen Weile Rast, um sich ein wenig abzukühlen und etwas zu trinken. Die Sonne ist bereits über den Zenit hinaus und beginnt, langsam am westlichen Himmel hinabzuwandern.

Jesu Jünger haben sich gerade auf den Weg gemacht, um im nächsten Ort etwas zu essen zu kaufen, als Jesus bei einem Brunnen ankommt. *Ah, einen Augenblick einfach nur dasitzen*, denkt er, nachdem er nun schon seit Sonnenaufgang auf den Beinen ist. Er senkt den Kopf und schließt die Augen, um nicht direkt ins gleißende Sonnenlicht schauen zu müssen, als sich aus der Ferne eine junge Frau nähert, die offenbar aus dem nahe gelegenen Dorf kommt, um Wasser zu schöpfen.

Danach wird sie wieder in den Ort zurückgehen – eine ganz normale Angewohnheit an einem ganz normalen Tag, nur dass hier und heute Jesus dazwischenkommt. Jesus beobachtet die Frau im Näherkommen und bemerkt, dass sie eine Samariterin ist – nach den Maßstäben der damaligen Zeit demnach ein Mischling.

Die bekannten Regeln und Normen über den Umgang mit Samaritern kommen ihm in den Sinn, aber Jesus verscheucht sie wie lästige Fliegen. Er bleibt sitzen, nimmt Blickkontakt mit der Frau auf und sagt: „Würdest du mir bitte etwas zu trinken geben?“

Die Frau erschrickt. Erstaunt blickt sie über die Schulter hinter sich und sieht dort den Mann sitzen. *Hat das sonst noch jemand gehört?* Sie schaut zu Jesus hin und ihre ganze Haltung drückt ungläubiges Staunen aus – und Missfallen. „Wieso bittest du als Jude – mich, eine Samariterin – um Wasser?“

Hier eine Nebenbemerkung: Nicht nur politisch und theologisch existieren tiefe Vorurteile zwischen Juden und Samaritern, sondern damals spielte auch noch die Bewertung der Geschlechter eine sehr große Rolle. Jüdische Männer nahmen die Anwesenheit einer Frau in der Öffentlichkeit so gut wie gar nicht wahr – geschweige denn sprachen sie in aller Öffentlichkeit mit einer Frau. Und es ist wohl überflüssig zu erwähnen, dass ein Mann in der Öffentlichkeit nicht das Wort an eine Frau richtete, geschweige denn sprach ein Jude in aller Öffentlichkeit eine Samariterin an. Aber trotz all dieser unausgesprochenen Spannungen ignoriert Jesus die bestehenden Anstandsregeln und stellt seine Frage.

Nun aber zurück zum Schauplatz des Geschehens. „Wie kommt es, dass du, ein Jude, mich, eine Samariterin, um Wasser bittest?" Ihr Ton ist kurz angebunden und harsch, aber Jesus lässt sich dadurch nicht abschrecken. Ihre Reaktion ist als Frage formuliert und dadurch für Jesus eine offene Tür zu einem weiteren Gespräch.

Er bemerkt den abgeklärten Ausdruck in ihrem Blick, den Überdruss in ihrer gesamten Haltung und sieht sie an, während er aufsteht, um auf sie zuzugehen. *Womit kann die Frau wohl etwas anfangen?*, fragt er sich im Gehen. *Ich brauche jetzt etwas, auf das sie sich leicht einlassen kann, und etwas, über das wir ganz natürlich reden können …*

Und schon hat er das richtige Gesprächsthema gefunden. Sie stehen beide an dem Brunnen, weil es dort etwas Bestimmtes gibt, was sie beide haben wollen, also sprechen sie über Wasser.

„Wenn du wüsstest, wie großzügig Gott ist und wer ich bin, dann würdest du *mich* um etwas zu trinken bitten, und ich würde dir frisches, lebendiges Wasser geben", entgegnet er.

Die Frau reagiert darauf mit den Worten: „Aber du hast ja nicht einmal ein Gefäß zum Schöpfen und der Brunnen ist sehr tief. Wie willst du denn an dieses ‚lebendige Wasser' herankommen?

Der Jakobsbrunnen galt damals als tiefster Brunnen in der Gegend. *Du glaubst doch wohl nicht, dass du größer bist als unser Vater Jakob,* denkt sie. Sie ist nervös, aber es gelingt ihr ganz gut, ihre Vorbehalte zu überspielen. *Wer ist dieser seltsame Fremde bloß, der über „lebendiges Wasser" redet?* Ihre Fantasie läuft jetzt auf Hochtouren. Damals bedeutete lebendiges Wasser „fließendes Wasser" – aber aus irgendeinem unerfindlichen

Grund spürt sie, dass mit diesem Begriff aus Jesu Mund etwas anderes gemeint ist.

Und weil Jesus jetzt eine klare Möglichkeit erkennt, von einem oberflächlichen Gespräch zu geistlichen Dingen zu kommen, bleibt er am Ball. Er weiß, dass die materielle Welt und die geistliche Welt nicht so weit auseinander liegen, wie diese Frau glaubt. „Jeder, der dieses Wasser hier trinkt, wird immer wieder durstig werden", sagt er. „Wer aber von dem Wasser trinkt, das ich ihm gebe, wird nie mehr Durst bekommen. Das Wasser, das ich ihm gebe, wird eine artesische Quelle sein, die Ströme endlosen Lebens ausschüttet!"

Für die Frau hört sich das ziemlich seltsam an, dieses Gerede von irgendwelchen Wunderquellen, die angeblich plötzlich im Inneren von Menschen zu sprudeln beginnen sollen. Aber was weiß sie auch schon von geistlichen Dingen – darüber, vom Heiligen Geist bevollmächtigt zu sein?

Die Frau mustert Jesus neugierig und fragt sich, ob er das, was er sagt, wirklich ernst meint. Und ihr Eigennutz gewinnt die Oberhand, als sie den Köder schluckt. „Dann gib mir doch dieses Wasser, damit ich nicht mehr durstig werde und nicht mehr jeden Tag hier zum Brunnen kommen muss!" *Vielleicht verstehe ich ja nicht alles, was der Typ hier Verrücktes von sich gibt,* denkt sie, *aber wenn er mir sagen kann, wie ich es vermeiden kann, jeden Tag den anstrengenden Weg hier zum Brunnen zu gehen, dann bin ich durchaus interessiert.*

Jesus weiß, dass die Lösung, die er ihr angeboten hat, nicht nur einmal ihren Durst stillen wird, sondern ihr Leben lang. Sie wird nicht nur vorübergehend von dieser alltäglichen Last befreit sein, sondern ein für alle Mal – für immer und ewig. Das kann sie aber bis jetzt noch nicht begreifen. Er weiß, dass seine Worte in ihren Augen absolut unsinnig, ja sogar verrückt klingen – dass sie nicht in der Lage ist, die tiefe Wahrheit dessen zu erfassen, was er ihr da offenbart. Er blickt nun in Richtung des Dorfes, in dem sie zu Hause ist, und wechselt das Thema. „Geh, rufe deinen Ehemann und dann komm mit ihm hierher zurück", sagt er zu ihr.

Und er erwischt sie damit in einem Augenblick, in dem sie nicht auf der Hut ist. „Ich habe keinen Mann", erwidert sie. Was rein theoretisch zutrifft. Die Frau ist zurzeit gerade nicht verheiratet, lebt aber mit einem Mann zusammen. Jesus, der auf übernatürliche Weise alles weiß, ist sich ihrer Situation überaus bewusst.

„Das hast du jetzt aber nett ausgedrückt: ‚Ich habe keinen Mann.' Du hast *fünf* Männer gehabt, und mit dem Mann, mit dem du zurzeit zusammenlebst, bist du nicht verheiratet!", entgegnet er. Die Frau ist beeindruckt von dem, was er alles über ihr Leben weiß. Und was noch besser ist: Er merkt sogar noch positiv an – wenn auch mit einem Hauch von Ironie –, dass sie wenigstens nicht versucht hat, über ihre Lebensverhältnisse zu lügen. Er bemerkt und gibt ihr das auch zu verstehen, wie sorgfältig sie ihre Worte gewählt hat, um eine Verurteilung und die Beschämung dafür zu umgehen, dass sie unverheiratet mit einem Mann zusammenlebt. Es ist fast, als würde er sagen: „Ich bin mir bewusst, dass du mich gerade eben auch einfach hättest belügen können, aber du hast dich anders entschieden. Das rechne ich dir hoch an."

Sie starrt auf ihre Füße, und ihr wird immer unbehaglicher zumute, während sie sich gleichzeitig fragt, wohin das Gespräch mit diesem ungewöhnlichen Rabbi wohl noch führen mag. Nachdem sie sich wieder ein wenig gefangen hat, versucht sie, ihn abzulenken. „Ach, du bist also ein Prophet!", lacht sie und verdreht dabei die Augen. „Also, wenn das tatsächlich der Fall ist, dann beantworte mir doch mal diese Frage, du Schlauberger. Unsere Vorfahren haben Gott auf einem Berg angebetet, aber die Juden bestehen darauf, dass Jerusalem der einzig angemessene Ort für die Anbetung ist, richtig?"

Jesus geht kurz auf ihre Frage ein, kommt aber dann gleich wieder auf das eigentliche Thema zurück. „Es wird eine Zeit kommen, da wird es völlig egal sein, wo man anbetet. Ja, diese Zeit ist sogar schon da. Jetzt, wo ich gekommen bin, kommt es darauf an, ob du an mich glaubst oder nicht – mehr nicht. Die Art von Anbetung, die sich mein Vater wünscht, beruht nicht auf Ritualen oder Zeremonien ... oder auf einen bestimmten Ort. Sie beruht einzig und allein auf dem Glauben. Dein Körper kann sich irgendwo auf dieser Erde befinden – auf einem Berggipfel oder in einem Tempel ... oder auch an einem heißen Nachmittag an einem Brunnen – und dein Geist kann trotzdem Gott anbeten."

Und er fährt fort: „Hör mal, ich weiß alles über deine Vergangenheit, aber weil ich bin, der ich bin, bist du trotzdem berechtigt, das lebendige Wasser zu bekommen, das ich erwähnt habe. Trotz all der Dinge, mit denen du dich in der Vergangenheit herumgeschlagen hast, und auch trotz deiner gegenwärtigen Situation steht dir dieses Wasser zur Verfügung, und zwar umsonst."

Und als Jesus diese von der Sünde gezeichnete Frau mit seiner Gnade und Annahme umhüllt, da schmilzt die Eisschicht um ihr Herz langsam. Ihr treten Tränen in die Augen und ihre durstige Seele saugt die ersten Tropfen eines frischen Regens auf.

• • • • •

Ich stand auf, um mir noch einmal Kaffee nachzuschenken, und da erst bemerkte ich, dass ich schon seit fast einer Stunde in derselben Haltung dagesessen hatte. Dieser Text aus dem 4. Kapitel des Johannes-Evangeliums hatte mich so gepackt, weil er wirklich eine Quelle evangelistischer Lektionen vom Meister selbst ist – alles auf einem einfachen, staubigen Stück Land im Samarien des ersten Jahrhunderts.

Nachdem ich mir die Geschichte noch einmal ganz neu vergegenwärtigt hatte, wuchs auch meine Hoffnung, dass Christen wirklich lernen können, wie man die Gute Nachricht angemessen und wirkungsvoll weitersagen kann. Vielleicht hat Jesus ja doch sein ganz eigenes „Lektionen vom Meister höchstpersönlich"-Video hinterlassen. Prüfen Sie doch einmal, ob die folgenden Gedanken auch für Sie so hilfreich sein könnten, wie sie es für mich sind.

Lektion 1: Die Kluft überbrücken

Vielen Christen hat man schon von Kindheit an gesagt, dass sie sich von der „Welt" fern halten sollen. Sie sind vor Orten gewarnt worden, an denen man sie besser nie antreffen sollte, und auch vor Menschen, mit denen sie lieber nichts zu tun haben sollten – und solche Ratschläge führen leider viel zu oft dazu, dass Christen wirkungslos und paranoid werden und sich nur noch mit anderen Christen abgeben. Aber die erste Lektion, die Jesus uns in dieser Geschichte vermittelt, besagt, dass wir uns durch die Unterschiede zwischen uns und anderen Menschen nicht einschüchtern zu lassen brauchen, gleichgültig, ob es kulturelle, religiöse, geschlechtliche oder politische Unterschiede sind. Wir sollen vielmehr Jesus ähnlicher werden und lernen, so wie er Brücken über alles Spaltende zu bauen, statt bestehende Trennungen noch weiter zu vertiefen.

Wir erfüllen Jesu Auftrag dann am besten, wenn Heimatlose nach Hause zurückfinden. Und während er hier auf der Erde lebte, wusste er, dass die beste Art, sie nach Hause zu führen, darin bestand, sie da abzuholen, wo sie gerade standen, so wie sie waren, mit ihnen in Beziehung zu treten und sie dann Schritt für Schritt nach Hause zum Vater zu begleiten.

Meiner Meinung nach ist das die beste Beschreibung für das erste der drei großen „E" – *Freundschaften zu entwickeln*. Und zwar mit den Liebenswerten ebenso wie mit den Menschen, die in unseren Augen nicht so liebenswert sind. Mit den Erfolgreichen ebenso wie mit denen, die sich immer nur erfolglos abmühen. Mit den Extrovertierten wie mit den Zurückhaltenden. Ich versuche immer wieder bewusst, mich dazu zu zwingen, mich auch in ungewohnte Situationen zu begeben. Situationen, in denen ich mich nicht unbedingt wohl fühle, und zwar ganz bewusst zu dem Zweck, meine Grenzen in dieser Hinsicht zu erweitern. Und ich entdecke dabei, dass Menschen, die so ganz anders sind als ich, unglaublich interessant und faszinierend sind!

• • • • •

Ich hatte kürzlich ein ganz besonderes Erlebnis. Ich war von ein paar weltweit führenden Köpfen aus Politik und Wirtschaft zu einem Gedankenaustausch in Manhattan eingeladen worden. Mich hatte man speziell zur Thematik der Spannungen zwischen Muslimen und Christen eingeladen. Wie Sie ja wissen, sieht es in dieser Hinsicht zurzeit alles andere als rosig aus. Christen werden immer ablehnender und Muslime immer misstrauischer. Und die Äußerungen, die da zwischen den beiden Gruppen hin und her gehen, werden von Tag zu Tag ein wenig lauter und hitziger.

Ich saß an dem besagten Tag mit ein paar sehr beeindruckenden Leuten aus der muslimischen Welt an einem Tisch sowie mit ein paar mächtigen Führern aus der westlichen Welt, von denen drei oder vier auch Christen waren. Wir sprachen viele Stunden darüber, was man tun könnte, um auf dieser Welt besser miteinander auszukommen. Ich hatte eigentlich damit gerechnet, dass die Atmosphäre bei dieser Sitzung ziemlich angespannt sein würde. Womit ich absolut nicht gerechnet hatte, war, wie anregend diese Begegnungen waren.

Ich lernte dadurch die Muslime besser verstehen, und es motivierte mich noch einmal mehr, nicht aufzuhören, nach Lösungen für ein gutes Miteinander zu suchen. Ich war unglaublich dankbar dafür, dass ich an diesem Runden Tisch teilnehmen durfte – und noch dankbarer, dass ich hier auf so grundsätzliche Art und Weise meinen Horizont erweitern konnte.

Überlegen Sie doch mal: Jesus hätte der Frau am Brunnen auch den Rücken kehren und sagen können: „Weißt du, ich will nichts mit Menschen zu tun haben, die einen anderen Glauben haben …" Glücklicherweise hat er das nicht getan. Dies führt jedoch dazu, dass wir uns immer wieder einige Fragen stellen müssen:

- „Höre ich in Situationen, in denen ich mit Menschen anderen Glaubens, eines anderen Hintergrundes oder anderer politischer Überzeugungen zusammen bin, auf die Impulse oder das leise Reden Gottes?"
- „Wenn ich in ganz alltäglichen Gesprächen mit Menschen zu tun habe – liegt mein Augenmerk dann darauf, Brücken zu bauen, statt Vorurteile aufrechtzuerhalten oder sogar zu verstärken?"
- „Bemühe ich mich aktiv darum, meinen Horizont zu erweitern, indem ich mich beispielsweise mit jemandem treffe, der zu einer anderen Generation gehört, oder in Restaurants gehe, in denen sowohl das Personal als auch die Eigentümer einen anderen kulturellen Hintergrund haben, und interessiere ich mich auch für andere Kulturen außer meiner eigenen?"

Machen Sie große Schritte. Machen Sie kleine Schritte. Machen Sie alle Ihnen möglichen Schritte, um diese Haltung Jesu, nämlich trennende Kluften zu überbrücken, bei sich selbst weiterzuentwickeln.

Lektion 2: Stellen Sie eine Frage

Wir haben festgestellt, dass Jesus ganz bewusst auf Menschen zuging, die anders waren als er. Ebenso wichtig ist aber auch, dass er sehr genau darauf achtete, was er bei der Kontaktaufnahme als Erstes sagte. Bei der Frau am Brunnen war das – Sie erinnern sich – eine Frage. Er stellte eine ganz einfache Frage, um auszuloten, ob sie bereit war, sich weiter zu unterhalten.

• • • • •

Ich war kürzlich in einem *Starbucks*, um mir noch ein wenig Koffein zu holen, da mich am Nachmittag eine Reihe von Sitzungen erwartete. Ich freute mich schon darauf, dort vorbeizuschauen, weil normalerweise der Eigentümer selbst da war und sich im Laufe mehrerer Monate zwischen uns ein ganz guter Kontakt ergeben hatte. Als ich den Laden betrat, schaute ich mich kurz um, ob er anwesend war.

Wie immer war der Service in dem Coffee-Shop hervorragend. Als ich an der Reihe war, bestellte ich wie üblich und trat dann zur Seite, immer noch nach dem Geschäftsführer Ausschau haltend, aber ich sah nur unbekannte Gesichter. Ich wollte mich gerade umdrehen, um zu gehen, als ich den Geschäftsinhaber auf mich zukommen sah. Wie üblich blickte er mich mit einem freundlichen Lächeln an. Wir begrüßten uns, während ich ihn ein bisschen zur Seite zog, um dem Gewühl zu entkommen. Nach dem guten Service, den ich gerade am Tresen erfahren hatte, erkundigte ich mich: „Wie schulen Sie eigentlich Ihre Angestellten, damit sie so gut sind? Sie sind bei ihrer Arbeit immer so höflich, so kompetent und so begeistert! Wie bekommen Sie das hin?"

Die Frage war ja eigentlich gar nicht so tief schürfend, aber seine Antwort öffnete die Tür zu einem weiteren Gespräch. Ich hätte ihn wahrscheinlich alles fragen können und er hätte geredet – so ist das eben, wenn Gott uns mit einem Menschen zusammenführt. Und wer weiß, zu welcher Art von Gesprächen er uns in Zukunft noch die Tür öffnen wird. Und um es noch einmal zu wiederholen: Meine Aufgabe besteht nicht darin, den Ausgang eines solchen Gespräches zu bestimmen oder auch nur zu kennen. Meine Aufgabe besteht lediglich darin, im Glauben den ersten Schritt zu tun, ein Gespräch anzufangen, eine Frage zu stellen und herauszufinden, ob es eine offene Tür gibt. Alles andere kann ich Gott überlassen.

Im gesamten Neuen Testament wird immer wieder deutlich, dass Jesus nie durch eine Tür gegangen ist, ohne vorher um Erlaubnis zu bitten. Wenn jemand nicht reden wollte, dann akzeptierte Jesus das. Davon können wir etwas lernen! Diese Vorgehensweise war so erfolgreich, weil er Fragen stellte, um auszuloten, ob sein Gegenüber innerlich offen und bereit war und keine schwerwiegenden Vorbehalte hatte. Jesus stellte eine Frage, über die der andere nachdenken musste, und schloss dann aus der Antwort der betreffenden Person, in welchem Tempo er das Gespräch fortsetzen sollte.

In 1. Korinther 2, Verse 14 bis 16 schreibt Paulus: „Der Mensch kann von sich aus, mit seinen natürlichen Fähigkeiten, nicht erfassen, was Gottes Geist sagt. Für ihn ist das alles Unsinn, denn Gottes Geheimnisse erschließen sich nur durch Gottes Geist. Der vom Geist Gottes erfüllte Mensch aber beurteilt alles, was ihm Gott zeigt und sagt. Er selbst aber untersteht nicht dem Urteil anderer, wenn er in Gottes Auftrag redet … Nun, wir (die wir an Jesus glauben) haben seinen Geist und kennen seine Gedanken." Paulus weist darauf hin, dass Menschen, die Gott noch nicht in ihr Leben hineingelassen haben, unter Umständen nicht daran gewöhnt sind, geistliche Gespräche zu führen. Und wenn man solche Menschen einfach mit der eigenen Art überrennt, bevor man durch eine Beziehung seine Glaubwürdigkeit bewiesen hat, dann stellt man vielleicht plötzlich fest, dass man mit einem blauen Auge dasteht und sich fragt, was da eigentlich gerade passiert ist.

Wenn es Ihnen schwer fällt, sich Fragen zu überlegen, die Sie stellen könnten, dann tun Sie doch einfach, was Jesus tat. Als er an einem Brunnen stand, beschloss Jesus, über Wasser zu sprechen. Glauben Sie, dass die Frau dazu einen Bezug hatte? Sie war eine Frau, die jeden Tag den langen Weg zum Brunnen zurücklegte, die Eimer in den Brunnen hinab ließ, sie wieder hochzog und sie dann den ganzen Weg zurück nach Hause schleppte … Tag für Tag … Natürlich konnte sie mit diesem Thema etwas anfangen!

Um nun dieses Konzept auf die Gegenwart zu übertragen: Wir haben ja alle in den Tagen und Monaten nach dem 11.

September 2001 den gleichen Schrecken erlebt. „Was hast du empfunden, als dir klar wurde, was da eigentlich passiert ist?", wurde man immer wieder gefragt. „Hast du dich auch gefragt, ob da überhaupt jemand ist, der die Kontrolle hat?" Und sehr häufig öffnete Gott dadurch eine Tür zu tiefer gehenden Gesprächen über den Glauben, nachdem man Menschen, die weit von Gott entfernt waren, gefragt hatte, wie sie eigentlich mit ihren Gefühlen umgingen.

Und wir können darin noch besser werden. Wir können lernen, wie man Menschen Fragen stellt, die sie zum Nachdenken anregen und dann zu weiteren und intensiveren Gesprächen führen. Garry Poole hat vor ein paar Jahren ein Buch mit dem Titel *The Complete Book of Questions*[1] geschrieben. Ich empfehle jedem, einmal einen Blick in dieses Buch zu werfen. Sie werden nie mehr ohne passende Frage dastehen, wenn sich Ihnen ganz plötzlich eine solche von Gott geschenkte Gelegenheit auftut. Hier ein paar der Fragen; vielleicht machen sie Ihnen ja Appetit auf mehr:

- „Warum gibt es Ihrer Meinung nach so viele Religionen?"
- „Halten Sie es für möglich, dass man ganz sicher wissen kann, dass es Gott gibt?"
- „Glauben Sie, dass es wirklich bedingungslose Liebe gibt?"
- „Was sind Ihrer Meinung nach die gängigsten falschen Vorstellungen und Irrtümer über Gott?"
- „Wie wirkt sich Ihr Glaube bzw. Nichtglaube auf Ihr Leben aus?"
- „Glauben Sie, dass Gott aktiv in die Geschicke dieser Welt eingreift?"
- „Gibt es Ihrer Meinung nach so etwas wie Schicksal?"
- „Von welchen Aussagen über Gott wünschten Sie sich, dass sie wahr wären?"

Sie können die hier aufgeführten Fragen auch der jeweiligen Gesprächssituation, Ihrem Umfeld oder Ihrem persönlichen Stil anpassen, aber Sie können sich natürlich auch ganz eigene Fragen überlegen. Darauf kommt es auch gar nicht so sehr an. Wirklich wichtig ist jedoch meiner Meinung nach, dass Sie um des Reiches Gottes willen nicht eher Ruhe geben, bis Sie ein guter Fragensteller bzw. eine gute Fragenstellerin sind.

Lektion 3: Seien Sie geduldig

Wenn Sie jetzt noch einmal an den Bericht im 4. Kapitel des Johannes-Evangeliums zurückdenken: Haben Sie sich eigentlich schon einmal gefragt, wieso Jesus so viel Geduld mit dieser Frau hatte? Meiner Ansicht nach war Jesus klar, dass er es hier nicht mit einer Art Missionsobjekt zu tun hatte, sondern mit einer ganz realen Person, die sich in einer ganz realen Notlage befand. Er wusste, dass sie Gott in ihrem Leben brauchte, bevor sie sich mit den ganz konkreten Sünden in ihrem Leben auseinandersetzen konnte. Weil Jesu Erwartungen angemessen und realistisch waren, konnte er so mit ihr umgehen, dass ihre Würde gewahrt blieb und sie nicht beschämt wurde. Er konnte die Frau ermutigen, statt über sie zu urteilen und sie zu verdammen. Als zweite Person der Dreieinigkeit hatte Jesus Zugang zu allen Einzelheiten aus dem Leben der Frau, Informationen, über die Sie und ich natürlich nicht verfügt hätten. Aber obwohl er um ihre problematische Vergangenheit wusste, stieß er sie nicht plump mit der Nase darauf, sondern er beschloss stattdessen, eine Flamme der Hoffnung für die Zukunft in ihr zu entfachen. „Es braucht mit dir in Zukunft nicht so weiterzugehen", hat er wahrscheinlich gesagt.

Offenbar war das genau der Hoffnungsschimmer, den sie gebraucht hatte. In dem Text steht, dass die Frau sofort in ihr Dorf zurückrannte, nachdem sie seine Gnade und sein Wohlwollen erfahren hatte, um dort all ihren Freunden und Verwandten von diesem Mann zu erzählen, „der alles über mich weiß". In ihrer Eile ließ sie sogar ihre Wassereimer am Brunnen zurück – das ist ein wichtiger Hinweis, weil Wasser damals ein so kostbares Gut war. Da war sie nun, diese von Sünde gezeichnete Frau, die jetzt ein ganz neues Leben vor sich hatte. Wichtiger als alles andere – ja, sogar wichtiger, als ihren Wasservorrat für den Tag zu sichern – war ihr jetzt, jedem davon zu erzählen, dass Jesus ihr eine Zukunft und neue Hoffnung geschenkt hatte. Die Verfasser der Evangelien hätten uns unzählige Einzelheiten über ihren geistigen und körperlichen Zustand in dem Augenblick hinterlassen können, als sie diese Gnade erfuhr, doch wir erfahren lediglich, dass sie alles stehen und liegen ließ, um ihren Freunden die guten Neuigkeiten zu erzählen. Die Geduld Jesu hat sich ausgezahlt – finden Sie nicht auch?

Sie und ich, wir wurden zu einem ganz ähnlichen Zweck zu Jesus gezogen – einem, der genauso wichtig ist wie der, die Ewigkeit bei Gott zu verbringen. Wir sollen anderen von unserer Erlösung und unseren Erfahrungen erzählen, damit Gottes Plan erfüllt wird – dass alle Menschen ihn als Vater kennen lernen.

Lektion 4: Achtung, Ablenkungsmanöver

Hier eine meiner Lieblingsstellen: Ist Ihnen bei der Geschichte schon einmal aufgefallen, dass die Frau versucht, Jesus vom Thema abzulenken, als es in dem Gespräch „ans Eingemachte" geht? Er versucht, das Gespräch darauf zu lenken, wie sehr sie Gott braucht, und sie versucht, ihn mit der Frage abzulenken, wo und auf welchem Berg die Menschen Gott anbeten sollen.

Ich erlebe oft etwas ganz Ähnliches. Ich mache im Gespräch mit jemandem einen ganz winzigen Schritt in Richtung Gott, und schon scheut mein Gesprächspartner und schreckt zurück. Jede Chance zu einem Ablenkungsmanöver wird dann mit beiden Händen ergriffen, um nur ja nicht in die Verlegenheit zu kommen, vielleicht am Ende doch Jesus in das eigene Leben hineinzulassen. Ich bezeichne das auch manchmal als „geistliches ADS". Ich weiß natürlich nicht, welche Erfahrungen Sie damit machen, aber mir passiert es häufig, dass plötzlich die unglaublichsten Fragen gestellt werden, wenn ein Gespräch sich in eine geistliche Richtung bewegt: „Was ist denn mit all den Heuchlern, die in christlichen Kreisen haufenweise zu finden sind?" Oder: „Findest du nicht, dass du ein bisschen zu intolerant bist ... ich meine, führen nicht *alle* Wege irgendwie zu Gott?" Oder: „Das hört sich ja alles ziemlich gut an, aber mal ehrlich, können sich denn Millionen Muslime irren?" Oder: „Hey, ist ja schön und gut, was du da über Gott und das alles erzählst, aber was ist mit den Menschen irgendwo im tiefsten Dschungel, die nie die Gelegenheit haben, das zu hören?"

In diesen ganz entscheidenden Momenten müssen wir erkennen, ob diese Frage, die uns da gestellt wird, nur ein Ablenkungsmanöver ist oder ein echtes Glaubenshindernis darstellt.

• • • • •

Ich hatte mich im Laufe weniger Wochen mehrmals mit einem Mann unterhalten und sein Interesse an geistlichen Dingen nahm stetig zu. Irgendwann bekam ich dann den Impuls, das Gespräch an den Punkt zu steuern, an dem er eine Entscheidung treffen musste, also zeichnete ich ihm Gottes Erlösungsplan auf eine Serviette. Und genau in diesem Augenblick brach alles zusammen. Aus heiterem Himmel fragte er mich nämlich Folgendes: „Bevor du jetzt weiterredest, Bill, was hat es eigentlich mit der Diskussion über Schöpfung oder Evolution auf sich?“

Ich musste innerhalb von ungefähr drei Sekunden abschätzen, ob es sich hier einfach nur um eine Frage handelte, mit der er sich erst einmal aus der „Gefahrenzone“ begeben wollte, oder ob diese Frage für ihn von so zentraler Bedeutung war, dass sie geklärt werden musste, bevor er eine persönliche Entscheidung für Jesus Christus treffen konnte. In dem Vertrauen darauf, dass der Heilige Geist mich führte, sagte ich: „Hör mal, das ist eine Diskussion, die Leute mit vielen Abkürzungen vor ihrem Namen schon seit Jahrhunderten führen. Wenn du dich mit diesem Thema intensiver beschäftigen möchtest, kann ich dir gern einige Bücher empfehlen, die du allein oder die wir auch zusammen lesen können. Ich versichere dir, dass dazu immer noch Zeit ist. Aber in diesem Augenblick ist es vielleicht sinnvoller, wenn wir uns erst einmal mit der Frage befassen, wie du mit Gott ins Reine kommen kannst ...“

Und raten Sie mal, was passierte – diese Lösung war für ihn absolut akzeptabel. Ich glaube, er wollte nur sichergehen, dass ich auch wirklich bereit war, mich mit all seinen ernsthaften Fragen auseinander zu setzen.

Manchmal kann es in einem geistlichen Gespräch auch passieren, dass einem die Person, mit der man sich unterhält, ein unüberwindliches Problem präsentiert, das unmittelbare Aufmerksamkeit erfordert.

Als ich in einem solchen Gespräch einmal an einem ganz entscheidenden Punkt angelangt war, warf mein Gesprächspartner ein: „Das meiste von dem, was Sie da sagen, verstehe ich ja, aber anscheinend basiert das ja alles auf der Bibel. Woher soll ich denn wissen, ob die Bibel überhaupt echt und der Inhalt wahr ist? Wenn Sie mich auffordern, eine derart wichtige und weit reichende Entscheidung zu treffen, und zwar allein auf der Grundlage eines Buches, das ich nicht einmal für wahr halte, also ... das kann ich einfach nicht."

Wie Sie ganz richtig vermuten, habe ich aufgehört, meinem Gesprächspartner die Gute Nachricht und den Heilsplan Gottes zu erklären und habe das Gespräch auf andere Weise fortgesetzt. Ich musste dieser Person helfen, sich erst einmal mit dem grundlegenden Problem auseinanderzusetzen, bevor wir den nächsten Schritt angehen konnten, und deshalb lasen wir gemeinsam Bücher zum Thema und hörten Kassetten an, und wir führten auch weitere Gespräche darüber. Es wäre eine schlechte Entscheidung gewesen, ihn weiter zu drängen, solange ihm noch ein schwerwiegendes ungelöstes Problem zu schaffen machte.

Lektion 5: Den Hoffnungslosen Hoffnung geben

Möchten Sie noch eine Lektion? So wie Jesus, sollten auch wir den Mut haben, zu erwähnen und deutlich zu machen, welche Vorteile ein Leben mit Gott hat. Erzählen Sie anderen voller Überzeugung, was der Vater ihnen verspricht! Der durstigen Frau, der Jesus am Brunnen begegnete, bot er „lebendiges Wasser" – das Wasser des Lebens, das den Durst der Seele stillt und den Geist belebt. Für die Menschen, denen Sie begegnen, ist das Angebot unbegrenzt:

- Für die, die sich für ihre Vergangenheit und Gegenwart schämen: „Du bekommst Gnade und Vergebung."
- Für Menschen mit zerstörerischen Verhaltensweisen und Gewohnheiten: „Wen der Sohn frei macht, der ist wirklich frei."
- Für die Schwachen: „Gott wird dir Stärke geben, wenn du ihn darum bittest."
- Für die Erschöpften: „Jesus verspricht dir Ruhe für deine Seele."
- Für die Armen: Geistlichen Reichtum.
- Für diejenigen, die Mangel leiden: Sie werden zur rechten Zeit versorgt.
- Für die Trauernden: Trost.
- Für die Kranken und Sterbenden: ewiges Leben und einen neuen Körper.

Wenn Jesus Menschen auf den Glauben an Gott hinwies, dann sagte er ihnen, ohne sich dafür zu entschuldigen oder zu rechtfertigen, dass das Leben, das er zu bieten hatte, das beste Leben sei, das ein Mensch sich wünschen könne. Im Matthäus-Evangelium wird erzählt, dass er dieses Leben mit einer kostbaren und sehr teuren Perle verglich, von der er sagte, sie sei so wertvoll, dass man dafür alles geben würde.

„Wenn ihr ein Leben in Fülle möchtet", erklärte er, „wenn ihr ein rundum erfülltes, befriedigendes, spannendes und dynamisches Leben mit jeder Menge Action wollt, dann gibt es nur einen Ort, an dem ihr das alles finden könnt. So ein Leben findet ihr, wenn ihr euch ganz und gar dem Gott des Universums ausliefert!"

Ich hoffe, dass wir uns alle immer wieder ganz neu und verbindlich darauf einlassen, dieses Maß an Gewissheit und Leidenschaft an den Tag zu legen, wenn wir über unseren Glauben sprechen. Gibt es eine wichtigere Botschaft als die, die wir der Welt zu bringen haben?

Nahrung, die wirklich satt macht

Die Geschichte von der Samariterin am Brunnen nimmt in dem Augenblick eine interessante Wendung, als die Jünger zu Jesus zurückkommen. In Johannes 4, Vers 27 – das ist die Stelle, an der wir zunächst einmal das Geschehen verlassen haben – wird deutlich, dass die Jünger genau in dem Augenblick zurückkommen, als die Frau zum ersten Mal Gnade erfährt, und sie sind entsetzt darüber, ihren Meister in der Gesellschaft einer so unwürdigen Frau vorzufinden. Sie haben es vielleicht nicht ausgesprochen, aber ihre Mienen werden sie sicher verraten haben. Der Messias wird doch wohl mit Personen wie dieser Frau, die einen äußerst fragwürdigen Ruf besitzt, nichts zu schaffen haben! Sie glauben einfach nicht daran, dass manche Leute sich wirklich von Grund auf ändern können.

Die Frau bemerkt die vernichtenden Blicke der Jünger gar nicht, als sie an ihnen vorübereilt, um den Leuten in ihrem Dorf zu erzählen, welche großartigen Dinge sie gerade in dem

Gespräch mit diesem Rabbi erlebt hat, dem sie am Jakobsbrunnen begegnet ist. Als die Frau außer Sichtweite ist, versuchen die Jünger, Jesus dazu zu bewegen, doch erst einmal etwas zu essen. Sie selbst haben schon in der Stadt gegessen, und sie wissen, dass er jetzt großen Hunger haben muss, nachdem er sich schon stundenlang draußen in der Hitze aufgehalten hat, und das, nachdem er bereits die anstrengende Reise von Judäa hinter sich hat.

Es ist offensichtlich, dass seine Jünger keine Ahnung haben, was sich in ihrer Abwesenheit dort am Brunnen zugetragen hat. „Merkt ihr es denn nicht? Ich habe gerade ein fantastisches Mahl gehabt", sagt Jesus. Die Jünger schauen sich irritiert an. Worüber um alles in der Welt redet er denn da? Hat er etwa von jemand anderem etwas zu essen bekommen, während sie fort waren?

Aber Jesus meint keine Fleisch-und-Kartoffeln-Nahrung; er spricht von Nahrung für die Seele. Und eine bessere Art von Nahrung kann es für ihn gar nicht geben! Während seine Männer in der Stadt etwas Brot und ölige Oliven gegessen haben, hat Jesus soeben etwas zu sich genommen, das einem Sieben-Gänge-Menü entspricht!

Das Ergebnis dieser „Mahlzeit" ist unglaublich. Wir erfahren später, dass die Samariterin noch einmal zurückkommt, nachdem sie die Hälfte der Stadtbevölkerung zusammengetrommelt und mit zum Brunnen geschleppt hat, damit alle Jesus kennen lernen. Als Nächstes erfährt der Leser dann, dass all diese Menschen Jesus zuhören und viele von ihnen noch am selben Tag und dort an Ort und Stelle zum Glauben kommen. Und das alles wegen eines Mannes, der eine von Gott geschenkte Gelegenheit ergreift und einer verzweifelten Frau die Hoffnung gibt, die sie so dringend nötig hat.

„Seht euch doch mal um hier!", tadelt Jesus seine Jünger vielleicht, als dieser Tag zu Ende geht. „Wie reif sollen denn diese samaritischen Felder eurer Meinung nach noch werden!? Findet ihr nicht auch, dass diese Menschen von ihrer eigenen Selbstsucht und von falschem Glauben erlöst werden müssen? Es ist Erntezeit, Männer! Wenn ihr Geduld habt und euch darauf einlasst, genauso hartnäckig und mit einem solchen Eifer wie diese Frau Menschen zu suchen, die verloren sind, dann werdet ihr mehr ernten, als ihr es je zu träumen gewagt habt."

• • • • •

Als ich an jenem Nachmittag in meinem Arbeitszimmer über diese Geschichte nachdachte, war ich einmal mehr erstaunt darüber, wie schnell die Frau den Wechsel von „feindselig" zu „respektvoll" vollzog, von „widerspenstig" zu „nachgiebig", von „selbstbezogen" zu „Christus ähnlich", und das alles im Verlauf von nur vier Versen. Nur Gott allein weiß, wann Erlösung für jemanden unmittelbar bevorsteht. Unsere Aufgabe besteht dabei darin, am Ball zu bleiben und loszugehen, wenn wir den Impuls dazu bekommen zu reden, und den Mund zu halten, wenn Schweigen angesagt ist – und alles Weitere Gott selbst zu überlassen.

Schritte, die die Welt verändern

Denken Sie doch einmal darüber nach: Dadurch, dass eine Frau eine grundlegende Verwandlung erlebte, änderte sich das Leben vieler weiterer Menschen. Können Sie sich vorstellen, wie das Leben dieser Frau wohl 15 bis 20 Jahre später ausgesehen haben mag? Ich sehe förmlich vor mir, wie ihre gesamte Familie beisammen sitzt und wie ihre Kinder und Enkel die Gemeinschaft als Christen sowie die Gemeinschaft mit Jesus und dazu noch den Segen Gottes genießen. Die gesamte Familie sitzt entspannt beieinander, man erzählt Geschichten aus dem Leben, redet über Vorfahren und über persönliche Wünsche und Träume. Eines der Enkelkinder, das am anderen Ende des Raumes hockt, meldet sich zu Wort und fragt: „Wie hat das eigentlich alles angefangen? Ihr wisst schon, die Sache mit eurem Glauben."

Die Samariterin vom Brunnen antwortet vom entgegengesetzten Ende des Raumes aus. Sie hat ein weiteres Enkelkind auf dem Schoß. „Kinder, das alles hat damals am Brunnen angefangen – genauer gesagt am Jakobsbrunnen. Unser gemeinsames Glaubenserbe lässt sich in eine staubige Gegend zurückverfolgen, wo Jesus Christus – der Messias selbst – seinen persönlichen Wohlfühlbereich verließ und durch den heißen Sand den ersten Schritt auf eure Großmutter zuging, deren moralische Weste damals eher schmuddelig als weiß war.

Jesus hat den ersten Schritt auf mich zugemacht, hat mir voller Liebe und Mitgefühl die Hand gereicht, und zwar in einer Zeit, in der das sonst niemand getan hätte. Und weil er sich so um uns bemüht und sich für uns interessiert hat, bemühen wir uns jetzt um andere und versuchen, sie kennen zu lernen – besonders diejenigen, die ihn noch nicht kennen."

• • • • •

Denken Sie einmal einen Moment lang an Ihre eigene Geschichte. Wie sind Sie eigentlich im Reich Gottes gelandet? Nachdem ich mich selbst mit dieser Frage auseinander gesetzt hatte, habe ich auch andere aufgefordert, sich einmal näher damit zu befassen. Wenn wir einmal bei diesem Bild des ersten Schrittes bleiben, den jemand auf einen anderen Menschen zugeht, so glaube ich, dass neun von zehn Personen mir zustimmen würden, dass in ihrer Entscheidung für Christus eine Person vorkommt – und eine sehr entscheidende Rolle spielt –, die den ersten Schritt auf sie zugemacht und ihnen ihre Freundschaft angeboten hat. Es gibt fast immer diesen einen Menschen, der ein Risiko eingegangen ist, um eine kulturelle, religiöse oder gesellschaftliche Kluft zu überwinden. Da ist fast immer jemand im Spiel, der sich die Frage gestellt hat, wo sein Gegenüber wohl die Ewigkeit verbringt. Es ist so gut wie immer ein Mensch im Spiel, der sich die Mühe gemacht hat, bei jemandem Interesse für die Möglichkeit zu wecken, dass er irgendwann die Liebe Gottes kennen lernen und von seiner Schuld befreit werden könnte.

Genau wie es die Samariterin erfahren hat, so sollen auch Sie diese Fürsorge und dieses Mitgefühl, durch die Sie selbst zum Reich Gottes hingezogen worden sind, jetzt anderen entgegenbringen. Man kann immer besser lernen, über seinen Glauben zu sprechen, und man kann lernen, peinliche Fehler zu vermeiden. Man lernt immer besser, mit innerer Gewissheit die Kernpunkte von Gottes Heilsplan weiterzusagen. Man kann seine Fähigkeiten verbessern, Menschen als großartige, wunderbare Geschöpfe Gottes zu behandeln, statt sie als Missionsobjekte zu betrachten.

Die eindrucksvolle Erlösungsgeschichte von der Frau am Jakobsbrunnen ist sehr viel mehr als nur ein gutes Beispiel dafür, wie man die „3E“ lebt. Und Jesus ist mehr als nur ein Fachmann, der sich bereit erklärt, ein paar Erfolgstipps in Sachen Evangelisation unter die Leute zu bringen. Er ist unser ständiger Begleiter, er lebt in uns, um uns sich immer ähnlicher zu machen, und er wirkt durch uns, um andere auf den Glauben hinzuweisen.

Gott sagt, dass er sauberes Wasser über uns geschüttet und uns rein gewaschen hat, als wir ihm unser Leben ausgeliefert haben. Er hat Ihnen (und auch mir) ein neues Herz geschenkt, hat unser Herz aus Stein durch eines ersetzt, das nach dem Willen Gottes und nicht nach dem eigenen Willen denkt und fühlt und handelt. Er hat seinen Geist in uns hineingelegt und macht es uns dadurch möglich, das zu tun, was er uns aufträgt, damit wir jeden Tag in Freiheit leben können. Das lebendige Wasser, das er damals vor vielen Jahren der Frau am Brunnen angeboten hat, fließt und plätschert und gluckert jetzt auch direkt in unserem Herzen.

Und dieses Wasser ist aus einem guten Grund da! Es soll nicht nur unseren ewigen Durst löschen, sondern uns auch daran erinnern, dass wir jeden Tag wieder aufs Neue an die Arbeit gehen und uns auf mehr konzentrieren als nur das, was gerade anliegt. Wir sollen nämlich offen und empfänglich bleiben für den Impuls des Heiligen Geistes. Wir sollen den ersten Schritt auf einen Menschen zugehen, sei es im Büro, auf der Baustelle, in der Schule oder sonst wo. Dieses Wasser soll uns an das Blut Christi erinnern, das für jeden Menschen vergossen wurde, der uns begegnet. Es ist dazu da, dass Sie Ihren Glauben durch Taten bezeugen, indem Sie auf einen Menschen zugehen, ihm in die Augen schauen und fragen: „Möchtest du einen Becher Wasser?“

Erste Schritte zur Umsetzung

1. Haben Sie sich schon einmal so gefühlt wie die Frau am Brunnen – staubig, erschöpft und vom Leben ausgelaugt? Welches Erlebnis fällt Ihnen dazu ein?
2. Jesus reagierte mit Annahme statt Verurteilung, mit Vergebung

statt Zurechtweisung auf die Frau am Brunnen. Wie erleben Sie Gottes Annahme und Vergebung in Ihrem Leben?

3. In einer der Lektionen aus diesem Kapitel geht es darum, dass es die Aufgabe von Menschen ist, die Jesus nachfolgen, Kluften zu überwinden. Auf Seite 201 ist die Rede davon, wie wichtig es ist, ebenso Freundschaften zu den Liebenswerten wie zu den weniger Liebenswerten aufzubauen, zu den Erfolgreichen und solchen, die sich nur erfolglos abmühen. Zu extrovertierten ebenso wie zu zurückhaltenden Menschen. Zu den Menschen, die im Mittelpunkt stehen, ebenso wie zu den Ausgegrenzten. Zu denen, die genauso sind wie wir, und zu denen, die so ganz und gar anders sind.

   Nach welchen Kriterien suchen Sie Ihre Freunde aus? Wen sprechen Sie typischerweise an?

   ❑ Liebenswerte Personen – oder ❑ Personen, bei denen es schwerer fällt, sie gern zu haben?
   ❑ Erfolgreiche Personen – oder ❑ Personen, die ihre liebe Mühe haben?
   ❑ Menschen, die offen und aufgeschlossen sind – oder ❑ solche, die eher einen verschlossenen Eindruck machen?
   ❑ Menschen, die bei fast allen beliebt sind, oder ❑ solche, die ausgegrenzt werden?
   ❑ Menschen, die genauso sind wie Sie, oder ❑ solche, die ganz anders sind?

   Warum ermutigt Jesus Ihrer Meinung nach die Menschen, die ihm nachfolgen, grundsätzlich alle Menschen anzunehmen?

4. In welcher der folgenden Rollen, die auch in der Bibel genannt werden, brauchen Sie Gott heute in Ihrem Leben am allermeisten? Warum ist das so?

   ❑ als Friedenstifter
   ❑ als den, der mir die Angst nimmt
   ❑ als den, der mich innerlich besänftigt
   ❑ als Sturmstiller
   ❑ als erhellendes Licht
   ❑ als den, der das Verlorene findet
   ❑ als den, der die Wolken vertreibt
   ❑ als Befreier
   ❑ als den, der mir klare Gedanken schenkt

- ❑ als den, der mein Seufzen hört
- ❑ als den, der meine Hand hält
- ❑ als den, der mich tröstet
- ❑ als den, der meine Wunden verbindet
- ❑ als den, der mir meine Tränen trocknet
- ❑ als den, der mir Kraft gibt
- ❑ als den, der für mich sorgt

5. Gibt es in Ihrem Umfeld jemanden, der auch erfahren sollte, dass Gott seine Seele beruhigt, seine Stürme stillt und seine Tränen trocknet? Bitten Sie Gott, Ihnen die Nöte und Bedürfnisse der Menschen in Ihrem Umfeld zu zeigen, und finden Sie dann einen Weg – sei es in Form eines Anrufes, einer E-Mail oder persönlich –, ihnen zu sagen, dass es einen Gott im Himmel gibt, der sie geschaffen hat, der sie liebt und der ihr ewiger Friedensstifter sein möchte, wenn sie das wollen.

Anmerkungen

[1] Gary Poole: T*he Complete Book of Questions: 1001 Conversation Starters for Any Occasion.* South Barrington, Ill.: Willow Creek Association, 2003.

TEIL 4

Leben mit Vision

KAPITEL 9

Einladung zu den großen Fischen

Während der drei Jahre, die Jesus hier auf der Erde predigte und lehrte, hatte er eine ziemlich interessante Angewohnheit. Er zog umher, sah Menschen, die Hilfe brauchten, und setzte dann sogar die Naturgesetze außer Kraft, um ihnen zu helfen. Plötzlich war dann ein Kranker geheilt, der Blinde konnte sehen, der Taube konnte hören, der Stumme konnte singen und der Gelähmte stand auf und tanzte. Und all das, weil Jesus etwas tat, weil er handelte.

Mindestens 40 Gelegenheiten sind überliefert, bei denen so etwas passierte, und wie Sie ganz richtig vermuten und wie auch zu erwarten war, waren die Reaktionen auf dieses seltsame Verhalten äußerst unterschiedlich. Während manche Personen von den sichtbaren Zeichen seiner Macht völlig begeistert waren, hatten die meisten Menschen im Palästina des 1. Jahrhunderts keine Ahnung, was sie von einem Kerl halten sollten, in dessen Leben es so viele Absonderlichkeiten gab.

Meiner Einschätzung nach ragt unter den Dutzenden der Wunder, die er vollbrachte, eines als das merkwürdigste heraus. Wahrscheinlich erinnern Sie sich daran. Es ging dabei nicht ums Heilen, Hören oder Sehen, sondern um einen gewaltigen Fischfang, den ein paar frustrierte Fischer eines Tages machten.

Im 5. Kapitel des Lukas-Evangeliums wird beschrieben, wie Simon Petrus und sein Bruder Andreas nach einer langen Nacht vergeblichen Fischens auf dem See Genezareth gerade am Ufer ihre Netze reinigen. Eigentlich wäre es ein Bilderbuchtag an dem flachen tiefblauen See gewesen, aber weil die Fische in der vergangenen Nacht nicht mitgespielt haben, erweist sich die Aufgabe, die Netze von Algen zu befreien, als ziemlich erniedrigend.

Während die Fischer gewissenhaft vor sich hin arbeiten, sehen sie Jesus ein Stück weiter am Ufer vor einer Gruppe von Menschen predigen. Offenbar gefällt den Zuhörern, was er zu sagen hat, denn je länger er predigt, desto größer wird die Menschenmenge. (Interessant ist in diesem Zusammenhang, dass meine Predigten häufig den gegenteiligen Effekt haben …)

Irgendwann ist die Menschenmenge um Jesus so groß, dass er eine Möglichkeit finden muss, wie er etwas Abstand zu den Menschen bekommt, damit alle ihn sehen und hören können. Und ihm fällt auch ziemlich schnell eine Lösung ein. Wenn er mit einem Boot ein paar Meter vom Ufer wegrudert, so überlegt er, kann er wie von einer schwimmenden Kanzel aus weiterpredigen. Und offenbar sucht Jesus dann von all den Booten, die da am Ufer des Sees liegen, ausgerechnet das von Petrus und Andreas aus, um seinen Plan in die Tat umzusetzen. Ohne eine weitere Erklärung springt er in das Boot, bittet Petrus, ihm hineinzufolgen und ihn ein kleines Stückchen hinauszurudern, damit er dann sofort weiterpredigen kann.

Als er zu Ende gesprochen hat, zerstreut sich der größte Teil der Menge, während Jesus sich setzt und in dem Boot ein Gespräch mit Petrus beginnt. Irgendwann während des Gesprächs richtet Jesus eine interessante Aufforderung an seinen interessierten Zuhörer. „Rudere hinaus, dahin, wo das Wasser tiefer ist, und wirf deine Netze aus“, sagt er.[1] *Da wollen wir doch mal sehen, ob wir nicht noch ein bisschen Spaß haben können*, hat Jesus wahrscheinlich gedacht.

Petrus ist eher skeptisch – gelinde gesagt. Er und seine Partner haben doch schon die ganze Nacht gefischt – vergeblich. Vielleicht geht es ja nur mir so, aber wenn ich diesen Text lese, stelle ich mir vor, wie Petrus Jesus gegenüber ein bisschen gereizt wird. Schließlich haben sie sich die ganze Nacht auf dem See abgerackert, während Jesus geschlafen hat. Und jetzt hat dieser Jesus – nach Petrus' Maßstab ein Typ, dem es doch ein wenig an Fischfangkenntnissen mangelt – auch noch die Stirn, ihm, Petrus, einem Berufsfischer, zu sagen, wie man Fische fängt! Wahrscheinlich hätten auch Sie sich ziemlich beherrschen müssen, wenn Sie an Petrus' Stelle gewesen wären.

Aber er zeigt dann wider besseres Wissen seine Zweifel doch nicht und tut, was Jesus ihm sagt. Die Netze werden wieder über Bord geworfen, und der Fang, der seinem Gehorsam folgt, ist so gewaltig, dass er Verstärkung herbeirufen muss, um alles ins Boot zu ziehen. „Jungs, ihr werdet es nicht glauben!“, muss er seinen völlig verblüfften Kollegen am Ufer zugebrüllt haben. „Aber ich habe hier ein ganzes Boot voller Fische ... und das meine ich wörtlich. Könntet ihr vielleicht hier rauskommen und mir helfen, den Fang an Land zu bringen? Und zwar ein bisschen dalli, wenn ich bitten darf?“

Jakobus und Johannes lassen ihr Boot zu Wasser und fangen an zu rudern, was das Zeug hält, um ihrem Partner zu helfen. Die drei Fischer ziehen mit aller Kraft die prall gefüllten Netze ins Boot zurück, wo dann Unmengen glitzernder Fischleiber zappeln. Und ich stelle mir vor, dass noch einige restliche Zuhörer von Jesus neugierig dastehen und erfahren möchten, wieso die Arbeit der Fischer von einem solchen Hallo und einer solchen Begeisterung begleitet ist, als diese wieder ans Ufer kommen.

Durch die Wendung der Ereignisse jetzt in Hochstimmung, springen Petrus, Jakobus und Johannes herum, johlen und jubeln und feiern einen gewaltigen Fang. Jesus schaut zu und denkt bei sich, dass er noch nie einen jungen Mann getroffen hat, der eine solche Leidenschaft und Kraft an den Tag gelegt hat. Er weiß, dass diese drei Männer etwas ganz Besonderes haben, und deshalb lockt er sie mit einem kurzen Blick auf eine Vision in der Hoffnung, noch ein wenig länger in ihrer Welt verweilen zu dürfen.

Scheine kontra Schicksal

Ich stelle mir vor, wie Jesus lacht, während er vergeblich versucht, in dieser begeisterten Stimmung die Aufmerksamkeit der Männer auf sich zu ziehen. „Hey, Jungs! Ihr glaubt also, das wäre schon was? Ihr meint, dass es schon ein Riesenspaß gewesen ist, ein Netz voller geschuppter Wasserwesen an Land zu ziehen? Versucht doch mal einen Augenblick lang, in etwas größeren Dimensionen zu denken ... Also, hört mal zu ... Wie wäre es, den Spaß-Faktor, den ihr in den letzten paar Minuten erlebt habt, zu vervielfachen, und zwar um das Tausendfache? Nein, es ist absolut nichts daran auszusetzen, Fische zu fangen. Ich weiß ja, dass ihr versucht, euren Lebensunterhalt zu verdienen, und Tag für Tag Fische auf den Markt zu bringen ist dazu eine ebenso gute Methode wie jede andere. Aber überlegt doch mal, wie es wäre, wenn ihr keine Scheine einnehmen, sondern ein paar Schicksale an Land ziehen würdet.

Da geht's richtig ab!"

Die Augen von Jesus funkeln dabei vor Begeisterung und die gebannte Aufmerksamkeit der Fischer spornt ihn noch weiter an. „Petrus, Jakobus, Johannes", fährt Jesus fort, während er jedem von ihnen einmal fest in die Augen schaut. „Bis jetzt habt ihr drei als Fischer gelebt. Ich lade euch heute dazu ein – und zwar von jetzt an, jetzt sofort –, Menschenfischer zu werden. Verschwendet eure kostbare Zeit und Kraft nicht länger damit, kleine Fische zu fangen. Lasst uns anfangen, die großen ins Visier zu nehmen! Ich möchte euch einladen, alles aufzugeben, was ihr habt und was ihr seid, und zwar um euch dem Fangen von Menschenseelen zu widmen. Kommt mit mir, und ihr werdet sehen, worum es im Leben wirklich geht."

• • • • •

Ich möchte an dieser Stelle einmal kurz innehalten. Ist das nicht eine ziemlich seltsame Methode, ein paar Jünger zu rekrutieren, indem man auf übernatürliche Weise ihre Fischnetze bis zum Bersten füllt? Mir jedenfalls kommt es ziemlich seltsam vor, aber Folgendes fasziniert mich an diesem Wunder am meisten: Bei der Einladung Jesu geht es vor allem darum, die kleinen gegen die großen Fische auszutauschen. Von dem Augenblick an, als Jesus auf der Bildfläche erschien, bis zum heutigen Tag stellt er allen möglichen Menschen – Fischern und Geschäftsleuten und Hausfrauen und Lehrern und Pastoren und Rechtsanwälten und allen anderen auch – diese eine Frage: „Willst du dein einziges Leben darauf verwenden, weiter kleine Fische zu fangen, oder riskierst du es, deine Netze auszuwerfen und Fische in Menschengröße zu fangen?"

Und auch Jesu Zeitplan ist in diesem Kontext perfekt: Er wartete so lange, bis diese drei hart arbeitenden Männer ein Erfolgserlebnis hatten – der Fang war wahrscheinlich ihr bis dahin bestes Geschäft überhaupt –, um sie dann beiseite zu nehmen. Er hat wahrscheinlich etwa Folgendes zu ihnen gesagt: „Hey, klar ist es toll, Fische ins Netz zu bekommen, aber jetzt wollen wir es mal richtig krachen lassen!" Und die Männer, die seine ersten drei Jünger werden sollten, nahmen auf der Stelle seine Einladung an.

„Menschenfischer?“, haben sie sich wahrscheinlich gefragt. „Ja. Ja, ich kann mir das vorstellen!“, sagte Petrus. „Keine kleinen Fische mehr für uns ... von heute an gehen wir auf die Jagd nach den ganz großen!“

Das einzige Leben, das er kannte

Petrus war wahrscheinlich davon ausgegangen, dass er bis zu seinem Tod seinen Lebensunterhalt mit dem Fischen verdienen würde. Seine Heimat war das Wasser. Sehgang. Wind. Wellen. Immer auf dem Sprung zum nächsten Fang. Das alles waren Dinge, mit denen er sich auskannte.

Aber das Bild von der Zukunft, das Jesus an jenem Nachmittag malte, wühlte etwas tief in seinem Inneren auf. Es veranlasste ihn dazu, in eine ganz neue Richtung aufzubrechen, und der Gegensatz zu seinem alten Leben ließ seinen ganz normalen Alltag auf der Stelle verblassen.

Wie unwiderstehlich war Jesu Einladung? Aus den unterschiedlichen Berichten der Evangelien geht hervor, dass Petrus' Entscheidung, Jesus nachzufolgen, bedeutete, dass er seinen Broterwerb, seinen ganz normalen Alltag und sogar seine Familie aufgab. Als Jesus Petrus und seine leicht zu beeindruckenden Freunde mit dieser Idee konfrontierte, dass sie Jagd auf große Fische machen konnten, da entfachte er in ihnen das Feuer für die einzige Mission im Leben, die sich zu verfolgen lohnt – für den Auftrag nämlich, diejenigen zu finden, die verloren sind, denen zu dienen, die sich nicht mehr selbst zu helfen wissen oder nicht über die Mittel dazu verfügen, und diejenigen zu lieben, die vergessen sind. Und genau das bezeichne ich als „Leben mit Vision“.

Und meiner Meinung nach hat Jesus nie aufgehört, in die Boote von Leuten hineinzuspringen, die vielleicht bereit sein könnten, sich am Umsetzen dieser Vision zu beteiligen. Wenn Sie ein überzeugendes Beispiel dafür möchten, wie so etwas in der heutigen Zeit aussehen kann, dann lassen Sie uns einen Blick auf die Vorher-Nachher-Geschichte meines Freundes Chuck Colson werfen.

• • • • •

Chuck Colson war von 1969 bis 1973 oberster Berater des US-amerikanischen Präsidenten Nixon. Jahrelang war er im Epizentrum politischer, sozialer und wirtschaftlicher Macht tätig und genoss die damit verbundenen Privilegien. Chuck Colson führte in jeder Hinsicht ein gutes Leben. Er war ein Mann, der die richtigen Leute kannte und ständig von der Elite des Landes umgeben war. Aber die Dinge sind eben doch nicht immer so, wie sie scheinen.

Obwohl Colson nicht direkt in den berüchtigten *Watergate*-Skandal verwickelt war, der letztlich zu Präsident Nixons Rücktritt führte, brachten ihn einige seiner Aktivitäten am Rande der Vorkommnisse um *Watergate* für sieben Monate ins Gefängnis. Von einem Tag auf den anderen stürzte er vom Zenit des Lebens in tiefste Abgründe.

Aber zunächst sollte es noch eine andere Wendung in seinem Leben geben.

Um Colsons Verwandlung wirklich würdigen zu können, muss man nämlich wissen, wie verzweifelt er nach einem Sinn suchte, und zwar in allem – außer in einer Beziehung zu Jesus Christus. Er hatte studiert, besaß akademische Auszeichnungen, militärische Ehren, einen Studienabschluss in Jura, ja, er hatte sogar viele Jahre lang mit dem Präsidenten der Vereinigten Staaten zusammengearbeitet, aber er fühlte sich trotz allem leer, ohne Sinn und Ziel und niedergeschlagen. Nichts von all dem, was er erreicht und geleistet hatte, änderte etwas an diesem inneren Mangel und seiner unerfüllten Sehnsucht.

Nach mehreren Gesprächen mit einem Geschäftsfreund – und einer intensiven Beschäftigung mit C. S. Lewis' Buch „Pardon, ich bin Christ" – vertraute Colson sein Leben Jesus Christus an. Das war der erste Schritt in eine Zukunft, die Colsons bereits beachtliche Vergangenheit noch weit übertreffen sollte. Und als ihn diese Lebensvision erst einmal gepackt hatte, widmete er den Rest seines Lebens der Aufgabe, Menschen, die im Gefängnis gesessen hatten, nach ihrer Entlassung wieder auf die Beine zu helfen. Was aber noch wichtiger war: Er half Menschen, dem finstersten Gefängnis überhaupt zu entkommen – dem Gefängnis der Seele –, indem er sie mit Dingen wie einem Ziel, Zugehörigkeit und Hoffnung bekannt machte.

In seinem Buch *How Now Shall We Live* berichtet Colson von den mehr als zwei Jahrzehnten, die er ehemaligen Strafgefangenen geholfen hat, die Möglichkeiten, die Gott in sie hineingelegt hat, auszuschöpfen. Er schildert darin beispielsweise auch eine Reise auf die Philippinen, wo er finstere und erbärmliche Zustände vorfand.

• • • • •

Ein mit Unternehmergeist gesegneter Insasse des Gefängnisses in Mantalupa war durch Colsons weltweit arbeitende Organisation *Prison Fellowship International* (PFI) zum Glauben an Jesus Christus gekommen. Nachdem er von mehreren Mitarbeitern der Organisation beraten und geschult worden war, entwickelte der ehemalige Häftling einen ganz simplen Plan, um seinen Mithäftlingen zu helfen.

Mit Hilfe der örtlichen Kirchengemeinden bekamen frisch entlassene Strafgefangene einen Vorschuss von 120 Dollar, um ein Pedicab zu kaufen, eine Art Fahrrad mit einer Sitzbank davor. Solche Fahrzeuge sind auf den Philippinen die gängige Form des Personentransportes und prägen das Stadtbild von Manila. Darüber hinaus erhielt jeder von ihnen eine kurze Einführung über den Gott, der sie geschaffen hat und ihnen eine Zukunft bieten will, die sich deutlich von ihrer Vergangenheit unterscheiden soll.

Im Laufe der Zeit sollten dann die Ex-Sträflinge ihr Pedicab abzahlen, und die dadurch immer wieder aufgefüllte Kasse sollte es ermöglichen, weiteren entlassenen Sträflingen Kredite für ein Pedicab anzubieten. Für viele der Männer war das Pedicab die erste feste Arbeit, der sie jemals nachgegangen waren.

An dem Tag, als Chuck das Gelände des Hauptsitzes von PFI in Manila betrat, war er überrascht, 35 auf Hochglanz gebrachte Pedicabs auf einem Parkplatz abgestellt vorzufinden; daneben, ebenfalls ordentlich aufgereiht, die strahlenden, stolzen Besitzer mit ihren Familien.

Die ehemaligen Häftlinge dachten wahrscheinlich alle dasselbe: *Keiner würde glauben, was für eine Achterbahnfahrt ich hinter mir habe!* Sie hatten einmal in winzigen Gefängniszellen vor sich hinvegetiert, ohne Redefreiheit, fast keinen Kontakt zur Außenwelt und ohne auch nur einen Hauch von Hoffnung für ihre Zukunft. Jetzt hatten sie Unabhängigkeit, eine Arbeit, mit der sie ihren Lebensunterhalt verdienen konnten, und sogar wieder ein gewisses Maß an Selbstachtung.

Als Chuck sich die Gesichter der Männer ansah, bemerkte er ein kleines Mädchen – es war vielleicht vier Jahre alt –, das etwa 100 Meter von der Gruppe entfernt stand. Er schmolz innerlich dahin, als er beobachtete, wie es – wie in Zeitlupe – zu seinem Vater hinrannte und ohne Hemmungen seine Arme um eines seiner Beine schlang. Ihr Vater war einmal ein Strafgefangener gewesen, hatte jetzt aber eine feste Arbeitsstelle, ein zuverlässiges Einkommen und das Wichtigste: Er hatte eine innere Sicherheit gewonnen, die man nur bekommt, wenn man sich von Jesus selbst geliebt weiß.

Die großen braunen Augen der Kleinen blickten zu ihrem Papa auf, so als wollte sie sagen: „Papa, ich bin so froh, dass du wieder bei uns zu Hause bist!" Der Vater stand da, jetzt mit leicht geschwellter Brust und strich seiner Tochter übers Haar, streichelte ihr Gesicht und musste dabei seine Tränen unterdrücken. Später verriet Chuck dann, dass die Freude über die Verwandlung dieses Mannes alles andere, was er bisher erreicht hatte, weit in den Schatten stellte. Dieses eindrucksvolle Bild, das ja nur eine winzige Momentaufnahme war, schenkte ihm die Gewissheit, dass sich alles, was ihm widerfahren war, gelohnt hatte.

Priorität „Menschen"

Chuck hat von Gott die Fähigkeit geschenkt bekommen, das Unannehmbare anzunehmen und ohne Ende an das Unglaubliche zu glauben. Diese Fähigkeit, Menschen so zu sehen, wie Gott sie sieht, ist ein gutes Vorbild für jeden Menschen, der Jesus nachfolgt.

Jedes Mal, wenn Chuck einem verurteilten Häftling in die Augen blickte, sah er dort ein glückliches, erfülltes, produktives Leben, das sich in den Kampf für das ewig Gute einbrachte. Und mit diesem eindringlichen Bild im Kopf ließ Colson alles andere, das seine Aufmerksamkeit auf sich ziehen wollte, beiseite und sagte Ja zu Gottes Einladung, der großen Vision seines Lebens zu folgen.

Chuck lernte, dass ein Ja zu diesem großen Ziel Gottes für unser Leben auch ein Ja zu den Menschen bedeutet. Jesus war so tief und fest dazu entschlossen, Menschen so anzunehmen, wie auch sein Vater sie annahm, dass er einschritt und sagte: „Wenn ihr meinen Vater wirklich kennen würdet, würdet ihr niemals zulassen, dass etwas wichtiger ist als Menschen", wenn er bemerkte, dass jemand etwas anderem Vorrang vor den Menschen gab.

Das hat untrennbar damit zu tun, dass Gott sich zutiefst nach einer Beziehung sehnt. Zwischen ihm und den Menschen und auch zwischen den Menschen selbst. Darum ging es ja bereits in dem Kapitel über das Entwickeln von Freundschaften. Gott *liebt* Menschen! Und kann es ein besseres Bild für die Haltung des Vaters gegenüber den Menschen geben als die offenen Arme Jesu? Jesus weist auf die enge Verbindung zwischen ihm und seinem Vater hin, wenn er seinen Jüngern mitteilt, dass sie, wenn sie ihn wirklich kennen würden, auch seinen Vater kennen würden (Johannes 14,9). „Von jetzt an", so Jesus, „kennt ihr meinen Vater und habt ihn gesehen. Glaubt ihr denn nicht, dass ich im Vater bin und der Vater in mir ist? Die Worte, die ich zu euch sage, sind nicht nur meine Worte. Vielmehr ist es der Vater, der in mir lebt, der sein Werk tut!" Damit meint er, dass alles, was er tut, von den Wünschen und Absichten und Plänen seines Vaters bestimmt ist.

Menschen, die Jesus nachfolgen wollen und sich dafür entscheiden, ebenfalls mit diesem großen Ziel im Blick zu leben, gehen mit einem sechsten Sinn für Menschen durchs Leben – und zwar für alle Menschen, ungeachtet der Frage, wo diese gerade geistlich stehen, wenn sie sie kennen lernen. Sie verfügen über die beinahe übernatürliche Fähigkeit, über das hinauszugehen, was die menschlichen Sinne wahrnehmen, und konzentrieren sich stattdessen auf die Tatsache, dass jeder, dem sie begegnen, ein Geschöpf Gottes und es deshalb wert ist, gerettet zu werden.

• • • • •

Im Lukas-Evangelium wird davon berichtet, dass man es Jesus, Jakobus und Johannes einmal verweigerte, auf dem Weg nach Jerusalem durch eine bestimmte Gegend von Samarien zu ziehen. In den beiden Jüngern wallte Stolz auf, als sie Jesus fragten, ob er wolle, dass sie Feuer vom Himmel regnen ließen, um die Leute, die das Verbot ausgesprochen hatten, zu vernichten. „Lass uns denen zeigen, wer hier wirklich die Macht hat!", haben sie wahrscheinlich mit drohendem Unterton gefordert. Aber Jesus schüttelte einfach nur den Kopf. Er erkannte, dass sie immer noch nicht ganz begriffen hatten, für was Gottes Herz schlug – des einen, dem die Erlösung der Samariter weit wichtiger war als der gekränkte Stolz von ein paar Juden.

Bei anderer Gelegenheit ertappten die Pharisäer Jesus dabei, wie er Zeit mit einer Gruppe von ungläubigen Menschen verbrachte. „Wieso vergeudest du deine Zeit mit diesen Heiden, die doch sowieso in der Hölle landen?", beschwerten sich die Pharisäer. Weil sie der Meinung waren, dass Jesus unwürdigen Heiden einen zu hohen Stellenwert beimaß, machte sie seine Antwort wahrscheinlich ziemlich betroffen. „Trotz all eures Bücherwissens, trotz all eurer theologischen Bildung, eurer Titel und eurer viel gerühmten gesetzestreuen Vollkommenheit habt ihr immer noch keine Ahnung, was Gott am Herzen liegt."

Was wollte Jesus damit sagen? Nun, wenn man das Herz des Vaters widerspiegeln möchte, dann bedeutet dies auch immer, dass man zu den Menschen hält – auch zu verlorenen Menschen. (Und besonders verlorenen Menschen, wie wir alle es einmal waren.) Warum machte er das an dieser Stelle deutlich? Weil er wusste, dass die Tür zum Reich Gottes jedem offen steht. Jesus sagt im Grunde: „Zutritt wird gewährt! Ihr seid hier in unserer kleinen Gemeinschaft willkommen. Kommt herein und schließt euch uns an. Es erwarten euch Liebe und Annahme und Gnade."

Und genau das ist die Botschaft, die wir zu den Menschen bringen sollen, wenn wir den ersten Schritt auf sie zumachen.

Was ist am wertvollsten?

Es berührt mich immer wieder sehr, wenn ich in den Berichten der Evangelien lese, wie Jesus als der eine dargestellt wird, der Menschen annimmt, sie mit hineinnimmt in die Gemeinschaft und sie innig liebt. Wo auch immer er hinging, wem auch immer er begegnete – egal, welches Alter, welches Geschlecht, welchen sozialen Status die Menschen hatten, gleichgültig, zu welcher Rasse sie gehörten, ob sie moralische Versager waren oder nicht – Jesus legte immer diese „radikale Einschließlichkeit" an den Tag, wie wir sie bereits in Kapitel 3 über das Entwickeln von Freundschaften erläutert haben. „Komm, wie du bist!", sagte Jesus immer wieder. „Die Tür zum Reich Gottes steht dir offen ... ja, auch dir!"

Ich wünschte mir, dass meine Arme auch so weit offen wären wie seine! Wenn ich doch auch die Menschen mit derselben Fürsorge und demselben Mitgefühl behandeln könnte! Stellen Sie sich doch nur einmal vor, was in unseren Gemeinden passieren würde, wenn Makler, Schreiner, Piloten, Rechtsanwälte, Hausfrauen und Geschäftsleute dort sagen würden: „Ich liebe meinen Job, weil ich darin mit Menschen zu tun habe. Ja, ich bekomme zwar mein Gehalt von der Firma XYZ, aber meinen *Auftrag*, den habe ich von Jesus Christus. Deshalb versuche ich zu zeigen, wie Jesus sich um Menschen kümmert, indem ich meine Arme weit für die Verlorenen und die Gefundenen ausbreite. Für die Schwarzen und die Weißen. Für die Reichen und die Armen. Für die Jungen und die Alten. Und dabei frage ich den Heiligen Geist immer wieder, was ich sagen und was ich tun soll."

Denken Sie daran, wie weit Gott zu gehen bereit war, um zu beweisen, dass ihm nichts mehr bedeutet als Menschen. An dem Tag, der für Jesus der schrecklichste Tag seines Lebens werden sollte, war das Verlangen Gottes, zerbrochene Menschen anzunehmen, so groß, dass er seinen einzigen Sohn um ihretwillen leiden und sterben ließ. In den qualvollen Stunden, in denen Jesus unglaublichem Gefühlsaufruhr ausgesetzt war und unvorstellbare körperliche Qualen durchlitt, als er für die Sünden der Welt bezahlte – für meine wie auch für Ihre Sünden –, da machte er ein für alle Mal deutlich, wie wichtig es ihm war, von der Sünde gezeichnete Menschen anzunehmen. Als die Soldaten Jesus die Kleidung auszogen und ihn mit barbarischer Kaltschnäuzigkeit an Händen und Füßen an das Holzkreuz nagelten, da konnte Jesus nichts anderes mehr tun, als weinend zu bitten: „Vater, vergib ihnen, denn sie wissen nicht, was sie tun!"[2]

Rein menschlich können wir sein selbstloses Mitgefühl und

seine grenzenlose Barmherzigkeit gar nicht nachvollziehen. Wo blieb Jesu Sorge um sein eigenes Wohl? Wo blieb sein Protest gegen die furchtbaren Umstände seiner Verurteilung und Hinrichtung? Wo war sein Zorn gegen diese Männer, die ihn bestialisch umbrachten? Wo waren seine Rachegelüste?

Jesus wusste so gut, was seinem Vater am Herzen lag, dass er es selbst im Angesicht des Todes nicht lassen konnte, an die Menschen zu denken. Als er seinen letzten Atemzug tat, schlug sein Herz immer noch für sie. Auch als sein Wirken und sein Dienst auf der Erde zu Ende gingen, machte er noch deutlich, warum er auf diese Erde gekommen war: um den Menschen zu dienen. Und ich frage mich, ob ihm dort am Kreuz nicht auch als Letztes die Gesichter der Menschen durch den Kopf gegangen sind, deren Leben sich für immer verändert hatte, weil er das vollbracht hatte, wozu er auf die Welt gekommen war.

In seinem Leben *und* in seinem Tod hat Jesus immer wieder ebenso geschickt wie kompromisslos geschützt und gegebenenfalls verteidigt, dass die Menschen für ihn absolute Priorität hatten. Jedes seiner Worte und sein gesamtes Tun verkündeten: Es gibt nichts Besseres, als sein Leben für das eine Ziel einzusetzen, nämlich eine verirrte Seele wieder zu Hause willkommen zu heißen. Jesus machte dies deutlich, als er an anderer Stelle darauf hinwies: „Genauso freuen sich auch die Engel Gottes, wenn ein einziger Sünder zu Gott umkehrt“ (Lukas 15,10). Das Herz des Vaters wird vor Freude über die Umkehr eines jeden einzelnen Menschen weit. Über jeden Einzelnen!

Überlegen Sie einmal einen Augenblick, ob Sie denken, dass das auch für Ihre Lebenswende gilt. Glauben Sie, dass an dem Tag, als Sie beschlossen haben, Ihr Leben dem Gott des Universums anzuvertrauen, der Sie erschaffen hat, alle Bewohner des Himmels deshalb vor Freude aufgesprungen sind und donnernd applaudiert haben? Stellen Sie sich einmal vor, wie das Leben wäre, wenn Sie mit derselben Begeisterung dafür leben würden, Menschen für Gott zurückzugewinnen!

• • • • •

Ich erinnere mich gut an die Zeit, als unsere Kinder noch klein waren. Wenn Lynne und ich abends einmal ausgehen wollten, und zwar nur wir beide allein, dann engagierten wir eine Babysitterin, die zu uns nach Hause kam. Jedes Mal, bevor wir gingen, nahm ich die Babysitterin beiseite und erinnerte sie noch einmal daran, dass das Haus, das Auto, alle materiellen Dinge in unserer Abwesenheit verschwinden dürften, aber wenn mit den Kindern etwas passierte … Also, sie würde sicher gar nicht wissen wollen, was dann passieren würde. Mit festem Blick schaute ich in das nervöse Teenagergesicht und sagte: „Mach keinen Mist, wenn es um die Kinder geht."

Und das meinte ich ganz ernst. Shauna und Todd waren für Lynne und mich unser Ein und Alles. Das ist bis heute so. Ich erwartete damals von unserer jeweiligen Babysitterin, dass sie sich genauso sorgsam um die Kinder kümmerte und sie ebenso behutsam behandelte wie wir.

Ist Ihnen eigentlich bewusst, dass rein menschlich gesehen Gott ganz genauso für seine Kinder empfindet?

Kinder, die sich verlaufen haben. Kinder, die gefunden wurden. Junge Kinder. Alte Kinder. Kinder, die sich abmühen. Kinder, die problemlos gedeihen. Einsame Kinder. Beliebte Kinder. Er möchte, dass sie alle Gemeinschaft und Fürsorge bekommen. Und wenn Menschen, die Jesus nachfolgen, sich verbindlich darauf einlassen, diese Vision Gottes für ihr Leben umzusetzen, dann fangen sie ganz automatisch an, sich um Gottes kostbarstes Eigentum zu kümmern – um die Menschen.

Und genau darum ging es auch an jenem warmen Nachmittag am See Genezareth bei der Einladung Jesu an Petrus, Jakobus und Johannes.

Dieselbe Einladung spricht er auch heute noch all jenen aus, die ihm nachfolgen, gleichgültig, wie alt oder wie groß sie sind. „Du kannst auch mitmachen!", verspricht er. „Du kannst Teil meines Planes werden, alle meine Kinder unter den Schirm meiner Liebe und Gnade zu holen. Stell dir das doch nur einmal vor! Stell dir vor, dass du dich dafür einsetzt, hier und heute in der Fülle zu leben und später dann auch noch in den Himmel zu kommen. Vielleicht hast du dein ganzes Leben lang nach armseligen kleinen Fischen geangelt, aber von heute an kannst du einen Gang höher schalten. Du kannst mir dabei helfen, die ganz großen Fische an Land zu ziehen … die Seelen von Menschen."

Wenn man sein Leben mit diesem Ziel im Blick lebt, dann lebt man anders. Wenn man erst einmal einen solchen großen

Fisch gefangen hat, dann verliert die Suche nach kleinen Fischen immer mehr ihren Reiz. Als ich damals meine Laufbahn als Geschäftsmann und meine Karriere-Pläne zu Gunsten eines Lebens im vollzeitlichen Dienst aufgab, blickte ich nie zurück. Und bis heute ist es mir unmöglich, das gleiche Maß an Begeisterung, das ich für Gottes Ziele empfinde, einer Welt entgegenzubringen, in der es nur um Gewinn und Verlust und Wachstumsstrategien geht. Ich habe jetzt eine andere, eine größere Vision für mein Leben, und das nun schon seit über 30 Jahren. Und gleichgültig, was ich sonst noch mit meinem Leben anfangen könnte – es würde bedeuten, dass ich mich auf eine unbedeutendere Vision einlasse.

Von meinem Freund Greg Ferguson war ja bereits die Rede. Wir beide joggen fast jeden Nachmittag miteinander, eine Gewohnheit, die sich bereits ganz am Anfang unserer Freundschaft entwickelt hat. Was Sie aber vielleicht nicht wissen, ist, dass Greg ganz früher einmal Werbemelodien für Werbeagenturen in Chicago geschrieben hat. Kurz nachdem er Christ wurde, fing ich an, ihn zu bearbeiten, doch einige Dinge in seinem Leben zu ändern. „Schreibe lieber Lieder, um Menschen zu helfen, in den Himmel zu kommen", sagte ich beispielsweise. „Sing Lieder, die den Menschen helfen, nach dem Tod am richtigen Ort zu landen."

Gott sei Dank ließ Greg sich darauf ein und hilft mit dem, was er jetzt tut, den Menschen wie ein Katalysator in ihren geistlichen Prozessen. Er trägt nun dazu bei, dass Menschen zum Glauben kommen. Ihm geht es zunehmend darum, Menschen eine kleine Vorstellung davon zu vermitteln, was sie dort in der Ewigkeit bei Gott im Himmel erwartet, wenn sie sich dafür entscheiden. Und er ist ein hervorragendes Beispiel für einen Menschen, der seine Gaben, seine Sehnsüchte, seine Fähigkeiten einsetzt, um mehr Menschen ins Reich Gottes zu führen.

Sich für die ganz große Vision zu entscheiden kann ganz unterschiedlich aussehen, je nachdem, wie Ihre persönlichen Lebensumstände beschaffen sind. Und genau wie Jesus Petrus nie für seinen Fischerberuf verurteilt oder auf ihn herabgeblickt hat, habe ich absolut nichts gegen Ihre persönlichen Ziele einzuwenden, wie auch immer sie aussehen mögen (vorausgesetzt, sie sind legal). Aber genau wie Jesus möchte ich

Sie gern auf eine höhere Ebene berufen. „Nehmt das, worin ihr schon gut seid ... in diesem Fall das Fischen“, sagt Jesus zu den Fischern, „aber erledigt eure Aufgaben nun immer mit Blick auf die Ewigkeit – tut Dinge, die in Ewigkeit Bestand haben. Bringt jeden Aspekt eures Lebens mit in die große, die umfassendere Vision hinein! *Das* ist das Leben, das ich euch zu bieten habe.“

Fast alles – oder alles

Ich bin schon mein ganzes Leben lang ein unheilbarer Segelfan, und in den vergangenen zehn Jahren hatte ich immer wieder das große Glück, an Regatten auf der ganzen Welt teilnehmen zu können. Bei den meisten Regatten segelt man im Laufe von drei Tagen sieben Rennen. Und bei jedem dieser Einzelrennen bekommen die ersten drei einen Preis – beispielsweise ein T-Shirt oder eine Kappe –, auf die der Name der Regatta aufgestickt ist.

Diese Tagesrennen zu gewinnen ist also ganz nett, aber was eigentlich alle wirklich wollen, ist der Gesamtsieg – also die beste Gesamtwertung aller sieben Rennen innerhalb der drei Tage. Die Sieger bekommen riesige silberne oder goldene Teller, Medaillen oder Pokale, in die ihr Name und der Name der Regatta eingraviert sind. Und sie erwerben damit das Recht, sich in den folgenden Jahren damit zu brüsten und ihre Pokale zur Schau zu stellen, die ja ihren Erfolg als Segler dokumentieren. Das Wichtigste dabei ist jedoch, dass die Gewinner einer solchen Regatta ganz tief in ihrem Innern wissen, dass sie den größtmöglichen Preis gewonnen haben.

Es genügt wohl, festzustellen, dass für einen echten Segler der Unterschied zwischen dem Gewinnen der Tagesrennen und dem Gesamtsieg riesengroß ist.

In einem Jahr stand mein Team kurz davor, den Gesamtsieg bei der *Harbor Springs*-Regatta auf dem Michigansee zu erringen. Um zu gewinnen, brauchten wir nur noch vor einem bestimmten anderen Boot ins Ziel zu kommen. Es war egal, in welcher Position wir bei diesem Tagesrennen ins Ziel kamen, nur dieses eine Boot mussten wir hinter uns lassen.

Bei der letzten Wende erkannte ich, dass wir die unglaubliche Chance hatten, auch den Tagessieg zu erringen, was allerdings mit dem Risiko verbunden war, dafür den Gesamtsieg aufs Spiel zu setzen. Unser Mann für die Taktik an Bord hörte sich meine Einschätzung der Lage aufmerksam an, bevor er sich äußerte. Nachdem ich meine Ausführungen beendet hatte, sah er mich an und meinte: „Natürlich könnten wir es so machen, wie du sagst, Bill, aber ich habe noch eine Frage: Willst du die Kappe oder willst du den Pott?"

Ich muss wohl nicht extra erwähnen, dass wir auf die Gesamtwertung gingen, und die ganze Sache endete damit, dass wir ein großes Stück Silber mit nach Hause nahmen.

Die Frage unseres Taktik-Mannes traf ins Schwarze und sie begleitet mich seit diesem Rennen eigentlich ständig. Wie sieht es bei der Regatta meines Lebens aus? Möchte ich da die Kappe oder den Pott? Die kleinen oder die großen Fische? Die kleinere Vision oder die ganz große mit Auswirkungen für die Ewigkeit?

Ich möchte dieses Prinzip noch ein bisschen weiter verdeutlichen. Ich erhielt kürzlich einen langen Brief, und zwar von einer hiesigen Kellnerin, die Mitglied der *Willow Creek*-Gemeinde ist. Ich erfuhr, dass sie, bevor sie zum Glauben kam, in einem Lokal gearbeitet hat, in dem viele von uns nach den Gottesdiensten am Wochenende zu Mittag aßen – und wo auch Christen aus anderen Gemeinden häufig zu Gast waren.

„Ich möchte Ihnen gern ein paar Dinge über Christen erzählen", schrieb sie, „und zwar aus der Sicht einer Kellnerin, die nichts mit dem Glauben am Hut hat."

„Es ist unter uns Kellnern in dem Lokal allgemein bekannt, dass es eine alles andere als positive Erfahrung werden wird, wenn Tische in unserem Bereich von Christen besetzt werden. Christen sind ausgesprochen fordernd. Sie neigen dazu, sehr lange an ihren Tischen sitzen zu bleiben, auch wenn sie schon längst mit dem Essen fertig sind. Oft versuchen sie, einem irgendwelche Literatur aufzudrängen. Und nur ganz selten geben sie ein angemessenes Trinkgeld." (Und – klingelt da vielleicht etwas bei Ihnen?)

Ich war ziemlich erschrocken über das, was ich da las. Die Frau berichtete weiter, dass ihre Kolleginnen und sie irgendwann beschlossen hätten, ein Rotationssystem einzurichten, damit sich nicht immer dieselben Kellnerinnen „mit den Christen herumschlagen müssen". Fünf Seiten später erinnerte ich mich daran, dass dieser Brief von einer Frau stammte, die selbst in unsere Gemeinde ging. *Was sagt so etwas eigentlich über Menschen aus, die Jesus nachfolgen, wenn wir nicht einmal in der Lage sind, solche grundlegenden Dinge hinzubekommen, wie einer Kellnerin mit Freundlichkeit, Respekt und Dankbarkeit zu begegnen?*, fragte ich mich.

Wie leicht vergessen wir, dass jeder Mensch, der uns über den Weg läuft, von Gott geliebt wird. Dass wir jede Person, die Gott uns über den Weg schickt, mit Respekt behandeln. Dass wir uns über jede Person freuen sollen! Dass wir jeder Person dienen sollen, indem wir unsere große Lebensvision im Blick behalten und eine entsprechende Haltung einnehmen. „Wenn Sie gerade sehr viel um die Ohren und keine Zeit haben, meine Kaffeetasse nachzufüllen, dann machen Sie sich keine Gedanken darüber. Ich kann warten." Das sollte unsere Haltung sein, denn wir haben den Heiligen Geist in uns.

Nicht wahr?

Um jetzt einmal richtig praktisch zu werden: Wenn Sie in einem Restaurant sind, und die Bedienung, die für Sie zuständig ist, hat gesehen, dass Ihre Bibel aufgeschlagen auf dem Tisch liegt, oder sie hat gehört, dass Sie mit Ihren Tischgästen über irgendwelche Glaubensthemen gesprochen haben, dann tun Sie uns und der Sache Jesu bitte einen Gefallen, und denken Sie an die „große Vision". Achten Sie darauf, dass Ihre Haltung auf die Tatsache hinweist, dass Christen von Liebe gekennzeichnet sein sollen.

• • • • •

Ich zögere an dieser Stelle ein wenig, etwas aus meinem eigenen Leben beizutragen, weil ich in so vielen Situationen ein so erbärmliches Spiegelbild Jesu bin. Aber hier ein Bereich, in dem ich ein gewisses Maß an Beständigkeit an den Tag lege: Montagmorgens gehe ich oft in mein Lieblingslokal im Chicagoer Vorort Barrington, um mich auf meine Predigt am nächsten Sonntag vorzubereiten. Ich sitze meist etwa anderthalb bis zwei Stunden an einem kleinen Tisch ganz hinten und lese oder schaue meine Notizen durch.

Manchmal bestelle ich mir ein Frühstück für vier Dollar – nur um deutlich zu machen, um welche Beträge es hier geht – und gebe 5 Dollar Trinkgeld. Weil meine Vorfahren aus den Niederlanden stammen, ist es für mich schon eine emotional schwer zu ertragende Sache, mich von diesen fünf Dollar zu trennen, aber Folgendes geht mir durch den Kopf, wenn ich das Geld auf den Tisch lege: Obwohl sonst kein Gast da ist, der bedient werden müsste, habe ich trotzdem gute anderthalb Stunden einen der Tische besetzt, und zwar mit einer aufgeschlagenen Bibel vor mir auf dem Tisch. Die zuständige Kellnerin – oft eine allein erziehende Mutter, die versucht, irgendwie über die Runden zu kommen – weiß genau, woran ich arbeite.

Sie weiß, dass ich mit etwas beschäftigt bin, das mit Gott und Christentum zu tun hat. Mein Trinkgeld wird ihr einen Hinweis darauf geben, wie „die Christen“ so sind. Und ein großzügiges Trinkgeld begleitet von einem aufrichtig gemeinten Lächeln könnte sehr viel dazu beitragen, in ihr den Eindruck zu erwecken – zumindest für den einen Tag –, dass Christen Personen sind, die ihren Mitmenschen wirklich mit Liebe, Freundlichkeit und Respekt begegnen.

Darüber hinaus sage ich häufig zu Personen, die mich in Lokalen bedienen: „Ich danke Ihnen für den guten Service.“ Und wenn ich dieses Restaurant häufig besuche und immer wieder gut bedient werde, füge ich meist auch noch hinzu: „Und wenn ich Ihnen irgendwie dienen kann, dann lassen Sie es mich einfach wissen.“

Leben mit einer großen Vision. Es ist dazu gar nicht so viel nötig – wirklich nicht! Nur ein bewusster Wechsel des Blickwinkels: Wir sollten den Blick von unseren eigenen Bedürfnissen und Wünschen weg auf die der anderen richten. Weg von unserem Terminplan hin zu den Impulsen des Heiligen Geistes. Weg vom kurzsichtigen „Kleine-Fische-Leben“ hin zu dem anregenden Leben in Fülle, für das Jesus auf diese Erde gekommen und gestorben ist.

• • • • •

Mir gefällt, was Paulus in seinem Brief an die Gemeinde in Rom über das Leben mit Vision schreibt:

„Der Geist, den Gott euch gegeben hat, ist ja nicht ein Sklavengeist, sodass ihr wie früher in Angst leben müsstet. Es ist der Geist, den ihr

als seine Söhne und Töchter habt. Von diesem Geist erfüllt rufen wir zu Gott: ‚Abba! Vater!' So macht sein Geist uns im Innersten gewiss, dass wir Gottes Kinder sind. Wenn wir aber Kinder sind, sind wir auch Erben […]. Die ganze Schöpfung wartet sehnsüchtig auf den Tag, an dem die Kinder Gottes vor aller Augen in dieser Herrlichkeit offenbar werden. Denn alles Geschaffene ist der Sinnlosigkeit ausgeliefert, versklavt an die Vergänglichkeit, und das nicht durch eigene Schuld, sondern weil Gott es so verfügt hat. Er gab seinen Geschöpfen aber die Hoffnung, dass auch sie eines Tages von der Versklavung an die Vergänglichkeit befreit werden und teilhaben an der unvergänglichen Herrlichkeit, die Gott seinen Kindern schenkt."[3]

Mitten in unser unvollkommenes Leben hinein bringt uns der Römerbrief eine gehörige Portion Ermutigung: Wir können uns wirklich weiterentwickeln, während wir auf die Vollkommenheit des Himmels warten. Wie das gehen soll? Indem wir uns für die große Vision entscheiden und gespannt fragen: „Was kommt als Nächstes, Gott? Was kann ich für dich tun? Wen kann ich heute radikal und rückhaltlos annehmen, während ich freudig alles erwarte, was noch kommt?"

Dringlichkeit

Je länger wir mit Jesus unterwegs sind, desto stärker werden wir uns bewusst, dass das Leben nicht mit dem Tod endet und dass es sehr wichtig ist, dass wir schon heute klären, wo wir die Ewigkeit verbringen. Während wir uns in geistlicher Hinsicht weiterentwickeln und Jesus immer ähnlicher werden, wächst auch unsere Fähigkeit, die Dringlichkeit seines Anliegens für alle Menschen widerzuspiegeln. Warum? Weil die Zeit drängt. Und obwohl uns Paulus im Römerbrief darauf hinweist, dass Menschen, die zu Jesus gehören, die Ewigkeit bei Gott verbringen, hat diese Medaille ja leider auch noch eine andere Seite.

Vor fast drei Jahren wurde beim Vater eines meiner Freunde unheilbarer Dickdarmkrebs diagnostiziert, und er erfuhr, dass er noch etwa ein halbes Jahr zu leben hatte. Ich hatte mich im Laufe der Jahre mit diesem Mann angefreundet, und weil ich ihm auch ganz konkret geistlich weiterhelfen wollte, hatte ich ihm unzählige Bücher, Kassetten und andere Dinge zukommen lassen, um ihn auf Gott hinzuweisen.

Er war jedoch ein Macher-Typ, der sich völlig und auch ausschließlich auf sich selbst verließ. Ich war mir daher bewusst, dass er niemals kampflos vor Jesus in die Knie gehen würde, dazu war er einfach zu stolz. Kurz nachdem wir von seiner Diagnose erfuhren, fing ich an, ihn im Krankenhaus zu besuchen, soweit mein Terminplan es erlaubte. Jedes Mal, wenn ich dann sein Zimmer wieder verließ, ging ich im Geiste auswendig gelernte Bibelverse durch, die jetzt angesichts der Lage meines Bekannten, der dort im Sterben lag, eine ganz neue Bedeutung zu bekommen schienen. „Jeder von uns, jeder Mensch muss einmal sterben und kommt danach vor Gottes Gericht." Oder: „Nur Jesus kann den Menschen Rettung bringen. Nichts und niemand sonst auf der ganzen Welt rettet sie." Oder: „Denn die Sünde wird mit dem Tod bezahlt. Gott aber schenkt uns in der Gemeinschaft mit Jesus Christus, unserem Herrn, das ewige Leben, das schon jetzt beginnt und niemals aufhören wird."[4]

Diese biblischen Zitate erfüllten mich wieder neu mit Hoffnung – dem beigemischt war jedoch ein Gefühl von Verzweiflung, das mich eher überraschte. Ich konnte den Gedanken einfach nicht ertragen, dass dieser Mann die Ewigkeit getrennt von Gott verbringen würde ... und damit auch irgendwie getrennt von mir. Ich wurde mir wieder ganz neu bewusst, wie wichtig es war, dass er hier und heute entschied, wo er die Ewigkeit verbringen würde. Ich begann, ihm Zitate auf Zettel zu kritzeln und sie ihm zu schicken, ihm noch mehr Kassetten und Videos mitzubringen und mit zunehmendem Eifer dafür zu beten, dass er sein Leben Jesus anvertrauen würde. Eines Freitagmorgens stand mir plötzlich unglaublich klar und deutlich vor Augen, was hier eigentlich wirklich in Bezug auf seine Ewigkeit auf dem Spiel stand. Ich ließ alles stehen und liegen – Sitzungstermine, meine Predigtvorbereitung, Terminabsprachen – und raste ins Krankenhaus, wo ich dann kurz darauf an seinem Bett stand.

Das dann folgende Gespräch erwies sich als eines der größten evangelistischen Risiken, das ich in meinem bisherigen Leben als Christ eingegangen war.

Zu meiner eigenen Überraschung beruhigten sich meine

flatternden Nerven ziemlich schnell, als ich erst einmal bei ihm war, und meine Zittrigkeit verwandelte sich in Sicherheit. Wohl zum hundertsten Mal – wenigstens fühlte es sich so an – erklärte ich ihm dann geduldig das Evangelium. *Bitte, Gott, dringe du durch deinen Heiligen Geist zu ihm durch.* Später an diesem Nachmittag appellierte ich dann ganz direkt und offen an ihn, sein Herz für Jesus zu öffnen und das Geschenk des ewigen Lebens anzunehmen. Die Ernsthaftigkeit, die ich an jenem Tag empfand, als ich erklärte, dass er Jesus wirklich beim Wort nehmen könne und dass sein kaputter Körper eines Tages wirklich wiederhergestellt werden würde, dass seine kranke Seele wirklich in Richtung Heilung unterwegs war, kam nicht aus mir selbst, sondern von Gott. „Bitte warte nicht mehr länger, sondern sorge dafür, dass du noch heute klärst, wo du deine Ewigkeit verbringst." Kurze Zeit später betete er zu meinem Erstaunen ganz ernst und entschlossen und nahm Jesus als seinen Herrn und Erlöser an. Keine 24 Stunden später starb er.

Am darauf folgenden Donnerstag hielt ich dann die Beerdigung ab, und als ich vom Grab wegging, an dem Freunde und die Familie noch standen, war ich erleichtert, dass sein Leben kurz vor dem Ende doch diese Wendung genommen hatte. *Hilf mir bitte, Gott, dass ich jeden Tag mit dem Bewusstsein lebe, dass Menschen, die sich nicht für dich entscheiden, tatsächlich die ewige Trennung von dir erwartet,* dachte ich. *Lass mich nie vergessen, dass Menschen tatsächlich das Wichtigste sind, das es gibt.*

Was wird sein?

Ich saß einmal in einem Seminar, als der Referent plötzlich eine Rolle mit Aufklebern in der Hand hatte und diese abrollte. „Es gibt etwas, das wir alle begreifen müssen", meinte er, während er vorne im Raum auf und ab ging. Hin und wieder blieb er stehen und klebte einen roten Aufkleber auf ein winziges Haus, ein tolles Modellauto oder Puppenstubenmöbel, die unsere Wünsche symbolisierten. „Vielleicht können Sie das von Ihrem Platz aus nicht sehen, aber jeder dieser Aufkleber trägt die Aufschrift ‚vergänglich'. All diese Dinge, auf die ich Aufkleber klebe, sind vergänglich. Sie werden alle vergehen wie Blätter im Wind, wenn diese Welt vergeht.

Wenn sich Ihr Leben um diese Dinge dreht, dann streben Sie ein Leben des vergänglichen Vergnügens, vorübergehender Befriedigung und vorübergehender Erfüllung an.“ Er ging weiter in dem Raum umher, jetzt schweigend, und versah weiterhin Dinge mit roten Aufklebern. Ich beobachtete, wie seine Hände das Schicksal auch des Besten, was diese Welt zu bieten hat, besiegelten, während die Aufkleber auf den Gegenständen vor uns landeten.

Vergänglich. Vergänglich. Vergänglich. Vergänglich. Vergänglich. Vergänglich.

„Es gibt nur eines in diesem Raum, was nicht vergänglich und von vorübergehender Dauer ist“, fuhr er dann fort. „Es gibt nur eine Sache, die Sie in die kommende Welt mitnehmen können.“

Er bat jemanden, zu ihm nach vorn zu kommen, und klebte dieser Person einen blauen Aufkleber auf sein Namensschild. „Wenn Sie am Ende Ihres Lebens ankommen und den letzten Atemzug tun“, erklärte er, „was wünschen Sie sich dann, worum es in Ihrem Leben gegangen ist?“ Ich wurde innerlich ganz ruhig, als ein Gedanke all den anderen in meinem Kopf Einhalt gebot.

Es geht wirklich nur um Menschen.

Kein einziger irdischer Gegenstand wird von dieser Welt in die nächste gelangen. Kein Landbesitz, kein Haus, kein Bankkonto, kein Titel, keine Leistung. Nur Seelen. Jesus hat gelehrt, dass jeder Mensch auferweckt wird, um die Ewigkeit entweder in Gemeinschaft mit Gott im Himmel zu verbringen oder in ewiger Trennung von Gott in der Hölle. Und weil Jesus um diese ewigen Realitäten wusste und im tiefsten Inneren daran glaubte, konzentrierte er seine Aufmerksamkeit auf das Einzige, was in die kommende Realität hineingelangen würde: Menschen.

Ich weiß nicht, wie die Bewertung meines irdischen Lebens ausfallen wird, wenn ich einmal nicht mehr da sein werde. Aber so viel weiß ich: Das Ziel meines Lebens besteht darin nach Menschen Ausschau zu halten und sie auf Gott hinzuweisen. Ich habe in den vergangenen 50 Jahren meines Lebens genügend Ansätze ausprobiert, um zu wissen, dass man sich nur allzu leicht mit den kleinen Fischen zufrieden gibt – und in die hässliche, aber dennoch verlockende Falle des Vergänglichen tappt –, wenn man sich nicht in Menschen investiert.

Wenn Sie mit den kleinen Fischen abgeschlossen haben und bereit sind, ein Leben mit Vision zu führen, wenn Sie bereit sind, sich ins richtige Abenteuer zu stürzen, dann widmen Sie sich der Aufgabe, Ihre Gaben und Talente, Ihre Fähigkeiten und Leidenschaften in Ziele zu investieren, die auf Gott ausgerichtet sind.

Die Frage ist nicht, ob Sie etwas beizutragen haben oder nicht. Jeder Einzelne von Ihnen kann einen erstaunlich großen Beitrag leisten. Im Grunde geht es nur darum, ob Sie sich selbst in Aktivitäten investieren wollen, die Menschen anspornen, in den Himmel zu kommen, oder nicht. Es geht darum, ob Sie Ihre kreativen Energien, Ihre Marketingfertigkeiten und Ihre Fähigkeiten, Probleme zu lösen, dafür einsetzen wollen, dass mehr Menschen in den Himmel kommen. Es geht darum, ob Ihnen Menschen wichtig genug sind, dass Sie die Gute Nachricht auf kreative, einladende, verlockende Weise an sie weitergeben.

• • • • •

Es gibt wirklich einen Himmel und eine Hölle. Das sind ganz reale Orte, an denen wir die Ewigkeit verbringen werden – Ziel realer Menschen, die ein reales Leben führen, vielleicht direkt nebenan oder auf der anderen Straßenseite, zwei Büros weiter oder auf der anderen Seite des Ankleideraums. Reale Menschen, die darauf angewiesen sind, dass Sie Salz und Licht in ihrem Leben sind. Und ich frage mich: Werden Sie der Mensch sein, der den ersten Schritt auf solche Menschen zugeht? Werden Sie derjenige sein, der eines Tages an einem Gottesdienst teilnimmt, in dem Ihr Kumpel, der bislang sein Leben ohne Gott gelebt hat, klatschnass im Taufbecken steht und bereit ist, sein neues Leben zu beginnen? Ich garantiere Ihnen, dass Ihnen in diesem Augenblick – wahrscheinlich mit Tränen in den Augen – klar werden wird, dass das eigene Leben erst dann Bedeutung erlangt, wenn man Gottes Ziele verfolgt.

Es geht um kleine Fische oder die richtig große Vision Gottes für Ihr Leben.

Es geht darum, um die Kappe zu segeln oder um den Pott zu kämpfen.

Nach kleinen Fischen zu angeln oder sich verbindlich aufs Seelenfischen einzulassen.

Die Entscheidung liegt ganz bei Ihnen – und mir. Werden Sie die Einladung zu den „großen Fischen“ annehmen?

Hier mein Votum: Lassen Sie uns gemeinsam die Worte nachsprechen, die der junge Samuel Gott vor vielen Jahren in einer schlaflosen Nacht sagte: „Rede, Herr, denn dein Knecht hört.“ Sagen Sie Gott, dass Sie sich danach sehnen, das Leben in Fülle zu leben, das er uns versprochen hat: „So wie du mich führst, werde ich in der Welt um mich herum handeln. Ich werde jeden einzelnen Aspekt meines Heute im Wissen um die größere Vision leben. Ich will Teil dieser Vision sein. Ich will mit diesem Ziel im Kopf und im Herzen lesen oder Windeln wechseln. Ich will mit diesem Ziel Auto fahren, Sport treiben und Essen kochen. Ich will vor dem Hintergrund dieses Zieles Urlaub machen und meine Steuern zahlen. Und ja, wenn wir im nächsten Kapitel noch ein Wunder aus dem 5. Kapitel des Lukas-Evangeliums etwas genauer anschauen werden, dann werde ich sogar mit diesem Ziel im Kopf Partys feiern!“

Erste Schritte zur Umsetzung

1. Denken Sie einmal an Menschen, die Sie durch Ihre Arbeit kennen, mit denen Sie gesellige Kontakte pflegen, an Menschen in Ihrer Gemeinde und an Ihre unmittelbare und die erweiterte Familie. Dreht sich das Leben der Menschen hauptsächlich darum, Geld zu verdienen, oder investieren sie es darin, andere in das Reich Gottes einzuladen?
2. Wenn der Mensch von Natur aus hinter dem Geld her ist, wieso waren dann Ihrer Meinung nach Petrus, Jakobus und Johannes bereit, Jesus nachzufolgen und sich für das Reich Gottes einzusetzen?
3. Für Chuck Colson bedeutete die Entscheidung für ein Leben mit großer Vision, dass er seine Prioritäten radikal ändern musste, nachdem er aus dem Gefängnis entlassen worden war. Er wollte sich für Ex-Sträflinge einsetzen, und zwar sowohl in beruflicher als auch geistlicher Hinsicht. Wie würde es in Ihrer konkreten Situation aussehen, wenn Sie zu Gottes Plan für Ihr Leben Ja sagen würden?

4. Um noch einmal auf den Vergleich mit dem Segeln von S. 233 zurückzukommen: Gibt es in Ihrem Leben Bereiche, in denen Sie sich immer noch für die Kappe entscheiden, statt sich nach dem Pott auszustrecken? Woran liegt es, dass Sie sich mit weniger zufrieden geben als dem Besten, das Gott für Sie vorgesehen hat?
5. Was haben Sie empfunden, als Sie die Geschichte des Mannes gelesen haben, der bei einer Tagung alles als „vergänglich" kennzeichnete? Weshalb messen Ihrer Meinung nach so viele Menschen Dingen so viel Bedeutung bei, die eines Tages schwinden werden?
6. Entscheiden Sie sich dafür, heute einen Aspekt Ihres Lebens aus einem anderen Blickwinkel zu betrachten, und zwar im Hinblick auf Gottes große Vision für die Menschen. (Schauen Sie sich noch einmal den letzten Abschnitt dieses Kapitels an, wenn Sie Anregungen brauchen.) Inwiefern hat sich nun die Welt für Sie verändert?

Anmerkungen

1 Lukas 5,4
2 Lukas 23,34
3 Römer 8,15–17a.19–21
4 Hebräer 9,27; Apostelgeschichte 4,12; Römer 6,23

KAPITEL 10

Matthäus' größter Wunsch

Die Abenddämmerung weicht endlich der Nacht und wieder geht ein langer Tag zu Ende. Die Sonne sinkt im Westen, und in dem dämmrigen Licht fangen die Männer an, sich über die Erlebnisse dieses Nachmittags auszutauschen. „Was für ein Tag!", sagt einer von ihnen ungläubig. „Wir haben doch bestimmt 40 Kilometer Fußmarsch hinter uns."

Während sie noch einmal an Einzelheiten ihres Weges zurückdenken, ergeben sich daraus angeregte Dialoge über Situationen, die sie erlebt haben. Da war das Gespräch mit dem Hauptmann, und dann war da diese Frau, die doch tatsächlich Jesus die Füße mit einem kostbaren Parfüm gewaschen und sie dann auch noch mit ihren Haaren abgetrocknet hat. (Die Jünger haben keine Ahnung, was sie davon nun wieder halten sollen.) Die wunderbare Heilung des Jungen in Nain, dem Sohn dieser Witwe (der Junge war wirklich mausetot und ist dann plötzlich wieder auf der Dorfstraße herumgesprungen. Die Dorfbewohner waren – gelinde gesagt – völlig schockiert), rufen sie sich ebenfalls noch einmal in Erinnerung.

Die Männer sind wie üblich von Ort zu Ort gezogen, haben Menschen geheilt, haben gepredigt und mit ihnen darüber gesprochen, wie sie von ihrem an die Sünde versklavten Leben befreit werden können. Stellen Sie sich die Gespräche dieser Männer am Ende von Tagen wie diesem vor!

Matthäus – der auch Levi genannt wird und seit kurzem ebenfalls „ein Jünger" ist – sitzt mit der ganzen Gruppe, darunter auch Jesus, am Lagerfeuer und nimmt einfach nur das unglaubliche Gefühl von Gemeinschaft in sich auf. Alle sind müde, nachdenklich, erfüllt, haben aber auch ihren Spaß miteinander und lachen viel. Petrus hat ihnen Fisch zum Abendessen zubereitet, was nicht weiter verwunderlich ist. Er und sein Bruder Andreas haben das zarte weiße Fleisch fachmännisch gefüllt und gegrillt und servieren den Freunden nun diese meisterliche Kreation. Sie treten einen Schritt zurück, um die Reaktionen auf die ersten Bissen mitzubekommen. „Und?“, fragen sie erwartungsvoll. Ihre halb verhungerten Kumpel grunzen zufrieden, während sie sich weitere große Bissen in den Mund schieben.

Dann lehnen sich die Männer mit dem Rücken an die großen, glatten Steine, die überall herumliegen, und entspannen sich bei einem Abendessen, das sich schier endlos hinzuziehen scheint. Philippus ergreift das Wort, während er sich einen Platz in der Nähe des Feuers sucht. „Hey, Andreas, das war heute wirklich gute Arbeit, irgendwas ist dann aber doch nicht richtig gelaufen. Hast du gemerkt, dass dir die *ganze* Menge gefolgt ist? Hättest vielleicht neulich ein bisschen besser aufpassen sollen, als der Meister darüber geredet hat, wie das ist, wenn ein Blinder einen anderen Blinden führt ...?“ Sein verschmitztes Grinsen verrät ihn. Das Gespräch ist von kleinen, nicht böse gemeinten Sticheleien durchsetzt. Diese Art des Umgangs verbindet die Männer wie Brüder. Selbst Außenstehende können sehen, dass Liebe, Mitgefühl, Einheit und die Bereitschaft, einander zu dienen, die Gruppe kennzeichnen.

Matthäus’ Gedanken driften von der unmittelbaren Umgebung weg, während er in die vertrauten Gesichter um sich her schaut. Das Lachen. Die Geschichten. Die Offenheit. Die Kameradschaft. *Eigentlich kann es gar nicht mehr besser werden!*, denkt er und versucht, diese Seelenverwandtschaft und das innige Gefühl von Gemeinschaft, das er hier gerade erlebt, irgendwie einzuordnen. Matthäus erscheint sein gegenwärtiges Leben wie ein Traum, weil ihm noch vor wenigen Wochen das Prinzip christlicher Gemeinschaft völlig fremd war. Steuereintreiber waren ja nicht unbedingt prädestiniert dafür, mit Fanatikern herumzuhängen, die einem jüdischen Rabbi hinterherrannten. Aber Matthäus nutzte seine Chance und setzte auf Jesus, und das hat sich bisher mehr als ausgezahlt.

Er ist immer noch ganz in seine Gedanken vertieft, als sein Blick schließlich auf Jesus fällt. Matthäus wird schnell wieder in das Gespräch zurückgeholt.

„Und, Matthäus?“, fragt Jesus mit einem wissenden Lächeln.

Matthäus lächelt zurück. „Äh, ’tschuldigung ... ich war

wohl in Gedanken gerade ganz woanders. Was hast du gesagt?"

• • • • •

Damals waren Steuereintreiber Ausgestoßene. Selbst die religiösen Führer der Juden hielten sie für raffgierige Betrüger, weil sie dafür bekannt waren, dass sie ihren Landsleuten das schwer verdiente Geld abknüpften, um damit die Taschen des Kaisers noch voller zu stopfen. Das Steuereinnahmesystem war mehr oder weniger legalisierter Raub, der dazu diente, den römischen Bürgern einen Freifahrtschein für ihr ausschweifendes Leben zu verschaffen. Und inmitten dieses korrupten Systems nahm Matthäus' Leben eine völlig verrückte Wende.

In Lukas 5, Vers 27 heißt es, dass Jesus eines Tages unterwegs war und einen Steuereintreiber am Zoll sitzen sah – einen Mann also, der ganz offensichtlich mit der Familie der Gläubigen nichts zu tun hatte. Er lud den Mann ein, ihm zu „folgen". Ich bin ganz sicher, dass Matthäus' Kollegen ihn damals für verrückt erklärt haben. Warum um alles in der Welt sollte denn ein dermaßen erfolgreicher Geschäftsmann seine Karriere hinschmeißen und hinter einem vagabundierenden Rabbi her rennen? Matthäus sollte jedoch schon bald feststellen, was Jesus längst klar war: Wenn man sich für die Ziele Gottes entscheidet, bringt das einen Reichtum mit sich, von dem die Welt wünschte, dass sie ihn zu bieten hätte.

„Folge mir nach!", sagte Jesus an jenem Nachmittag zu Matthäus, der ziemlich große Augen machte. Und von jetzt auf gleich ließ der skrupellose Steuereintreiber alles hinter sich – einschließlich seiner offenen Registrierkasse –, um Jesus nachzufolgen. Ungefähr so wie bei seinem neuen Freund Petrus, bedeutete dieses Verlassen seines Geschäftes auch die Aufgabe seiner Identität und all dessen, was gewohnt und damit auch ein Stück weit bequem war, ganz zu schweigen von finanzieller Sicherheit.

Die typischen Steuereintreiber lebten davon, dass sie für reiche Mittelsleute arbeiteten, die einen bestimmten Teil aller erhobenen Steuern bekamen. Wenn die Steuereintreiber ihre Sollbeträge eingetrieben und abgeliefert hatten, durften sie den Überschuss für sich behalten. Man muss kein Genie sein, um sich denken zu können, dass in diesem Szenario der dreisteste Betrüger den größten Reibach machte. Matthäus war jedoch von der Einladung Jesu so angesprochen, dass er mit dieser korrupten Praxis Schluss machte und stattdessen beschloss, dem nachzufolgen, der sagte, dass er alle Menschen akzeptiere – offenbar ja sogar die Steuereintreiber.

Meiner Einschätzung nach war dies nicht das erste Mal, dass der Steuereintreiber Matthäus Jesus in Aktion erlebt hatte. Ich glaube, er hatte vor dieser entscheidenden Einladung schon öfter erlebt, dass Jesus predigte und Wunder vollbrachte. Als Matthäus dann jedoch dem Erlöser der Welt direkt gegenüberstand, erkannte er irgendwie, dass Gott das Leben von unehrlichen Menschen *wirklich* wieder in Ordnung bringen kann.

Freundschaften mit Sündern

Wochenlang war Matthäus mit den anderen Jüngern herumgezogen und hatte Jesus bei der Arbeit am Bau von Gottes Reich geholfen. Einmal predigte Jesus gerade vor einer Gruppe von Leuten, als Matthäus in die Menge schaute und dort ein paar seiner ehemaligen Steuereintreiber-Kollegen entdeckte. *Was die wohl von all dem hier halten?*, dachte er bei sich. Als er dann später mit den anderen zusammen am Lagerfeuer saß, hatte er immer wieder die Gesichter dieser ehemaligen Kollegen vor Augen. *Ob sie wohl gesehen haben, dass ich neben Jesus gestanden habe, als er predigte? Ob sie wohl wissen, dass ich jetzt zu ihm gehöre?* Je länger er über all das nachdachte, desto mehr quälten ihn seine Fragen. Matthäus hatte gerade erst die Behaglichkeit und das Wunder und die Schönheit seiner ganz eigenen Wohlfühlgruppe erfahren, als er auch schon von einer Realität eingeholt wurde, die ihm sehr zusetzte. *Ich erlebe hier heute Abend etwas wirklich Erstaunliches*, dachte er bei sich. *Und ich besitze nicht nur diese verblüffende Gruppe von Freunden, ich habe sogar noch die Gewissheit, dass ich in Ewigkeit bei Gott im Himmel sein werde, wenn mein Leben auf dieser Erde einmal zu Ende geht. Das ist doch mal eine tolle Nachricht! Aber was um alles in der Welt soll ich mit meinen ehemaligen Steuereintreiber-Kollegen machen? Sie haben keine Ahnung, wie mein neues Leben aussieht und worum es eigentlich dabei geht …*

Matthäus ist wie gelähmt, als er mit der Frage ringt, wie er den Freunden aus seinem alten Leben all das erklären soll, was jetzt sein neues Leben ausmacht. Was soll er denn sagen oder tun, um irgendwie eine Brücke zu schlagen, damit seine beiden Welten nicht aufeinander prallen? Seine Gedanken beginnen zu rasen, während ihm diese einzelnen Momentaufnahmen wie in Zeitraffer durch den Kopf gehen. Die jungen Männer, mit denen er die meiste Zeit seines Erwachsenenlebens verbracht hat, gehen ihm einer nach dem anderen durch den Kopf ... dieselben Männer, für die bis jetzt noch keine Hoffnung besteht, in den Himmel zu kommen.

Bartholomäus steht gerade auf, um ein bisschen im Feuer zu stochern, als Matthäus sich für einen Plan entscheidet. „Wie wäre es, wenn ich eine Party veranstalten würde?", murmelt er vor sich hin. „Also, wie man eine Party schmeißt, davon habe ich wirklich Ahnung; das beweist ja wohl mein Ruf! Was wäre, wenn ich eine Party schmeiße und meine Freunde und Kollegen aus dem alten Leben mit den Leuten aus meinem neuen Leben in meinem Haus zusammenbringe? Und was wäre, wenn die Leute aus meinem neuen Leben bei diesem Fest nicht unter sich bleiben, sondern sich verteilen, Schritte auf die Leute zugehen, wenn sie meine alten Freunde besser kennen lernen und dabei gleichzeitig ganz offen sind für Impulse Gottes?"

Inzwischen bekommen ein paar Jünger mit, was ihr Freund sagt, der offenbar in ein ernstes Gespräch vertieft ist ... mit sich selbst. Aber Matthäus ist davon unbeeindruckt. „Ja, genau ...", fährt er fort. „Was wäre, wenn meine neuen Freunde bereit wären, sich auf unbekanntes Terrain vorzuwagen? Und was wäre, wenn ein geistlicher Funke überspringt und ein halbes Dutzend meiner alten Freunde auch im Reich Gottes landen – alles nur durch so eine Party? Wenn das wirklich passieren würde ... das wäre unglaublich!" Über Petrus und Jakobus und Johannes stolpernd, geht Matthäus um das Feuer herum, um Jesus für seine Idee zu gewinnen. „Wie findest du das, Meister?", fragt Matthäus mit bittendem Blick. Jesus zögert keine Sekunde. Er ist mit dem großartigen Plan nicht nur einverstanden, sondern er sagt sogar zu, dass er kommen wird.

Und in den darauf folgenden Tagen beschließen alle Freunde von Matthäus, ebenfalls zu kommen – die alten wie die neuen, die noch nicht geretteten wie die hingebungsvoll gläubigen.

• • • • •

Der Abend kommt, und alles entwickelt sich ganz genau so, wie Matthäus es sich erträumt hat. In seinem Haus, in seinem Wohnzimmer vermischen sich an diesem Abend die Menschen aus seinem alten Leben mit denen aus dem neuen, stoßen irgendwie aufeinander und versuchen herauszufinden, ob da vielleicht ein Funke überspringt. Und können Sie sich nicht auch ganz genau vorstellen, wie Matthäus bei dem großen Topf mit der Bowle steht und an einem bestimmten Punkt Gott anfleht: „Bitte, bitte, sorge du dafür, dass hier heute Abend etwas passiert. Tu etwas Radikales im Leben meiner alten Kollegen – genau so wie du es auch bei mir getan hast." Während Matthäus seinen Appell um übernatürliches Eingreifen vorbringt, nehmen die Ereignisse jedoch eine dramatische Wendung. Plötzlich tauchen nämlich die Pharisäer auf und sind beleidigt, weil ihnen die Einladungsliste viel zu weit gefasst scheint. Matthäus schaut ein wenig verblüfft drein, als diese gesetzestreuen Spielverderber Jesus angreifen, der darauf allerdings mit ein paar ziemlich harschen Worten reagiert. „Ihr versteht es einfach nicht, oder?! Meinen Vater stören Menschen nicht, und er ist auch nicht abgestoßen von Leuten, die noch außerhalb der Familie Gottes stehen. Er hat ein Herz für Menschen, die seine Hilfe brauchen, und fühlt sich zu ihnen sogar besonders hingezogen. Er ist wie ein Arzt, der mit einem Mittel gegen eine schreckliche Krankheit herumreist und nach Menschen sucht, die an der betreffenden Krankheit leiden!"

Jesus bleibt hart und erklärt an diesem Abend den religiösen Führern, die es allem Anschein nach einfach nicht begreifen können, das Vaterherz Gottes. Für sie ist diese kleine Zusammenkunft bei Matthäus etwas höchst Verdächtiges – denn wie kann etwas eine Evangelisationsveranstaltung sein, wenn alle Beteiligten dabei einen solchen Spaß haben? In ihrer geistigen und geistlichen Enge können sie zu keinem anderen Schluss gelangen als dem, dass Jesus sich jetzt auch schon mit den gesellschaftlichen Nieten und Versagern abgibt und sogar zusammentut.

Und rein äußerlich betrachtet war es ja auch wirklich so: Jesus gab sich mit berufsmäßigen Sündern ab. Aber genau das war der Kern seines Auftrags. Warum? Weil es einfach Teil seines Wesens war, sich mehr Gedanken darüber zu machen, wohin die Leute unterwegs waren, als über die Frage, wo sie gerade gestanden hatten, als er sie antraf. Sie erinnern sich? Er war gekommen, um kranke Sünder zu retten und den Durst verdorrter Seelen zu löschen, und er war auch zur Auseinandersetzung bereit, um den Plan des Gottes zu verfolgen, der das Wertvollste gab, was er hatte, damit Menschen wie Matthäus und seine Kollegen Rettung finden konnten.

• • • • •

Ich finde die Geschichte von Matthäus immer wieder ergreifend. Ein Mann, der bislang ein völlig eigennütziges Leben geführt hat, wird völlig unerwartet eingeladen, sich der Familie Gottes anzuschließen. Er reagiert auf diese Einladung, indem er alles hinter sich lässt und auf der Stelle ein neues Leben beginnt. Während er Jesus im Laufe der Zeit kennen lernt, ist er immer stärker von ihm angetan. Und um dem allen noch die Krone aufzusetzen, freundet er sich auch noch mit Petrus, Jakobus und Johannes an, zweifellos eine Überdosis an froher christlicher Gemeinschaft. Kurzum, er findet, dass diese neue kleine Gemeinschaft von Männern und Frauen das Beste ist, was ihm je passiert ist.

Da gibt es nur ein Problem. Was soll er mit den Freunden von früher machen? Er kann sie entweder einfach ignorieren und die alten Kollegen und Kumpane fallen lassen, oder er kann sich für den größeren Blickwinkel entscheiden, indem er anfängt, die Kluft zu überbrücken.

Als ihm im Umgang mit seinen alten Freunden, die weit von Gott entfernt sind, zum ersten Mal bewusst wird, dass sie die Ewigkeit getrennt von Gott verbringen werden, da hätte Matthäus auch panisch werden und aufgeben können. „Ich weiß nicht weiter, Gott. Ehrlich gesagt ist es wohl das Beste für uns alle, wenn ich einfach gehe und die Männer ihrem Schicksal überlasse."

Aber das tat er nicht. Weil ihre Ewigkeit auf dem Spiel stand, fand Matthäus einen Weg, wie er seine Freunde mit Jesus Christus bekannt machen konnte.

Und ich stelle mir vor, dass Jesus, nachdem die religiösen hohen Tiere erst einmal vergrault waren, Matthäus seinen Arm um die Schulter legte und sagte: „Matthäus, ich bin wirklich stolz auf dich. Du hast es gewagt, diese Party zu veranstalten, und ich für meinen Teil finde, dass das eine tolle Idee war. Du warst ehrlich in Bezug darauf, wer du bist und wozu du in der Lage bist. Du kanntest die evangelistischen Methoden, bei denen deine Freunde sich verschlossen hätten, und die, für die sie offen sind und durch die sie lockerer wurden. Du warst kreativ und bist Risiken eingegangen, und dafür hast du meinen Beifall verdient."

Das Vermächtnis der Matthäus-Party

In der ersten Zeit der *Willow Creek*-Gemeinde haben wir so häufig über die „Matthäus-Party"-Geschichte in Lukas 5 gesprochen, dass sie ein fester Bestandteil unserer Gemeindekultur wurde. Matthäus' Gespür dafür, den richtigen nächsten Schritt im Leben von suchenden Menschen zu erkennen, wurde eine Art Lebensstil für uns, und viele von uns fingen an, Matthäus-Partys zu geben, weil ihnen kein besserer Name für diese Veranstaltungen einfiel. Solche Partys waren keine offiziellen Evangelisationsveranstaltungen, sondern einfach lockere Gelegenheiten, Menschen, die außerhalb der Familie Gottes standen, dabei zu helfen, diese Familie kennen zu lernen und ebenfalls Teil davon zu werden. Mitglieder der *Willow Creek*-Gemeinde luden einfach ein paar Personen aus ihrem Büro und ein paar aus der Gemeinde ein und veranstalteten beispielsweise einen Grillabend im Garten oder eine Pool-Party, oder sie spielten bei irgendjemanden zu Hause im Keller Billard. In den 1980er und 1990er Jahren hörten wir von zahlreichen Personen, die durch solche Partys zum Glauben kamen. Mit der Zeit wurde auch mein Wunsch immer stärker, Matthäus' beachtlichen Mut irgendwie widerzuspiegeln. Ich wurde geradezu süchtig danach, mich so wie er vorzuwagen, gläubige und nichtgläubige Menschen zusammenzubringen und die Ergebnisse solcher Begegnungen Gott zu überlassen. Nach einer Weile gehörte ich zu diesen ewigen Optimisten, die einfach nicht aufhörten, an die Macht der Party zu glauben, obwohl sich in *Willow Creek* die erste große Begeisterung dafür schon langsam gelegt hatte. Ich höre nicht auf, nach Wegen und Mitteln zu suchen, Freunde aus meinem alten Leben mit Freunden aus meinem neuen Leben zusammenzubringen, um einfach zu schauen, was dabei herauskommt. Ich höre nie auf, mich über dieses ganz besondere Wirken des Heiligen Geistes in meinem Leben zu freuen, der den einfachen Akt, eine Party zu veranstalten, gebraucht, um aus mir einen Menschen zu machen, der das Herz des Vaters immer besser widerspiegelt.

• • • • •

Im vergangenen Jahr um die Weihnachtszeit tat ich das, was ich jedes Jahr nach dem Weihnachtsgottesdienst am Heiligabend tue: Ich habe eine Matthäus-Party veranstaltet. Trotz unzähliger Sitzungen, Planungstreffen und anderer hektischer Betriebsamkeit in dieser Vorweihnachtswoche driftete ich in Gedanken immer wieder zu einer Matthäus-Party ab, die in wenigen Tagen stattfinden sollte. Ich konnte es kaum noch erwarten!

Ich hatte ungefähr 20 Personen eingeladen, die alle nach eigenen Angaben *extrem weit* von Gott entfernt waren. Die besagten Männer und Frauen waren noch nie zuvor in der *Willow Creek*-Gemeinde gewesen, waren noch nie zuvor bei mir zu Hause gewesen und sagten von sich – einmal geistlich gesprochen –, dass sie „allein unterwegs" seien.

Zusätzlich zu dieser Gruppe lud ich noch ungefähr 20 Personen ein, die auf der Sucher-Kriechspur unterwegs waren – die Förderstufe des christlichen Glaubens, könnte man vielleicht sagen. Bei einer der seltenen Gelegenheiten, bei denen ich ihnen wieder einmal schonungslos zugesetzt hatte, hatten sie sich irgendwann breitschlagen lassen, wenigstens einmal in der *Willow Creek*-Gemeinde vorbeizuschauen. Man konnte ihre Beteiligung in dieser Hinsicht höchstens mit viel gutem Willen als „sporadische Besuche" bezeichnen, und das war meist auch noch mit einem großen Maß an Widerstand und Gezeter ihrerseits verbunden. Die meisten von ihnen waren schon anlässlich anderer Feiern bei mir zu Hause gewesen, und alle wussten, dass ich an ihnen „arbeitete", sie (sehr) langsam den Weg zu Gott entlangstupste. Vielleicht würden sie eines Tages die Ziellinie zum Glauben überschreiten, aber meiner Einschätzung nach eher über lang – sehr lang – als über kurz. Zusätzlich zu den ungefähr 20 Leuten, die sehr weit von Gott entfernt waren und den ungefähr 20, die auf der Kriechspur unterwegs waren, hatte ich etwa ein Dutzend sehr engagierter Christusnachfolger aus *Willow* dazwischengemischt und sie gebeten, sich gut unter den anderen Gästen zu verteilen. Der Auswahlprozess gerade dieser letzten Gruppe war gar nicht so einfach gewesen! Ich wusste, dass ich es mir nicht erlauben konnte, übereifrige Typen auf der Party aufkreuzen zu lassen. Es durften keine Wahrheitswächter und keine Beutejäger dabei sein, sondern es mussten ganz normale, erwachsene, emotional intelligente Menschen sein, die sehr offen auf andere zugingen und denen klar war, wie viel bei der Party auf dem Spiel stand – schließlich steckte ich sie an diesem Abend in einen Raum mit Freunden von mir, die – es sei denn, es passierte ein Wunder – die Ewigkeit getrennt von Gott verbringen würden. Wie jedes Jahr fing ungefähr eine Viertelstunde vor Ankunft der Gäste mein Herz an, wie verrückt zu klopfen. Ich bin sicher, dass die innere Anspannung, die ich empfand, völlig normal war – ich hatte ja keinerlei Kontrolle über den Ausgang der Party, hatte keine Ahnung, wie die Gäste miteinander umgehen und sich aufeinander einlassen würden. Ich hatte auch keinerlei Möglichkeit, mich auf irgendwelche Gespräche vorzubereiten, die sich vielleicht ergaben, und ich wusste folglich ebenfalls nicht, was Gott mit all dem, was er da vorfand, anfangen würde.

Aber ich hätte diese Spannung gegen nichts auf der Welt eintauschen wollen! Als ich die ersten Gäste begrüßte, wappnete ich mich für das anstehende Abenteuer, ein letzter Adrenalinstoß wurde freigesetzt. Und los ging's!

• • • • •

Ich wünschte, Sie hätten dabei sein und beobachten können, was sich an jenem Abend abspielte. Ich denke, wir erlebten in meinem Haus in Barrington, Illinois, etwas, das ganz stark an das erinnerte, was Matthäus im ersten Jahrhundert erlebt hat. Es war einfach unglaublich, Zeuge so vieler von Gott geschenkter Augenblicke zu sein, ganz zu schweigen von der Tatsache, dass es einfach eine absolut tolle Party war. Als ich zum ersten Mal auf die Uhr schaute, war es schon weit nach Mitternacht, und am Ende blieben die Gäste bis nach zwei Uhr morgens – und die letzten gingen nur, weil ich sie irgendwann hinauswarf.

Warum lief das Ganze so gut? Wodurch wurde es zu einer so „übernatürlichen" Angelegenheit? In den Stunden und Tagen und Wochen nach dem Fest sann ich immer wieder über diese Frage nach. Und möchten Sie wissen, zu welchem Ergebnis ich gekommen bin? Die Party war vor allem deshalb ein solcher Erfolg, weil die Christen von *Willow Creek*, die ich eingeladen hatte, genau das taten, was Jesus sich von allen Menschen wünscht, die ihm nachfolgen: Sie machten den ersten Schritt auf andere Menschen zu.

Als die *Willow Creek*-Leute eintrafen, sammelten sie sich zunächst einmal in kleinen *Willow Creek*-Kreisen, rotteten sich in der Sicherheit ihrer Gemeinsamkeiten zusammen und sprachen über das Wetter, das Krippenspiel aus dem Weihnachtsgottesdienst, Pläne fürs Wochenende und die Feiertage – all so etwas eben (irgendwo muss man ja anfangen, oder?). Aber dann, nach ungefähr 20 Minuten, geschah es – und ich war so stolz auf sie, als es geschah. Einer nach dem anderen schauten sie sich im Zimmer um und entschuldigten sich bei den Gästen, die sie kannten.

„Also, ich will nicht den ganzen Abend in dem Kreis hier stehen bleiben", murmelten sie, während sie dachten: *Ich werde jetzt den ersten Schritt machen, auf jemanden zugehen, ihm oder ihr die Hand geben und mich vorstellen.*

„Wenn ihr mich bitte entschuldigen würdet", sagten sie, wenn auch etwas unsicher, und dann drehten sie sich langsam um, machten den ersten Schritt und ließen weitere folgen. Und ich konnte wirklich nachvollziehen, was sie dachten, als sie diese Schritte durch den Raum auf jemanden zumachten. Ich hatte selbst schon Hunderte ganz ähnlicher erster Schritte hinter mir, und ich wusste deshalb, wie schnell ihr Herz wahrscheinlich schlug, wie trocken ihr Mund sich anfühlte, wie neugierig sie auf die Reaktionen waren, nachdem sie sich vorgestellt hatten: „Hallo, ich bin …"

Bei jedem Schritt, den er auf jemanden zuging, dachte jeder Christ an diesem Abend: *Ich habe keine Ahnung, wie das hier ausgeht. Ich weiß ja nicht einmal, ob dieser Mann da mit mir reden möchte. Ich weiß nicht, ob diese Frau sich überhaupt auf ein Ge-*

spräch mit mir einlässt. Aber was soll's – ich probiere es einfach mal. Ich bete bei jedem Schritt, ich stelle mich vor, und dann trete ich einfach einen Schritt zurück und schaue mal, ob Gott noch mehr tut.

Die Gespräche wurden sofort lebhafter und munterer. Ich war so dankbar, dass der Heilige Geist Türen öffnete! Alle Anwesenden waren an diesem Abend vor der Party im Gottesdienst gewesen und das erwies sich als perfekter Gesprächseinstieg. Manche Leute sagten, dass sie noch nie zuvor eine Kirche von innen gesehen hätten (was für eine Ehre, dass *Willow Creek* ihre erste war!). Andere gaben zu, dass sie einfach „mehr Fakten" bräuchten und wieder andere hatten kürzlich Rick Warrens Buch „Leben mit Vision" gekauft und wollten es über die Feiertage lesen.

Als ich an jenem Abend zwischen den Gästen umherschlenderte, dachte ich an all die Bitten, die ich an den Tagen vor dem Fest an Gott gerichtet hatte. „Ach, wenn doch diese und jene Person miteinander ins Gespräch kämen, das wäre einfach unglaublich!" Oder: „Wenn doch bloß So-und-so und mein anderer Freund ins Plaudern kämen, die beiden würden sich sicher verstehen ... sie haben so vieles gemeinsam." Und ob Sie es glauben oder nicht, während ich so zwischen den Grüppchen umherging, Getränke nachfüllte und dafür sorgte, dass alle genug zu essen hatten, da sah ich immer wieder direkt oder eher aus dem Augenwinkel heraus, dass genau diese Paarungen auch wirklich zustande gekommen waren.

„Gott ist gut!", flüsterte ich vor mich hin. „Gott ist so gut!"

Glücklicherweise tauchten an jenem Abend keine Pharisäertypen bei uns auf, um Wasser auf die noch kleinen ersten, zarten Funken zu schütten, die sich da entwickelten. Ich erinnere mich noch, wie ich in die Küche zurückging und wirklich tiefe innere Befriedigung empfand. Es dauerte Stunden, bis sich diese positive Erregung langsam legte! Als schließlich auch die letzten Gäste gegangen waren, räumte ich halbherzig die Essensreste zusammen, sammelte verstreute Gläser ein und ging zurück in die Küche. Ich konnte das, was geschehen war, noch gar nicht richtig fassen.

Irgendwann kurz vor Tagesanbruch – ich war immer noch wie benommen, weil ich spürte, dass Gott an diesem Abend am Werk gewesen war – dachte ich bei mir: *Letztlich liegt es an Abenden wie diesem. Die Zukunft des Reiches Gottes hängt daran, ob einzelne Christen auch in ihrem ganz normalen Alltag das tun, was hier heute Abend in meinem Haus stattgefunden hat.*

Es stimmt wirklich: Die Verbreitung der Guten Nachricht – zumindest in der Alltagsrealität der heutigen Zeit – lässt sich auf die Frage reduzieren, ob Sie und ich weiterhin nach kreativen Methoden Ausschau halten, um unsere Freunde einzuladen, die Fülle des Lebens in der Nachfolge Christi zu erkunden, und ihnen dabei zu helfen, sich für eine Ewigkeit bei Gott zu entscheiden.

Die ganze Wahrheit

Seit den Anfängen von *Willow Creek* war ich wohl Hunderte Male Gastgeber solcher Veranstaltungen und jedes Mal staune ich wieder über die verändernde Kraft der Matthäus-Party. Jedes Mal, wenn wieder eine stattfindet, denke ich: *Was wäre, wenn durch diese einfache Party ein Mensch Ja zu Jesus Christus sagt, alles hinter sich lässt und sich ganz der großen Vision verschreibt? Es wäre das alles wert – die Vorbereitungen, den Stress, das Risiko –, wenn das Leben von nur einer Person heute Abend ein für alle Mal verändert wird!*

Aber wenn ich an dieser Stelle ganz ehrlich sein soll, muss ich auch eingestehen, dass es nicht nur Partys gibt, die ein durchschlagender Erfolg sind – wie die beschriebene Weihnachtsparty –, sondern auch totale Flops. Ich erinnere mich auch an Zeiten, in denen ich durch mein Haus gestreift bin, um zu kontrollieren, ob meine Gäste mit allem versorgt waren, und Gespräche mit anhörte und mir dann ganz plötzlich klar wurde, dass es gar nicht gut lief. Die Gespräche beschränkten sich auf Sport und Politik, es war kaum Dynamik vorhanden – Sie wissen schon, wenn man das Gefühl hat, dass eine Party nicht viel Partyhaftes hat. Aber das ist kein Grund, die ganze Sache total aufzugeben. Denn wenn es klappt, dann sind die Veranstaltungen und deren Auswirkungen einfach großartig.

Ein Leben, das zählt

Wenn es etwas gibt, wovon ich mir wünsche, dass Sie es der Matthäus-Geschichte entnehmen, dann, dass auch Sie so etwas machen können! Selbst wenn Sie das hier jetzt lesen und denken: *Ich kann mich nicht einmal mehr daran erinnern, wann zum letzten Mal jemand zu einem geselligen Anlass bei mir zu Hause war, der kein Christ war.* Ich möchte, dass Sie Folgendes verinnerlichen: Mit derselben Haltung, die Matthäus an den Tag legte, können auch Sie sich heute dafür entscheiden, ein paar Freunde aus Ihrem alten Leben mit einigen Freunden aus Ihrem neuen Leben zusammenzubringen, und dabei darauf vertrauen, dass Gott etwas Wunderbares in Ihrer Mitte tut.

Sie können es! Sie können ein Grillfest oder einen Spieleabend veranstalten oder was auch immer Ihrer Persönlichkeit und Ihrer Situation entspricht. Sie können sich immer wieder selbst daran erinnern, dass Matthäus auch kein Spezialtraining oder irgendeine besondere Begabung hatte, die ihn besonders qualifiziert hätte, Gastgeber für die Feier zu sein. Er war einfach jemand, dem seine Kollegen am Herzen lagen und der sich weigerte, herumzusitzen, während sie ihr Leben verschwendeten.

Matthäus-Partys müssen nicht offiziell, teuer, super organisiert oder perfekt durchgestylt sein. Sie müssen einfach nur stattfinden. Erinnern Sie sich an die Abendessen für „Suchende und Streuner", an denen ich einmal die Woche teilnehme? Es ist gar nichts Besonderes daran, außer der Tatsache, dass Menschen, die Jesus nachfolgen, und solche, die weit von Gott entfernt sind, regelmäßig und zuverlässig die Gelegenheit bekommen, ihr Leben miteinander zu teilen. Der Gastgeber bei diesen gemeinsamen Mahlzeiten ist mein Freund Jim Glas. Jim ist in geistlicher Hinsicht seit seiner Jugend immer wieder ernüchtert worden, aber er macht dennoch immer weiter. Er bietet jedem Mitglied unserer Gruppe einen Platz bei sich am Esstisch, bietet mehrere Ohrenpaare, die bereit sind zuzuhören, und ein offenes Forum, um über alles zu reden, worüber eben geredet werden muss. Wenn Sie beständig ein solches Ambiente anbieten, dann glaube ich, dass Jesus heute dasselbe zu Ihnen sagt wie damals zu Matthäus. „Danke, dass ich dir am Herzen liege und du mir das dadurch zeigst, dass dir die Menschen am Herzen liegen. Danke, dass du die Gaben, die ich dir geschenkt habe – deine Kreativität, deine Persönlichkeit und dein Zugang zu allen möglichen Hilfsmitteln –, einsetzt, um deinen Freunden dabei zu helfen, mich besser kennen zu lernen!“

Erste Schritte zur Umsetzung

1. Wieso wählte Jesus Ihrer Meinung nach ganz gewöhnliche Fischer und korrupte Steuereintreiber aus, statt einiger handverlesener Leute, die ein bisschen kultivierter und ein bisschen „heiliger“ waren als alle anderen?
2. Was haben Sie aufgegeben, um Jesus nachzufolgen? Hat es sich gelohnt? Warum bzw. warum nicht?
3. Matthäus – ein ehemaliger Steuereintreiber – war sich wahrscheinlich nur allzu bewusst, dass seine ehemaligen Geschäftsfreunde ihn für verrückt hielten, weil er seine gesamte Karriere hinwarf, um Jesus nachzufolgen. Wenn Matthäus in der heutigen Zeit leben würde und zu Ihnen käme, um sich einen Rat zu holen, wie er mit den hochgezogenen Augenbrauen und den beißenden Fragen seiner alten Freunde umgehen solle, was würden Sie ihm dann raten?
4. Trotz der Tatsache, dass Matthäus Jesus erst seit ganz kurzer Zeit nachfolgte, als er sich zu dem großen Festmahl entschloss, war er sich sicher, dass Jesus seinen alten Freunden offen gegenüberstehen und sie akzeptieren würde, auch wenn die meisten dieser alten Freunde ja ebenfalls korrupte Steuereintreiber waren. Glauben Sie, dass Jesus auch heute noch Menschen so wohlwollend annimmt? Warum bzw. warum nicht?
5. Auf Seite 256 lesen Sie, dass, wer auch immer und wie auch immer Sie „gestrickt“ sind, Sie so etwas auch auf die Beine stellen können – auch Sie können Gastgeber einer Matthäus-Party sein und in Ihrem Wohnzimmer oder auf Ihrer Terrasse einen geistlichen Funkenflug initiieren. Denken Sie einen Augenblick darüber nach. Fallen Ihnen kreative Ideen ein? Welche Art von Matthäus-Party würden Sie veranstalten? Wen würden Sie einladen und was würden Sie sich erhoffen, das Ihre Gäste aus dieser Erfahrung mitnehmen würden?

KAPITEL 11

Offene Türen

Haben Sie Lust auf ein Ratespiel mit dem Titel: „Berühmte letzte Worte“? Mal sehen, ob Sie zuordnen können, wer folgende Aussagen gemacht hat, kurz bevor er starb:

„Was für ein Tor ich war!“

„Licht, mehr Licht!“

„Et tu, Brute?“

„Es gibt keine anderen Welten mehr zu erobern!“

„Ich möchte gehen, Gott … nimm mich auf.“

„Bitte lassen Sie den Duschvorhang in der Innenseite der Duschwanne.“

So, und jetzt wollen wir mal sehen, wie Sie abgeschnitten haben. Hier die Namen der fünf Männer, von denen die zitierten letzten Worte stammen: Winston Churchill, Johann Wolfgang von Goethe, Julius Cäsar, Alexander der Große, Dwight D. Eisenhower und Conrad Hilton, der Begründer der Hilton Hotels um 1900. (Ich war zufällig gerade letzte Woche in einem *Hilton* und habe dort an der Badezimmerwand ein Schild mit genau diesen Worten gesehen. Aber ich schweife ab.)

Die „letzten Worte“ eines Menschen sind meist bedeutsam. Gelegentlich sind sie komisch, so wie die von Hilton, aber normalerweise sind sie ergreifend und kommen von Herzen. Meist bringen die letzten Worte eines Menschen seine tiefsten inneren Überzeugungen zum Ausdruck. Es ist, als würden sie sagen: „Hier ist der Leitgedanke meines Lebens, wegen dem ihr euch an mich erinnern sollt …“

In den letzten beiden Kapiteln haben wir uns angeschaut, was es bedeutet, sich für ein Leben mit Vision zu entscheiden statt für andere, weniger befriedigende Alternativen. Und wenn ich eine Bibelstelle nennen sollte, an die Sie sich mit Herz und Verstand halten können, wenn Sie wissen möchten, was es bedeutet, sich auf diese Art von Leben einzulassen, dann würde ich mich für einen fünf Verse umfassenden Abschnitt aus dem Kolosserbrief entscheiden.

Gegen Ende des 4. Kapitels des Kolosserbriefes fasst Paulus noch einmal seinen Brief an die Gemeinde von Kolossä zusammen, den er aus einer finsteren Einzelzelle heraus schrieb. Wenn Sie sich lange und intensiv mit diesem Brief beschäftigen, werden Sie feststellen, dass dieser spezielle Textabschnitt den Leitgedanken enthält, den Paulus der Gemeinde von Kolossä vermitteln wollte. Im Rest des Briefes geht es dann um Grüße und persönliche Angelegenheiten – das also, was sonst vielleicht im „P.S." auftaucht. Im Wesentlichen waren also Paulus' „berühmte letzte Worte", zumindest in Bezug auf die Christen in Kolossä, folgende:

„Lasst euch durch nichts vom Gebet abbringen, und vergesst dabei nicht, Gott zu danken. Betet auch für uns, damit Gott uns eine Möglichkeit gibt, die Botschaft von Christus zu verkündigen, für die ich hier im Gefängnis sitze. Und betet, dass ich frei und offen von dem reden kann, was mir aufgetragen wurde. Verhaltet euch klug und besonnen denen gegenüber, die keine Christen sind. Denkt daran, dass euch nicht mehr viel Zeit bleibt. Redet mit jedem Menschen freundlich, aber scheut euch nicht, die Wahrheit zu sagen. Dann werdet ihr schon für jeden die richtigen Worte finden."[1]

Paulus sehnte sich zutiefst danach, dass die Christen in Kolossä in Jesus verwurzelt blieben, an ihrem Glauben festhielten, sich nicht von den verlockenden Ideen der Welt verführen ließen – und schließlich, dass ihr Leben von Frieden bestimmt war. Als Paulus jedoch gezwungen war, diese Gedanken zu Papier zu bringen, fasste er sie folgendermaßen zusammen: „Lasst euch nicht vom Gebet abbringen."

Falls Sie sich jetzt fragen, was Paulus mit dieser Aussage gemeint hat, werden Sie erfreut sein zu erfahren, dass ich alle mir zur Verfügung stehenden Bibellesehilfen und Auslegungsbücher auf meinem Schreibtisch aufgestapelt und mir auch die Zeit genommen hatte, mich wirklich intensiv mit diesem Text zu befassen. Sind Sie bereit für das, was ich herausgefunden habe?

Lasst. Euch. Nicht. Abbringen. Vom. Gebet.

Es bedeutet: „Betet, und zwar viel! Betet, wenn ihr allein

seid. Betet, wenn ihr unter Menschen seid. Betet, wenn ihr euch in kleinen Gruppen trefft. Betet auf eurem Weg hinein und betet auf eurem Weg hinaus. Betet in eurem Kämmerlein. Betet in eurem Auto und an eurem Schreibtisch. Betet ein Morgengebet, betet bei Tisch, vor den Mahlzeiten und auch zwischen den Mahlzeiten. Betet leidenschaftlich, erwartungsvoll und ungehemmt. Betet, wenn ihr gerade belastet seid, euch Sorgen macht, krank seid oder unter gebrochenem Herzen leidet. Betet, wenn ihr einen Höhenflug habt, Rekorde aufstellt oder auf einem Berggipfel tanzt. Betet, wenn ihr gut drauf seid, und betet, wenn ihr niedergeschlagen seid. Betet, wenn ihr gesund seid und wenn ihr krank seid, wenn euch danach ist und wenn das nicht der Fall ist (besonders, wenn das nicht der Fall ist).

Betet, wenn ihr viel zu tun habt, betet, wenn euch langweilig ist. Betet vor einem großen Spiel, während des Spieles und danach. Kurzum, betet! Und tut das mit Hingabe."

Dallas Willard schreibt in seinem Buch „Das Geheimnis geistlichen Wachstums": „Je mehr wir beten, desto öfter wird es uns in den Sinn kommen zu beten."[2] Mit anderen Worten: Es entsteht eine Art Antriebskraft, so wie Paulus sie etwa in 1. Thessalonicher 5, Vers 17 beschreibt, wo er Menschen, die Jesus nachfolgen, ermutigt: „Hört niemals auf zu beten" oder: „Betet ohne Unterlass", wie es in einer anderen Übersetzung heißt.

Als ich noch nicht lange Christ war, machte mich dieser Gedanke ein bisschen nervös. Ohne Unterlass beten – meinte Paulus das wirklich ernst?

Aber manche von Ihnen, die sehr oft und engagiert beten und im Laufe der Jahre ihren Dialog mit Gott ausgebaut haben, wissen, dass das wirklich möglich ist. Für solche Personen ist dieses ständige Beten wie Atmen, und wollte man es ihnen wegnehmen, wäre das so, als würde man einen Taucher ohne Sauerstoffflasche in die Tiefe schicken.

Interessant dabei ist, dass es Paulus in nur fünf Versen gelingt, das Geheimnis von Evangelisation zu offenbaren: Wenn Sie jemals ein Mensch sein oder werden wollen, der dabei hilft, Menschen zu Jesus zu führen, dann müssen Sie ein engagierter Beter sein. Gebet und wirkungsvolle Evangelisation – wirkungsvolle Evangelisation und Gebet – die beiden sind untrennbar miteinander verbunden. Und in seinen letzten Anweisungen an die Kolosser sagt Paulus im Wesentlichen: „Ihr braucht an Evangelisation überhaupt erst dann einen Gedanken zu verschwenden, wenn ihr Beter geworden seid!“

Diese Worte gelten auch für uns heute. Und wenn es uns ernst damit ist, unsere Freunde und Angehörigen auf Gott hinzuweisen, dann sollten wir uns vielleicht zunächst überlegen, wie wir etwas mehr Schwung in unser Gebetsleben bringen.

Spontan-Gebet

Einer der Männer, bei denen ich vor einigen Jahren ein wenig dazu beitragen durfte, dass er sich für Jesus entschied, nahm mich eines Tages wegen dieser Beten-ohne-Unterlass-Sache beiseite. „Was hat es damit eigentlich auf sich?“, erkundigte er sich. „Ist das denn überhaupt möglich?“ Seine Fragen erinnerten mich an die Skepsis, die ich als junger Christ empfunden hatte.

Ich suchte nach einem Vergleich, durch den es vielleicht ein wenig deutlicher werden würde. „Also gut, versuche dir einmal Folgendes vorzustellen“, sagte ich. „Hier in ‚Willow Creek‘ hat die Telefonanlage für Mitarbeiter eine ‚Bitte-nicht-stören-Funktion‘. Wenn hauptamtliche Mitarbeiter gerade in wichtigen Sitzungen oder in Beratungs- und Seelsorgegesprächen sind, dann sollten sie nicht gestört werden. Um dies zu ermöglichen, können sie dann an ihren Telefonen die ‚Bitte-nicht-stören-Taste‘ drücken, und so lange diese Taste gedrückt bleibt, klingelt ihr Apparat nicht.

Es kommt jedoch immer wieder vor, dass Mitarbeiter nach einer solchen konzentrierten Phase, in der Störungen höchst hinderlich gewesen wären, vergessen, die ‚Nicht-stören-Funktion‘ wieder aufzuheben. Manchmal vergehen Tage, in denen sie nicht erreichbar sind und sich niemand telefonisch mit ihnen in Verbindung setzen kann, bevor sie es merken.“ (Es gehört zu den ganz besonderen Freuden meiner Arbeit, solche wunderbaren Leute aufzuspüren und … mit ihnen zu beten!)

„Auf Folgendes will ich mit diesem Beispiel hinaus“, fuhr ich fort. „Diese Leute haben sich offenbar keinerlei Gedanken darüber gemacht, dass sie tage-, ja manchmal wochenlang keine Anrufe bekommen haben und offenbar niemand mit ihnen in Kontakt treten wollte. Ja, meist haben sie es noch nicht einmal bemerkt!

So, und mit diesen Informationen im Hinterkopf schau dir jetzt einmal die haupt- und auch ehrenamtlichen Mitarbeiter am Empfang an. Sie sind derart auf die Kommunikation mit Menschen ausgerichtet, dass sie Headsets tragen. Ob morgens, mittags oder abends, sie tragen diese Headsets, durch die ihnen das Entgegennehmen von Informationen erleichtert wird. Ehrlich gesagt wäre für sie das Schlimmste, was passieren könnte, wenn die interne Kommunikation auch nur für einen Augenblick unterbrochen wäre, so engagiert sind sie darauf bedacht, die Kommunikation in Gang zu erhalten und erreichbar zu sein." Ich habe es dann folgendermaßen zusammengefasst: „Wenn du das Prinzip hingebungsvollen Gebetes begriffen hast, dann ist das so, als wärest du mit einem Ohr bei dem Gespräch, das du gerade führst, während das andere gleichzeitig auf Gott ausgerichtet ist. Vielleicht bist du mit jemandem über sehr viele Themen gleichzeitig im Gespräch – die neuesten Nachrichten oder Sportergebnisse oder wie es auf der Arbeit so geht, was auch immer –, aber gleichzeitig fragst du Gott auch ständig: ‚Gott, gibt es da eine offene Tür? Möchtest du, dass ich da nachhake? Möchtest du, dass ich ihn ermutige? Was möchtest du, das ich tue? Bitte, führe mich.'"

• • • • •

Vielleicht haben Sie auch schon diese Dynamik erlebt, wenn Sie einerseits Auto fahren oder arbeiten, gleichzeitig aber auch mit Gott reden. Ein Teil unseres Gehirns ist ganz mit der jeweiligen Herausforderung beschäftigt, die der Tag gerade an uns stellt, während ein anderer Teil sagt: „Gott, ich weiß, dass heute viel los ist, aber ich weiß auch, dass ich damit nicht allein bin. Danke, Gott, dass du bei mir bist und mir Kraft und Weisheit schenkst."

Vielleicht betreten Sie einen Raum, in dem gleich eine Sitzung stattfinden soll, und während Sie sich ganz auf die vor Ihnen liegenden Aufgaben konzentrieren, fragen Sie Gott: „Wir wollen jetzt diesen Abschluss vorbereiten und konzentrieren uns ganz auf die vor uns liegenden Aufgaben, aber sind wir wirklich auf dem richtigen Weg? Lenke uns nach deinem Plan, nicht nach unserem. Hilf mir zu erfahren, ob ich mich in dieser Sitzung richtig verhalte oder ob ich das Falsche tue."

Gebete im stillen Kämmerlein

Während der Bergpredigt sagt Jesus, dass es außer dem steten Gebet ohne Unterlass auch Gelegenheiten gibt, bei denen man in sein „Kämmerlein" gehen, die Tür hinter sich schließen und ganz für sich allein beten sollte (Matthäus 6,6). Das sollen Zeiten von ungestörtem, intensivem Gebet sein, bei dem es beispielsweise um das Bekennen einer Sünde gehen kann, die einem bewusst geworden ist, gefolgt von intensiver Zeit, in der Gott Sie inspiriert, korrigiert, Sie etwas lehrt oder Sie beruhigt – und diese Gebete sind für die Lebendigkeit des Gebetslebens einer Person ebenso wichtig.

Ich habe es mir zur Gewohnheit gemacht, wenn ich nicht unterwegs bin, ganz früh morgens in mein Büro zu gehen, die Tür hinter mir zu schließen und etwa 20 bis 30 Minuten eine echte Gebetshaltung einzunehmen. Ich bete dann für die Menschen, von denen ich weiß, dass ich ihnen an diesem Tag begegnen werde. Ich bete für meinen Terminplan und bitte Gott um Weisheit, dass ich jede Stunde meines Tages weise nutze. Ich bete für Probleme der Mitarbeiter, für Organisationsfragen, ich bete für Dinge, die mit meinen Ideen und Plänen für *Willow Creek* zu tun haben und mit der Verantwortung, die ich dabei trage. Ich bitte Gott um Führung und Leitung in meinem Leben und meiner Arbeit. In diesen Gebetszeiten im „stillen Kämmerlein" eiche ich meine Welt wieder auf Gottes Welt.

Ich neige dazu, die Dinge selbst in die Hand zu nehmen, deshalb trage ich seit einiger Zeit einen Zettel mit mir herum, auf dem ein kurzer Satz steht: „Wenn ich arbeite, arbeite ich. Aber wenn ich bete, arbeitet *Gott*." Dieser Satz hilft mir, daran zu denken, dass der Gott des gesamten Universums für mich am Werk ist, wenn ich bete, und sein Wirken und Handeln werden uns alle weiterbringen.

Wenn Sie Ihre eigenen Verhaltensweisen einmal einschätzen, welche Art von Gebet praktizieren Sie denn häufiger, die Gebete im stillen Kämmerlein oder das spontane Gebet? Die meisten Leute können eines von beiden besser. Ich möchte Sie herausfordern, Ihre Fertigkeiten in beidem zu verbessern, damit Sie immer im Gespräch mit Gott sind und auf sein Reden hören.

Wofür sollten wir eigentlich beten?

In Kolosser 4 fährt Paulus mit der Aufzählung all dessen fort, was er sich brennend für die Gemeinde wünscht – und für uns. Sinngemäß sagt er Folgendes: „Bitte betet für uns, denn wir bemühen uns Tag und Nacht, Jesus denen nahe zu bringen, die weit von Gott entfernt sind." Und was dann in den Versen 3 bis 6 folgt, gehört zum Wundervollsten, was in der Bibel steht. Es hat damit zu tun, dass Freunde und Angehörige zu Jesus kommen sollen:

„Betet auch für uns, damit Gott uns eine Möglichkeit gibt, die Botschaft von Christus zu verkündigen, für die ich hier im Gefängnis sitze. Und betet, dass ich frei und offen von dem reden kann, was mir aufgetragen wurde. Verhaltet euch klug und besonnen denen gegenüber, die keine Christen sind. Denkt daran, dass euch nicht mehr viel Zeit bleibt. Redet mit jedem Menschen freundlich, aber scheut euch nicht, die Wahrheit zu sagen. Dann werdet ihr schon für jeden die richtigen Worte finden."

Ich liebe den Schatz, der in Vers 3 steckt: „Betet für uns, damit Gott uns die Möglichkeit gibt, die Botschaft von Christus zu verkündigen", sagt Paulus da. Er ist kein Grünschnabel in Sachen Evangelisation. Er verbreitet die Gute Nachricht schon seit langer Zeit und kassiert seither auch immer wieder Schläge dafür, und weil sich sein Leben und sein Dienst für Gott dem Ende nähern, ist es sicher kein Zufall, dass diese letzte Bitte an seine geistlichen Brüder und Schwestern darin besteht, für offene Türen zu beten, also für Möglichkeiten, die Botschaft zu verkündigen.

Warum? Weil Paulus erlebt hat, dass man Menschen nun

einmal nicht zwingen kann, die Botschaft anzunehmen. Man kann Jesus nicht durch verschlossene Türen drücken!

Deshalb sagt er im Grunde: „Betet für offene Türen im Inneren von Menschen, weil wir ohne das einpacken können." Dasselbe klingt auch bei einem anderen Apostel durch. In Johannes 6, Vers 44 steht nämlich sinngemäß: Niemand kommt zum Glauben, wenn nicht Gott die Initiative ergreift.

• • • • •

Vielleicht wissen einige von Ihnen, dass ich vor ein paar Jahren mit einer ziemlich verrückten geistlichen Übung angefangen habe, um die „Macher"-Seite in mir ein wenig auszugleichen: Ausnahmslos jeden Morgen sollen meine Knie der erste Teil meines Körpers sein, der den Boden berührt. Das klingt jetzt vielleicht ganz leicht, aber probieren Sie es doch einfach einmal selbst aus. Man muss sich schon etwas verrenken, um die Hüften und Füße so hoch zu bekommen, dass man sich genau so aus dem Bett schwingt, dass die Knie vor den Füßen auf dem Boden ankommen. Bevor ich mich zu dieser geistlichen Übung verpflichtete, hatte ich die Erfahrung gemacht, dass ich auf der Stelle loslegte, wenn meine Füße erst einmal auf dem Boden waren. Ohne Gott auch nur „guten Morgen" zu sagen, duschte ich rasch, sprang ins Auto und stellte mich auf den vor mir liegenden Arbeitstag ein. Ich war dabei so getrieben, dass Gott gar nicht mithalten konnte. (Keine Panik – das war nur ein Witz.)

Um also meine Typ-A-Neigungen ein wenig auszugleichen, beschloss ich, mich jeden Tag aus dem Bett zu rollen, als Zeichen meiner Bereitschaft, meinen Geist, meinen Willen und meine Grundhaltung Gott unterzuordnen und eine Gebetshaltung einzunehmen. Für mich ist das von symbolischer Bedeutung, weil es mir und dem ganzen Himmel folgende Botschaft vermittelt: Das alles hier – dieses Leben, dieser Dienst, dieser Tag – *soli Deo gloria*, alles zur Ehre Gottes.

Wenn ich dann mit meinen Knien auf dem Boden bin, die Ellenbogen auf der Bettkante abgestützt, beginne ich mit Anbetung, dann bekenne ich, was ich zu bekennen habe, ich danke Gott für alles und unterstelle mich ihm für den Tag. Und dann bete ich für offene Türen: „Gott, würdest du bitte heute

Türen für mich öffnen – Türen zum Gespräch, in dem ich etwas über dich sagen kann; Türen zu neuen Beziehungen, die vielleicht eines Tages zu Gesprächen über geistliche Themen führen; Türen einer ersten Begegnung mit Menschen, die weit weg leben, aus denen vielleicht eines Tages feste Freundschaften werden könnten? Bitte geh du heute vor mir her und mache die Türen weit auf, damit ich die Dinge tun kann, die ich nach deinem Willen tun soll."

Und wissen Sie was? Gott liebt es, dieses Gebet von seinen Kindern zu hören! Er ist absolut begeistert davon, Türen aufzustoßen und dann zu sehen, wie wir jedes Mal wieder ehrfürchtig dastehen. *Woher kam denn das jetzt?,* denken wir vielleicht nach einem „zufälligen" Erlebnis, während im Himmel jemand übers ganze Gesicht strahlt.

In den vorausgegangenen Kapiteln habe ich erwähnt, wie wichtig es ist, im Umgang mit Menschen die Augen für „offene Türen" aufzumachen. Und Sie glauben gar nicht, wie oft es vorkommt, dass ich Gott um offene Türen bitte und Gott wirklich Türen öffnet.

Das ist fast schon unheimlich.

• • • • •

Als ich kürzlich in Europa war, stand ich eines Morgens auf und dachte als Erstes daran, dass ich es an diesem Tag mit vielen komplexen Themen und Zusammenhängen zu tun haben würde. Ich machte mir weniger Sorgen um den Inhalt meiner Referate, die an diesem Tag an der Reihe waren, als viel mehr über die Sprachbarriere und die Frage, wie ich bei all dem, was mich ablenkte, mit der immer wieder interessanten amerikanisch/französischen Dynamik umgehen und auf die Impulse des Heiligen Geistes ausgerichtet bleiben sollte. Ich ging also auf die Knie und betete. Bevor ich das Gebet beendete, sagte ich noch: „Gott, wenn du mir heute die Tür zum Gespräch mit einem Menschen öffnest, dann würde ich gerne hindurchgehen ..."

Während ich eine Stunde später in der Hotelhalle darauf wartete, abgeholt und zum Veranstaltungsort gefahren zu werden, stand ein Nachtportier am Empfang und schaute immer abwechselnd in seine Zeitung und zu mir herüber. Wir fingen ein relativ unverfängliches Gespräch an, und aus irgendeinem unerfindlichen Grund erkundigte ich mich nach seinem Akzent.

„Sie haben einen Akzent, der mir gar nicht französisch zu sein scheint – woher stammen Sie?"

„Aus einem Ort, von dem Amerikaner noch nie etwas gehört haben", kam postwendend die Antwort.

„Versuchen Sie's doch mal!"

Er hatte ein Grinsen auf dem Gesicht, das besagte: *Ich habe es dir ja gesagt,* und antwortete dann: „Tunesien."

Ich ließ mich nicht so leicht abwimmeln und riskierte es weiter. „Sie sind aber nicht in Hammamet groß geworden, oder?" Ich war wirklich nur ein einziges Mal in Tunesien gewesen und hatte mich dort eines Tages völlig verfahren. Am Ende war ich in Hammamet gelandet.

Sein Kopf schoss ruckartig hoch, seine Augenbrauen ebenfalls, und er sah mich an, als wäre ich ein Prophet. Wahrscheinlich glaubte er jetzt, dass ich in meinem Aktenkoffer eine Kristallkugel mit mir herumschleppte. Bevor er etwas entgegnen konnte, erzählte ich ihm, wie ich mit dem Flieger in einer tunesischen Stadt gelandet und dann mit dem Auto weitergefahren war und mich dabei völlig verfahren hatte. Ich war schließlich in Hammamet gelandet, der einzigen tunesischen Stadt, die ich kenne, gestand ich ihm.

„Und was machen Sie in Paris?", erkundigte er sich, immer noch völlig verdutzt darüber, dass ich seine Heimatstadt kannte.

„Also, ich bin hier, um Pastoren dabei zu helfen, die Liebe Jesu an ganz normale Menschen weiterzugeben, die auf den Pariser Straßen herumlaufen."

Ich erinnere mich an seine Reaktion darauf immer noch so genau, als wäre es erst gestern gewesen. „Die habe ich noch nie getroffen", sagte er, „diese Pastoren, die Interesse an den ganz normalen Leuten haben, die auf den Pariser Straßen herumlaufen."

„Also, ich bin jedenfalls hier, um genau das zu tun", erwiderte ich mit so viel Mitgefühl und Verständnis wie möglich.

Dieser kurze Wortwechsel führte zu einem sehr interessanten Gespräch über den Islam und das Christentum. Als das Auto, das mich abholen sollte, vor dem Hotel hielt, gab der

Mann mir seine Karte, und als ich dann wieder in den Staaten war, meldete ich mich noch einmal bei ihm, um das Gespräch fortzusetzen, das wir an diesem Tag in der Empfangshalle eines Pariser Hotels begonnen hatten.

Als ich an jenem Abend betete, sagte ich lächelnd und auch mit der typischen Ungläubigkeit: „Also wirklich, Gott, du hast die Tür zu einem Jungen aus Hammamet geöffnet! Wie ist denn so was eigentlich möglich?!"

• • • • •

Bei einer anderen Gelegenheit hatte ich mich einverstanden erklärt, bei einem Treffen von Pastoren in den Südstaaten der USA zu sprechen, konnte den Termin aber nur einhalten, wenn ich einen Flug direkt zu dem Tagungsort und zurück charterte. Nach der Landung geriet ich irgendwie ans falsche Ende vom Palwaukee Airport. Dort fiel mir eine ältere Frau auf, die außerhalb des kleinen Terminals in ihrem Wagen saß, und ich bat sie um Hilfe.

„Na, ich glaube, Sie woll'n eigentlich gaaanz da hinten hin", sagte sie und zeigte mit ausgestrecktem Arm und einem dicken Zeigefinger in die entgegengesetzte Richtung. „Aber wissen Sie was? Ich muss auch dahin, also steigen Sie ein, ich bring Sie hin. Wohin woll'n Sie denn überhaupt?"

„Nach San Antonio", antwortete ich und lehnte mich dabei auf dem Rücksitz zurück. Sie erzählte mir energisch, dass sie in San Antonio ihre militärische Grundausbildung absolviert habe.

Das zündete absolut nichts in meinem müden Hirn. Also versuchte ich einfach etwas. „Und wie war das?", fragte ich.

„Ha", entgegnete sie und gab dabei so etwas wie ein Lachen von sich. „Ich kann mich kaum noch an die siebziger Jahre erinnern. Pillen, Schnaps, die ganze Palette. Weiß aus der Zeit fast gar nichts mehr, versteh'n Se?"

Wieder war ich verblüfft. „Und wie ging es dann in den Achtzigern weiter?", wagte ich mich weiter vor.

„Nicht gut und nicht schlecht", sagte sie zufrieden nickend.

„Aber dann zur Jahrtausendwende", meinte ich lachend, „da haben Sie doch wahrscheinlich zu Gott gefunden und angefangen, in der Sonntagsschule zu unterrichten, nicht wahr?"

Wie von der Tarantel gestochen, drehte sie sich zu mir um und schüttelte danach immer wieder nur den Kopf. „Äh, nee! Ganz bestimmt nicht!“ Ebenso gut hätte sie auch noch hinzufügen können: „Sie ham se wohl nich mehr alle!“

„Na ja, ich hatte es nur gehofft“, erwiderte ich lächelnd.

„Wissen Sie, ich habe Sie das noch gar nicht gefragt, aber was woll'n Sie eigentlich in San Antonio?“

Ich war für diesen Themenwechsel ziemlich dankbar. „Ich schule Pastoren. Dieses Mal in San Antonio.“ Sie entgegnete nicht gleich etwas und deshalb sprach ich erst einmal weiter. „Haben Sie irgendeinen geistlichen Hintergrund oder etwas mit dem Glauben am Hut?“

„Ehrlich gesagt zähle ich mich zu den unheilbaren religiösen Zweiflern“, entgegnete sie.

„Also, ob Sie es glauben oder nicht“, sagte ich, „aber die Pastoren, zu denen ich spreche, versuchen gerade die unheilbaren religiösen Zweifler zu erreichen.“

„So, nun aber raus!“, entgegnete sie scherzend. Dabei gab sie ein Lachen von sich, das so tief aus dem Bauch kam, dass ich es so schnell nicht vergessen werde. Als wir an meinem Ziel angelangt waren, stieg ich aus, ging noch einmal ans Fenster der Beifahrertür und reichte ihr zum Abschied die Hand.

Als sich unsere Blicke trafen, sagte ich: „Wirklich, es gibt viele Pastoren, die echtes Interesse an den unheilbaren religiösen Zweiflern haben – an Leuten wie Ihnen. Und ich nehme mal an, dass Sie sicher Ihre Gründe haben, sich selbst so zu bezeichnen. Vielleicht sollten Sie Gott noch einmal eine Chance geben.“ Sie blickte nach vorn durch die Windschutzscheibe, dann sah sie mich an und lächelte als Reaktion auf dieses einladende Ende unseres kurzen Gespräches.

• • • • •

Wenn Gott beschließt, eine Tür zu öffnen, dann eröffnen sich uns erstaunliche Gelegenheiten. Ich schließe mich dem Apostel Paulus an, der ermahnt: „Betet jeden Tag für offene Türen. Denn wenn Gott nicht vor euch hergeht, euch den Weg bereitet, ein Herz erweicht, einen Geist bereit macht, werdet ihr nichts erreichen.“

Stellen Sie sich vor, was passieren würde, wenn jeder von uns jeden Morgen intensiv dafür beten würde, dass Gott uns an diesem Tag Türen öffnet.

Aber Paulus belässt es nicht dabei, für offene Türen zu beten. Er betet auch für all das, was sich dann nach den Schritten durch die offene Tür entwickelt. In Kolosser 4, Vers 4 heißt es: „Und betet, dass ich frei und offen von dem reden kann, was mir aufgetragen wurde." Mit anderen Worten: „Wenn Gott eine Tür öffnen sollte, dann betet, dass ich die Botschaft auch klar vermitteln kann!" Verpassen Sie nicht den faszinierendsten Teil seiner Botschaft: Paulus bittet nicht darum, dass die Menschen für ihn darum beten, dass er schlau, liebenswert oder beeindruckend sein möge. Nur klar und deutlich will er sein.

Manche von Ihnen können die Heftigkeit nachvollziehen, mit der Paulus diese Bitte formuliert. Sie haben selbst erlebt, wie es sich anfühlt, wenn sich plötzlich eine Tür auftut, während Sie dastehen und denken: *Los jetzt! Das ist die Gelegenheit!* In diesem Augenblick wissen Sie, dass Sie nur diesen einen Versuch haben. Und genau wie Paulus denken Sie: *Oh Gott, bitte hilf mir, die Botschaft klar und eindeutig zu vermitteln!*

Wenn Sie eine offene Tür vor sich haben – gehen Sie auch hindurch!

Paulus ermutigt dann alle Christen, sich Außenstehenden gegenüber klug zu verhalten. Das gefällt mir an Paulus so sehr. Er hat in seinem Leben schon mit ansehen müssen, dass andere Evangelisation auf so erbärmliche, kontraproduktive Weise betrieben haben, dass er an die Empfänger seines Briefes appelliert: „Seht doch mal, wir können die Türen nicht aufbrechen … das kann nur Gott. Aber wenn er das einmal getan hat, dann müssen wir den Leuten seine Botschaft klar sagen. Hört mir bitte zu: Ihr müsst aufhören, der Sache zu schaden! Hört auf, euch ungläubigen Menschen gegenüber so unklug zu verhalten. Schmeißt jede unverschämte, übereifrige, überhebliche Rede- und Handlungsweise raus, durch die Menschen abgestoßen werden könnten! Seid. Einfach. Klug. Seid emotional und in Sachen Beziehung intelligent. Seid sensibel. Betet, und hört zu, bevor ihr redet. Seid besonders sorgfältig und behutsam, wenn ihr eure Geschichte und auch Gottes Geschichte erzählt."

„Und so hätte ich es gern", fährt Paulus fort. „Zunächst einmal sollte euer Gespräch von Wohlwollen bestimmt sein." Ist das nicht toll? Im Wesentlichen bittet Paulus darum, dass unsere Gespräche mit Außenstehenden gleichzeitig liebevoll, gewinnend und wohlwollend sind.

• • • • •

Auf der Reise nach Europa, die ich bereits erwähnt habe, verbrachte ich mit einigen Freunden ein paar Tage auf einem Segelboot an der Adria. Als wir eines Morgens anlegten, beschlossen ein paar von uns, einen Spaziergang zu machen, um sich ein bisschen die Beine zu vertreten. Dabei stießen wir auf eine tausend Jahre alte Kirche, hinter der ein großer Friedhof lag. Wir schlenderten an den zahllosen Grabsteinen entlang – drei Menschen, die nicht gläubig waren, und ich – und nahmen all die Namen, Daten und Sinnsprüche auf den Grabsteinen in uns auf.

Einer der Männer zeigte auf ein Grab und sagte: „Hey, der Typ ist bestimmt im Fegefeuer. Hat wahrscheinlich keinen Ablass bezahlt und schmort jetzt seit 200 Jahren in der Vorhölle! Du bist doch Profi, Hybels. Erklär uns doch mal diese ganze Geschichte mit dem Fegefeuer. Um was geht's denn dabei eigentlich genau?"

Vielleicht erklären Sie mich jetzt für verrückt, aber für mich war das eine offene Tür. Die übrigen Männer sahen mich an, nickten zustimmend und sagten: „Ja, erkläre mal!"

Meine kleinen grauen Zellen liefen auf Hochtouren. *Ich habe jetzt ungefähr 45 Sekunden Zeit, um hier etwas deutlich zu erklären. Wo soll ich bloß anfangen?*

Ich lebe für Augenblicke wie diesen! Wieso? Weil ich absolut keine Ahnung habe, welche Antwort aus meinem Mund herauskommen wird. Aber ich vertraue darauf, dass Gott dafür sorgen wird, dass es logisch ist und irgendwie funktioniert. Jedes Mal spreche ich dann Paulus' Worte nach: „Oh Gott, bitte mach das jetzt klar!"

Das habe ich wahrscheinlich nicht wortwörtlich so gesagt, aber so etwas in dieser Art kam jedenfalls als Reaktion aus meinem Mund, als wir vier an diesem windigen Maimorgen auf dem verlassenen Friedhof standen: „Also, zunächst einmal habe ich mich nie intensiv mit dem Thema ‚Fegefeuer' oder der ganzen Ablassfrage beschäftigt. Ich bin alles andere als ein Experte auf diesem Gebiet, aber so viel weiß ich ganz sicher: Die Bibel lehrt, dass es Gott das Herz bricht, wenn jemand nach seinem Tod woanders landet als bei ihm im Himmel. Und er hat seinen Sohn Jesus Christus auf die Erde gesandt und damit für alle die Strafe bezahlt, damit wir das nicht selbst müssen. Wenn wir ihn persönlich bitten, unsere Schuld zu bezahlen, dann willigt Jesus freudig ein, und das wiederum öffnet der betreffenden Person die Tür und die Möglichkeit, für immer bei Gott im Himmel zu sein."

Überraschenderweise kam kein Beifall, als ich meine Ausführungen beendet hatte.

Es kamen auch keine Nachfragen, und niemand ging in die Knie, um sein Leben Jesus anzuvertrauen. Nur ein kurzes: „Ach, so ist das also, was?" von einem der Männer. Und sie sahen mich und sich gegenseitig an. (Obwohl einer von ihnen dann später an diesem Tag noch einmal auf dieses Thema zurückkam und sich daraus ein großartiges geistliches Gespräch ergab.)

In Anbetracht der damaligen Situation und auch meiner zeitlichen Einschränkung weiß ich nicht so recht, ob meine Antwort die bestmögliche war, die ich zu bieten hatte. Aber es war eben die Antwort, die ich in diesem Augenblick gab – alles andere überlasse ich Gott. Wenn ich ein Gespräch führe, das irgendwann in eine geistliche Richtung geht und in dem ich dann etwas über Gott sagen möchte, gibt es drei Dinge, auf die ich besonders achte. Es ist dabei gleichgültig, in welchem Rahmen ich es präsentiere – es kann das Bild mit den „Waagschalen der guten und bösen Taten" sein, die Brücke, die Erläuterung des „Tun/Getan" oder auch ganz andere Beispiele zur Veranschaulichung, die gerade in die Situation passen – es gibt dennoch drei unverzichtbare Kerngedanken, die unbedingt zur Sprache gebracht werden müssen.

Unverzichtbarer Bestandteil Nr. 1: Gott liebt dich

Zunächst einmal versuche ich, folgende Grundwahrheit zu vermitteln: „Unser Gott ist voller Liebe und Mitgefühl, egal, wer sich welches Loch gegraben hat, egal, wie weit wir von ihm entfernt sind. Gott liebt Sie!"

An jenem Morgen auf dem Friedhof wusste ich, dass es absolut wirkungslos sein würde, mit Bibelversen über Läuterung und Hölle zu kommen. Aber eines wollte ich gern deutlich machen: Gott möchte nicht, dass ein Mensch die Ewigkeit getrennt von ihm verbringt. Jesus selbst wies darauf hin, als er sagte: „Ebenso will mein Vater nicht, dass auch nur einer, und sei es der Geringste, verloren geht" (Matthäus 18,14). Ich wollte, dass sie eines ganz sicher erfahren: Gottes Arme sind für jeden und alle offen!

Unverzichtbarer Bestandteil Nr. 2: Jesus hat beschlossen, für deine Schuld zu bezahlen

Der zweite wichtige Gedanke, den ich vermitteln will, besagt, dass auch kein noch so hohes Maß an menschlicher Anstrengung jemanden vor Gott „ins rechte Licht" setzen kann. Der theologische Begriff für diesen Gedanken ist „stellvertretende Sühne". Damit ist gemeint, dass Jesus für die Menschen getan hat, was sie nicht selbst tun können.

Meiner Erfahrung nach würden 99 von 100 Menschen sagen, dass sie vor Gott nur aus eigener Kraft gerecht werden könnten. Auf Grund unserer kulturellen Prägung widerspricht es zutiefst unserem Empfinden, dass Christus bereits diese Brücke gebaut hat, von der in Kapitel 7 die Rede war, das heißt, dass er unsere Schuld bezahlt hat. Wir wollen alle möglichst unabhängig sein – aber das führt auch dazu, dass die meisten Menschen nicht akzeptieren, dass sie sich nicht selbst retten können. Aus diesem Grund habe ich auch in dem besagten Gespräch auf dem Friedhof gesagt, dass es gar nicht um Ablasszahlungen geht. Ich wollte ihnen das wirklich Entscheidende begreiflich machen, dass nämlich die Schuld, die bei ihnen noch offen war, bereits vollständig bezahlt ist.

Unverzichtbarer Bestandteil Nr. 3: Jetzt musst du eine Entscheidung fällen

Die dritte eindeutige Botschaft, die vermittelt werden muss, besagt: Vor dem Hintergrund dessen, was ich schon in den beiden ersten wichtigen Punkten erläutert habe, muss eine Entscheidung getroffen werden. Es wird niemals ein Mensch von selbst und automatisch in die Erlösung driften. Nein, ein Mensch muss sich für oder gegen den Plan Jesu zu unserer Erlösung entscheiden. Aus diesem Grund habe ich auch meinen drei Segelfreunden an jenem Morgen gesagt, dass Jesus die fällige Strafe gern für uns bezahlt, wenn wir ihn darum bitten!

• • • • •

Um es noch einmal auf den Punkt zu bringen: Es gibt unzählige Möglichkeiten, diese drei Grundaussagen zu vermitteln, von denen wir etliche bereits in den vorangegangenen Kapiteln angeschaut haben. Aber für welche Form der Darstellung Sie sich auch immer entscheiden – bemühen Sie sich darum, dass folgende Punkte ganz klar sind:

1. Gott liebt jeden Menschen, den er erschaffen hat.
2. Jesus tut für Sie, was Sie selbst nicht für sich tun können.
3. Sie müssen in dieser Sache irgendwann eine Entscheidung treffen.

• • • • •

Ich möchte noch einmal auf das zurückkommen, was Paulus in Kolosser 4, Vers 6 verlangt – dass wir in Gesprächen mit Außenstehenden klar, eindeutig und direkt über den Glauben reden sollen. Ich kann mich an einige Gelegenheiten erinnern, bei denen ich mit jemandem ein sehr sensibles Gespräch geführt und dann sinngemäß gesagt habe: „Weißt du, das, worüber wir hier gerade reden, ist das Wichtigste, womit du dich befassen kannst. Es geht hier um deine Ewigkeit, um alles! Wenn wir jetzt ein paar Minuten mehr brauchen, um hier Klarheit zu bekommen, dann sollten wir uns diese Zeit nehmen. Es ist einfach zu wichtig, um hier mit Zeit zu geizen."

Oder ich sagte: „Wenn du mitten in der Nacht aufwachst und über diese Dinge nachdenkst, dann sei aufmerksam. Es ist es absolut wert, eine Weile wach zu liegen und nicht wieder einschlafen zu können, wenn es um deine eigene Ewigkeit geht!"

Das sind solche „direkten, klaren, wahren“ Aussagen. Natürlich sollen wir auch wohlwollend und freundlich sein, trotzdem müssen wir dennoch darauf achten, die Dinge auch wirklich beim Namen zu nennen. Ich habe ja bereits vor ein paar Kapiteln erklärt, dass für Jesus die ewigen Belange eine hohe Dringlichkeit hatten und dass dies in seiner Art zu leben, zu lehren und zu handeln auch deutlich wurde.

Billy Graham ist ebenfalls ein wahrer Meister auf dem Gebiet, diese Ausgewogenheit zwischen Dringlichkeit und Gnade zu wahren. Immer wieder predigt er eine klare Botschaft. Er predigt, dass Gott Türen öffnet. Er behandelt Suchende mit unglaublicher Integrität und Feinfühligkeit. Und dann kommt er zur Einladung und sagt: „Am Kreuz ist Platz für dich. Und für dich ist jetzt der Zeitpunkt gekommen, Stellung zu beziehen! Du musst eine Entscheidung fällen. Erhebe dich noch heute aus deinem gemütlichen Platz auf dem Sofa, weil es nicht sicher ist, ob es für dich überhaupt ein Morgen gibt. Das hier ist die wichtigste Entscheidung deines Lebens, also entscheide dich richtig!“

Wir müssen für offene Türen beten. Wir müssen die Botschaft klar und verständlich und eindeutig weitergeben. Wir sollten in unserem Christsein auf Außenstehende „einladend“ sein. Wir sollen niemanden verurteilen, aber gleichzeitig auch der Sache treu bleiben und klar Stellung beziehen. Und wenn das geschehen ist, dann können wir alles andere ruhig Gottes fähiger Hand überlassen.

Menschen, die den ersten Schritt machen

Ich habe direkt und aus erster Hand miterlebt, was mit einem Menschen passiert, der Jesus einlädt, in sein Leben zu kommen – was bei ihm zu Hause in seiner Familie, in einer Gemeinde, in einem Ort passiert. Die sich allmählich ausbreitende Wirkung des Glaubens ist erstaunlich! Und wissen Sie, wo alles beginnt? Bei Ihnen, wenn Sie den ersten Schritt auf jemanden zumachen. Wenn Sie offen Ihre Geschichte erzählen. Wenn Sie eine Illustration verwenden. Wenn Sie Menschen auf Gott hinweisen. Damit fängt alles an. Und Sie können es! Sie können die geistliche Adrenalinspritze in Ihrem Einflussbereich sein.

Als Vorbereitung auf unsere alljährliche Klausurtagung der Gemeindeältesten hatte eine unserer Ältesten heimlich Menschen, deren Leben durch andere Älteste berührt und verändert worden war, gebeten, ein schriftliches Dankeschön dafür zu verfassen. Diese Zettel hatte sie dann gerahmt und jedem von uns als Geschenk zu der Tagung mitgebracht. Ich habe bis heute keine Ahnung, wie sie es angestellt hat, aber irgendwie hatte sie einen alten Segelkameraden von mir aufgetrieben, den berühmt-berüchtigten Dave Wright.

Daves Weg zum Glauben ist alles andere als geradlinig verlaufen, aber irgendwann kam dann doch der Tag, an dem er die Entscheidung traf, Jesus Christus nachzufolgen – eine Entscheidung, die ihn wirklich nachhaltig veränderte, und zwar Herz, Seele und das ganze Leben. Man könnte sagen, dass er für alle seine Freunde eine Art geistliche Adrenalinspritze ist! Bis heute ist er den meisten als „Super Dave" bekannt – ein wirklich passender Spitzname für einen Mann, der das größte Herz hat, das man sich nur vorstellen kann. Zurzeit berührt er das Leben von Hunderten, ja Tausenden, indem er treu in der *Willow Creek Association* mitarbeitet.

Was er auf die Bitte unserer Ältesten hin aufgeschrieben hat, wird mich mein Leben lang begleiten. Lesen Sie selbst – hier der Brief, der inzwischen gerahmt in meinem Büro hängt.

18.7.1999

Lieber Bill,

ich bin Christ! Das verdanke ich Dir und Gott. Ich bin so dankbar, dass Du hingehört hast, als er dir den Impuls gab, eine Segelcrew aus Nichtchristen zusammenzustellen. Ich bin zutiefst und ehrlich dankbar dafür, dass Du so unendlich geduldig warst und mir in den vergangenen acht Jahren zur Seite gestanden hast. Unsere Freundschaft ist für mich unbezahlbar und Du bedeutest mir sehr, sehr viel.

In Ewigkeit,
Super Dave

Diejenigen von Ihnen, die jemanden vor und nach seiner Entscheidung für Christus kannten, wissen genau, dass kein Pokal, keine Beförderung, kein Vergnügen, kein Besitz auch nur annähernd so viel Begeisterung auslösen kann, wie von Gott gebraucht zu werden, um einen anderen Menschen zu ihm zu führen.

• • • • •

Wenn Sie ein Mensch sind, der Jesus nachfolgt, werden Sie eines Tages diesem Planeten ein letztes Lebewohl sagen und in alle Ewigkeit bei Gott im Himmel sein. Wenn Sie dort ankommen, werden Sie auch etlichen meiner Segelfreunde begegnen sowie Nachbarn und Freunden. Sie werden eine Frau kennen lernen, die eines Nachmittags durstig an einem Brunnen stand, deren Durst dann aber vom Lebendigen Wasser selbst gelöscht wurde. Sie werden einer Frau begegnen, die in ihrem irdischen Leben an den Rollstuhl gefesselt war, heute aber in den Straßen des Himmels Fangen spielt. Sie werden dort einem Typ namens Petrus begegnen, der wahrscheinlich ein T-Shirt mit der Aufschrift „Fang große Fische – oder lass es ganz bleiben" trägt. Je nachdem, wann Sie dort ankommen, werden Sie auch einen Stadtrat aus Illinois und einen ehemaligen Berater von Präsident Nixon antreffen, denen beiden klar geworden ist, dass die Macht von Gottes Reich politische Macht bei weitem übertrumpft. Sie werden dort Menschen begegnen, die einmal verloren waren, dann aber gefunden wurden. Menschen, die dem Geld hinterherjagten, dann aber erfuhren, dass sie dabei helfen konnten, Freunde und Angehörige auf ein ewiges Leben mit Gott hinzuweisen.

Und wer könnte in diesem Zusammenhang Matthäus vergessen? Sie werden sicher gespannt darauf sein, den ehemaligen Steuereintreiber kennen zu lernen, der wirklich aufrüttelnde Erfahrungen mit Jesus gemacht hat – und zwar von Angesicht zu Angesicht –, sowie auch ein paar seiner ehemaligen Steuereintreiber-Kollegen, deren Welt auf den Kopf gestellt wurde, als die Liebe Jesu ihre Herzen eroberte.

Wenn Sie ein bisschen so wie ich sind, dann werden Sie wahrscheinlich direkt auf ihn zugehen und ihn bitten, Ihnen seine radikale Vorher-Nachher-Geschichte persönlich zu erzählen. Und ich würde fast wetten, dass Sie ein bisschen langsamer werden, wenn Sie sich Matthäus nähern, weil Sie bemerken, dass er mitten in einem Gespräch steckt – und die Person, mit der er da gerade spricht, ist Ihr Freund, Ihr Vater, Ihre

Nachbarin, Ihr Chef, Ihr Lehrer, Ihre Friseurin oder der Besitzer Ihrer Reinigung.

Das ist unglaublich!, werden Sie denken, wenn Sie die Person sehen, die da vor Ihnen steht. Sie können an nichts anderes mehr denken als an diese eine Frage, an die wohl jeder denken würde, wenn er einen berufsmäßigen Sünder im Himmel antrifft: „Wie bist denn du hierher gekommen!?"

„Ach, weißt du, diese ganze Geschichte mit Gott hat mich total verwirrt", wird die Erklärung wahrscheinlich beginnen, „bis zu dem Tag, als du auf mich zugekommen bist. Dieser Tag war *der* Tag – an dem sich mein Leben zum Guten gewendet hat."

Erste Schritte zur Umsetzung

1. Was hat bei Ihnen in diesem Kapitel den größten Eindruck hinterlassen?
2. Was ist für Sie persönlich einfacher: die Praxis des spontanen Gebetes – also immer wieder spontane Kommunikation mit Gott – oder die Praxis des „Gebets im stillen Kämmerlein" – also feste Zeiten eines intensiven vertraulichen Dialoges mit ihm? Was könnten Sie gewinnen, indem Sie Ihre Fähigkeiten in der jeweils anderen Gebetsart ausbauen würden?
3. In Kolosser 4 bittet Paulus unter anderem darum, dass die Mitarbeiter für offene Türen beten. Haben Sie es schon einmal erlebt, dass Gott eine Tür für Sie geöffnet hat, direkt nachdem Sie ihn darum gebeten hatten? Beschreiben Sie, wie Sie das erlebt haben.
4. In einem weiteren Teil der Bitte von Paulus geht es um die Art und Weise, wie die Botschaft vermittelt wird. Was bedeutet es Ihrer Meinung nach für einen Menschen, der Christus nachfolgt, dass seine Rede „freundlich" sein soll?
5. Schauen Sie sich noch einmal dieses Kapitel und dabei besonders die drei „unverzichtbaren Bestandteile" der Evangelisation an. Warum ist es Ihrer Meinung nach so wichtig, besonders den dritten Bestandteil zu vermitteln?

6. Wenn Sie sich noch einmal die Schlussszene dieses Buches in Erinnerung rufen: Wessen Gesichter fallen Ihnen dann ein? Welche Ihrer noch nicht gläubigen Freunde und Angehörigen hoffen Sie eines Tages im Himmel anzutreffen? Inwiefern könnte Ihre Entscheidung, jemand zu werden, der den ersten Schritt auf andere zu macht, die Wahrscheinlichkeit erhöhen, dass diese Menschen die Ewigkeit im Himmel verbringen und Sie ihnen dort irgendwann begegnen werden?

Anmerkungen

1 Kolosser 4,2–6

2 Dallas Willard: „Das Geheimnis geistlichen Wachstums“. Asslar: Gerth Medien, 2002. S. 221.

Tiefgang für jeden Tag des Jahres.

Bill Hybels:

Der Gott, der dich trägt

Inspirationen für jeden Tag.

Gebunden, 320 Seiten
mit Lesebändchen
Best.-Nr. 816 837

Lernen Sie Gott besser kennen. Vertiefen Sie Ihre Beziehung zu ihm, und entdecken Sie, wie er durch Sie etwas in dieser Welt bewegen kann – in Ihrer Familie, in Ihrer Nachbarschaft, an Ihrem Arbeitsplatz, in Ihrer Gemeinde.

Dieses Andachtsbuch enthält pro Woche sechs frische geistliche Einsichten und Impulse, die direkt in Ihr Leben hineinsprechen. Es wird Ihnen dabei helfen, einen Glauben zu entwickeln, der durch alle Höhen und Tiefen des Lebens trägt.

Auf den folgenden Seiten können Sie ein wenig in dieses Andachtsbuch von Bill Hybels hineinschnuppern.

Verzerrter Blick

„Und er nahm den Blinden bei der Hand und führte ihn hinaus vor das Dorf, tat Speichel auf seine Augen, legte seine Hände auf ihn und fragte ihn: ‚Siehst du etwas?' Und er sah auf und sprach: ‚Ich sehe die Menschen, als sähe ich Bäume umhergehen.' Danach legte er abermals die Hände auf seine Augen. Da sah er deutlich und wurde wieder zurechtgebracht, sodass er alles scharf sehen konnte.'" *Markus 8,23–25 (Luther)*

Kurz nachdem ich ein Christ geworden war, erkannte ich, dass ich nicht genügend menschliche Wärme und Einfühlungsvermögen besaß. Ich brauchte Unterstützung, um anderen Menschen gegenüber freundlich und warmherzig zu werden. Eines Tages, als ich in der Bibel las, stieß ich auf eine Episode in Jesu Leben, in der er einen blinden Mann heilte. Ich dachte: *Das ist auch mein Problem. Ich sehe die Menschen verzerrt. Für mich sind Menschen auch nur Teil der Landschaft. Sie sind mir so wichtig wie Bäume.*

Ich erinnere mich, dass ich zu mir sagte: „Wenn ich mich umsehe und andere Menschen betrachte, denke ich nicht: ‚Oh, dieser Mensch ist ein einzigartiges Geschöpf des allmächtigen Gottes. Er ist Gottes Ebenbild und dieser liebt ihn. Jesus ist für ihn gestorben.' So denke ich nicht. Für mich sind Menschen wie umhergehende Bäume." Und als ich erkannte, wie sehr sich meine Sicht von der Sichtweise Jesu unterschied, wusste ich, dass ich meine ändern musste. Ich musste lernen, Menschen so zu sehen, wie Gott sie sieht.

Gebetstagebuch: Wie sehen Sie derzeit die Menschen und inwiefern möchte Gott wohl Ihren Blick verändern?

Ganz besondere Schätze

„Kauft man nicht zwei Sperlinge für einen Groschen?
Dennoch fällt keiner von ihnen auf die Erde ohne euren Vater.
Nun aber sind auch eure Haare auf dem Haupt alle gezählt.
Darum fürchtet euch nicht; ihr seid besser als viele Sperlinge."

Matthäus 10,29–31 (Luther)

Hartherzige Menschen neigen dazu, die Welt in Gewinner und Verlierer einzuteilen, oder sind vorschnell mit aufgestellten Kategorien bei der Hand. Es fällt ihnen schwer zu erkennen, dass sie niemals auf einen „gewöhnlichen" Menschen treffen, sondern dass jedes menschliche Wesen in Gottes Augen einen einzigartigen Schatz darstellt. Sie können nicht begreifen, dass „Verlierer" und „Gestrandete" Gott genauso viel bedeuten wie „Gewinner" und angesehene Menschen. Die neu belebte Diskussion über Ausländer ist für Gott genauso überflüssig wie die Abgrenzung gegenüber Häftlingen und Homosexuellen. Er liebt alle Menschen: einen Penner genauso wie den Börsenmakler, Zahnmedizinstudenten oder Seminaristen.

Oft können hartherzige Menschen dies nur erkennen, wenn Gott beginnt, ihre Herzen zu „erweichen".

Gebet: Danken Sie Gott dafür, dass er jedes menschliche Wesen auf diesem Planeten wertschätzt, Sie selbst eingeschlossen. Beten Sie für Menschen, die in Ihren Augen vielleicht „Verlierer" sind, und bitten Sie Gott darum, diese zu segnen. Bitten Sie ihn ebenfalls darum, dass Sie lernen, diese Menschen mit seinen Augen zu sehen.

Andere akzeptieren

„Darum nehmt einander an, wie Christus euch angenommen hat zu Gottes Lob.“ *Römer 15,7 (Luther)*

Alle menschlichen Lebewesen sind Gottes geliebte Geschöpfe. Alle Menschen sind eingeladen, die Vergebung am Kreuz anzunehmen. Weil Gott durch Christus jeden in seine Familie eingeladen hat, ist jeder Mensch, den wir treffen, ein potenzieller Bruder oder eine Schwester. Wenn wir diese Wahrheit verstehen und beginnen, die Menschen in ihrer Bedeutung für Gott zu sehen, kann unser hartes Herz aufatmen und wir lernen, anderen Menschen einfühlsam zu begegnen. Das nächste Mal, wenn Sie zu jemandem grob sind, weil Ihr Gegenüber „nur“ Kellnerin, Parkwächter, Metzger oder Schuster ist – halten Sie inne! In Gottes Augen gibt es keine „Nur-Menschen“. Diese Leute haben vielleicht lediglich einen einfachen Beruf, aber für Gott ist jeder einzigartig. Es kommt auf jeden einzelnen Menschen an. Und Sie, Herr Arbeitgeber – wenn Sie jemals eine Angestellte loswerden wollen, dann werfen Sie sie nicht einfach hinaus. Denken Sie daran, dass sie für Gott wertvoll ist! Und an alle Ledigen: Wenn jemand von Ihnen das Gefühl hat, er solle die Beziehung zum Freund/zur Freundin abbrechen, dann lassen Sie diese Person nicht einfach fallen! Denken Sie daran, dass sie für Gott wichtig ist! Auch wir Autofahrer – sollten wir das nächste Mal die Gelegenheit erhalten, so einen richtigen Hitzkopf zu erleben, winken wir doch einfach einmal lächelnd zurück; selbst er ist für Gott von Bedeutung. Und Gottes Schätze sollten vorsichtig behandelt werden.

Umsetzung: Was bedeutet es ganz praktisch, Menschen auf eine Art und Weise anzunehmen, wie Jesus Sie annimmt? Inwiefern müssen Sie vor diesem Hintergrund Ihre Haltung zu anderen ändern?

In den Schuhen anderer Leute

„Fürwahr, er trug unsre Krankheit und lud auf sich unsre Schmerzen."

Jesaja 53,4

Ich erinnere mich noch daran, dass ich mir zusammen mit meiner Frau Lynne vor einigen Jahren den Film „Sophies Entscheidung" anschaute, einen psychologisch ziemlich anspruchsvollen Film, bei dem ein Teil der Handlung in einem Konzentrationslager spielt. Der Film war wirklich sehr eindringlich. Während die Hauptdarstellerin Sophie ihre beiden Kinder in den Armen hielt, musste sie sich entscheiden, welches sie dem Nazioffizier übergeben sollte. Sie wusste, dass damit der Tod des Kindes besiegelt wäre. *Das ist wirklich ein tief schürfender Film,* dachte ich. *Aber er ist etwas langatmig. Ob der Verkaufsstand wohl noch offen hat? Ich hätte gerne noch eine Tüte Popcorn.* Als ich mich umdrehte, um nachzusehen, merkte ich, dass Lynne schluchzte. Ich beschloss, das Popcorn ein anderes Mal zu besorgen, und Lynne weinte den Rest des Films über.

Ich wusste nicht, was mit Lynne los war, bis sie schließlich anderthalb Tage später in der Lage war, darüber zu reden. „Ich stellte mir vor – Todd und Shauna in den Armen –, in dreißig Sekunden darüber zu entscheiden, wer leben und wer sterben sollte. Wie um alles in der Welt hätte ich je diese Wahl treffen können?" Lynne hatte nicht nur Mitleid mit Sophie gehabt; sie war in ihre Haut geschlüpft. Bei mir war das nicht der Fall. Ich identifizierte mich nicht mit den Betroffenen und sah der Entwicklung der Geschichte zu. Mitgefühl fliegt uns hartherzigen Menschen nicht zu, aber Gott sei Dank können wir es lernen.

Umsetzung: Sind Sie eher ein hartherziger oder ein weichherziger Mensch? Leihen Sie sich doch einmal „Sophies Entscheidung" aus, wenn Sie sich da nicht sicher sind. Können Sie mit den Figuren mitempfinden oder betrachten Sie die Handlung nüchtern von außen?

Behandle andere Leute so, wie Jesus es tun würde

„Alles nun, was ihr wollt, dass euch die Leute tun sollen, das tut ihnen auch! Das ist das Gesetz und die Propheten."

Matthäus 7,12 (Luther)

Es ist wichtig, damit zu beginnen, die Menschen als Gottes Schätze zu sehen und aufrichtig Anteil zu nehmen. Aber wie sollen wir dem Ausdruck verleihen? Soll ich alle Menschen küssen? Soll ich mein gespartes Geld weggeben? Soll ich mein Haus verkaufen und dem Friedenscorps beitreten? Wie verhält sich ein einfühlsamer Christ? Ganz einfach: Das Wort Gottes fordert uns dazu auf, die Menschen so zu behandeln, wie Jesus Christus uns behandelt. Wenn Sie beten, hört Gott aufmerksam auf jedes Wort, das Sie sagen. Aus welchem Grund sollten Sie Ihren Partner, Ihre Kinder, Ihre Freunde und Ihre Mitarbeiter nicht ebenso behandeln? Halten Sie inne, schalten Sie den Fernseher aus, entfernen Sie jegliche Ablenkung und sagen Sie: „Ich werde zuhören, weil ich wirklich wissen will, was du zu sagen hast." Wenn Sie einen Fehler machen, hilft Jesus und vergibt Ihnen. Er begegnet Ihnen weiterhin mit Liebe und Respekt. Warum sollten Sie nicht dasselbe mit den Menschen, mit denen Sie leben, arbeiten und beten, machen? Wenn Sie sich einsam und unsicher fühlen, steht Ihnen der Heilige Geist bei. Er tröstet Sie und ruft Ihnen immer wieder ins Bewusstsein, dass Gott Sie liebt. Warum sollten Sie nicht den Menschen, die Sie lieben, in schweren Zeiten Trost und Unterstützung gewähren?

Gebetstagebuch: Denken Sie einmal darüber nach, wie andere Menschen in unterschiedlichen Situationen (auf Sie) reagieren sollten, wenn es nach Ihnen ginge. Behalten Sie diese Liste im Hinterkopf, wenn Sie wieder einmal mit anderen Menschen zu tun haben.

Verleihen Sie Ihrer Zuneigung Ausdruck

„Weil du in meinen Augen so wert geachtet und auch herrlich bist und weil ich dich lieb habe.“ *Jesaja 43,4a (Luther)*

„Euch aber habe ich gesagt, dass ihr Freunde seid.“
Johannes 15,15b (Luther)

Kein Glaubender muss je an Gottes Zuneigung zweifeln. Wenn Gott nicht möchte, dass sich seine Kinder fragen müssen, ob sie geliebt werden oder nicht, warum zeigen wir dann nicht regelmäßig unsere Zuneigung gegenüber unserer Familie, unseren Freunden und Kollegen, sodass sie wissen, was wir für sie empfinden?

Was geschieht, wenn wir hartherzigen Menschen anfangen, andere Menschen mit Gottes Augen zu betrachten, in ihre Haut zu schlüpfen und sie so zu behandeln, wie Jesus uns behandelt? Die Folgen sind unglaublich. Nach dem ersten Schock werden Ehepartner und Kinder vor Freude begeistert sein. Unsere Kollegen werden den Kopf schütteln und sagen: „Die ganze Atmosphäre hier hat sich geändert. Oberflächliche Freundschaften werden zu tiefen, herzlichen Beziehungen. Unsere Kirchen werden ihre Wirksamkeit vervielfachen, da die Menschen entdecken, dass sie dort, wo Christus angebetet wird, Liebe finden.“

Gebet: Bitten Sie Gott darum, Ihnen zu helfen, anderen Menschen so zu begegnen, wie Jesus Ihnen begegnet. Beginnen Sie mit Ihrer Familie. Bitten Sie Gott, Ihnen zu zeigen, wie Sie ihnen Zuneigung entgegenbringen können. Probieren Sie auch einmal aus, inwiefern sich Ihre Haltung gegenüber anderen verändert, wenn Sie für diese Menschen beten.